Cora Besser-Siegmund
Denk dich schön

Cora Besser-Siegmund

DENK DICH SCHÖN

Das verblüffend einfache Beauty-Programm

Mit einem Beitrag des
Ernährungsexperten
Prof. Dr. Michael Hamm

ECON

Die Deutsche Bibliothek – CIP-Einheitsaufnahme

Besser-Siegmund, Cora:
Denk Dich schön: das verblüffend einfache
Beauty-Programm / Cora Besser-Siegmund.
Mit einem Beitr. des Ernährungsexperten
Michael Hamm. – Düsseldorf: ECON, 1996
ISBN 3-430-11402-0

Lektorat: Ulrike Meiser
Umschlag: Theodor Bayer-Eynck
Umschlagfoto: Bavaria Bildagentur
Gesetzt aus der Walbaum, Linotype
Satz: Heinrich Fanslau GmbH, Düsseldorf
Papier: Papierfabrik Schleipen GmbH, Bad Dürkheim
Druck und Bindearbeiten: Ebner Ulm
Printed in Germany
ISBN 3-430-11402-0

INHALT

Vorwort 9

TEIL 1
WER SCHÖN SEIN WILL, MUSS DENKEN! . . . 13
Unsere fünf Sinne:
Die Schlüssel zur Welt der Schönheit 15
Wer ist schön? 23
Ein Ja oder Nein zum Körper? 24
Kann man zu schön sein? 32

TEIL 2
DAS IDEALE SCHÖNHEITSLABOR:
UNSER GEHIRN 37
Netzwerk Mensch:
So kommuniziert das Gehirn mit unserem Körper . . . 46
Neurolinguistisches Programmieren:
So »sprechen« wir mit unserem Gehirn 49
Gehirn und körperliche Schönheit:
Die wichtigsten Wirknetze 54
   Die Haut 54
   Die Mimik 56
   Körperhaltung und Bewegung 58
   Die Stimme 60
   Der Stoffwechsel 61
   Das Immunsystem 62

TEIL 3
MENTALE SCHÖNHEIT 63
Mein inneres Selbstbild 66
Schönheit als Körperempfindung 77
Schönheit und innerer Dialog 82
Schönheit programmieren lernen 89
Die Kunst des Vergleichens 96
Schönheitsimpulse durch Modell-Lernen 102
Das Zentrum aller Schönheitsprozesse:
Mein Ich-Gefühl 109
Schönheit ist Glaubenssache 115

TEIL 4
STRESS UND SCHÖNHEIT 121
Die Wirkung von Dauerstreß auf das
Aussehen 123
Positiver und negativer Streß 126
Individuelle Möglichkeiten der Streßreduktion 129
    Beruhigung über die Augen 130
    Der magische Ton 131
    Der Zauber der Düfte 132
    Die Kraft der Berührung 133
    Gehirngymnastik 134
    Der Tarzan-Trick 137

TEIL 5
DER JUNGBRUNNEN:
INNERE HARMONIE 139
Schönheit beginnt in der Gehirnzelle 148
Träumen macht schön 153
Die Auflösung von Schönheitsblockaden 157
Energie zum Fließen bringen 166
Selbstverwirklichung statt Selbstkontrolle 173
Die innere Schönheitsfee 175
Die Schönheit der inneren Gesellschaft 182

TEIL 6
UNSERE WIRKUNG AUF
ANDERE MENSCHEN 189
Kontakt und lebendige Schönheit 193
Liebe und Schönheit 204
Und wenn mich jemand häßlich findet? 212
Neid und Schönheit 214
»Kindchenschema« und Schönheit 219

TEIL 7
WICHTIGE SCHÖNHEITSTHEMEN 223
Schönheit und Ernährung:
   Iß dich schön von Prof. Dr. Michael Hamm 224
Schönheit und Emotionen 236
Schönheit und Kosmetik 245
Schönheit und Kleidung 247
Schönheit und Bewegung 249
Schönheit und Medikamente 251
Schönheit und Operationen 252
Schönheit und Drogen 254
Schönheit und Krankheit 256
Schönheit und Kindererziehung 258
Schönheit und Alter 262

Literaturverzeichnis 265

VORWORT

Das hat jeder schon beobachtet: Haben Menschen Erfolg
und Glück in ihrem Leben oder finden sie zu ihrer inneren
Harmonie, geht dies sehr oft mit einem bemerkenswerten
Phänomen einher – sie wirken und werden schöner. Und
damit meine ich: Die Haut ist gesünder und besser durchblutet, Falten glätten sich, die Augen scheinen größer, und
die Mimik bekommt andere – subjektiv schönere – Propor-
tionen. So bewirkt beispielsweise die häufige Benutzung der
Gesichtsmuskeln, die beim Lachen oder Lächeln gebraucht
werden, eine Betonung der Wangenknochenpartie, was
erwiesenermaßen von Menschen aller Kulturen als schön
empfunden wird. Der Schönheitsprozeß schließt jedoch
nicht nur Mimik und Gesicht ein, sondern den ganzen Körper: Haltung, Bewegung und die Figur wirken kraftvoller
und jugendlicher. Oft bekommen die Menschen sogar eine
schönere Stimme. Seit Jahren beobachte ich dieses Schön-
heitsphänomen in meinem beruflichen Alltag. Und das Alter
spielt hierbei keine Rolle. Im übrigen: Die Menschen, mit
denen ich als Psychologin arbeite, nenne ich in diesem Buch
Klienten – seien es Patienten, Seminarteilnehmer oder Personen, die zum Einzeltraining kommen. Sie haben mich
gelehrt, daß der Spruch »Wer schön sein will, muß leiden«
im großen und ganzen falsch und irreführend ist. Denn: Tatsache ist, daß Leid, Schmerz und Streß auf Dauer ausge-
sprochene Feinde von körperlicher Schönheit sind. Die Haut

wird grau und faltig, Haltung und Bewegung wirken alt, die Mimik verliert ihre positiven Konturen – um nur einige Beispiele zu nennen.

Bei den hier gemeinten Schönheitsprozessen spielen äußere Hilfsmittel wie Make-up oder Kleidung eher eine Nebenrolle. Dennoch begleiten Veränderungen in der äußeren Aufmachung oft den positiven Prozeß – je nach Ausgangslage. Haben die Personen ihr Äußeres zuvor vernachlässigt, beziehen sie das »Sichzurechtmachen« stärker und bewußter in ihre Lebensqualität mit ein. War die äußere Erscheinung hingegen zuvor übertrieben fassadenhaft, entwickeln diese Menschen ihren »Mut zur Natürlichkeit«. Das Ergebnis ist in jedem Fall, daß sie schöner werden.

Auf meine Anfrage hin berichteten mir viele Kollegen über ähnliche Beobachtungen bei ihren Klienten. Und oft erzählen die Klienten selbst ihren Psychologen oder Therapeuten, daß Partner, Freunde und Kollegen sie auf ihr deutlich schöneres Aussehen hin ansprechen. Bei solchen Gesprächen wurde mir richtig bewußt, daß das Thema Schönheit in der Psychologie eigentlich als Stiefkind behandelt wird. Wie kann es sein, daß ganze Wirtschaftszweige und flächendeckende Dienstleistungssysteme wie Kosmetik, Medizin und die Modebranche intensiv auf das Bedürfnis der Menschen nach Schönheit eingehen und daß die großen Potentiale der Psychologie zur Erreichung des gleichen Ziels nahezu ungenutzt brachliegen?

So entstand die Idee, das Phänomen der körperlichen Schönheit in den Mittelpunkt eines psychologischen Konzepts zu stellen. Ich wollte einen Ansatz schaffen, der die Schönheit nicht als eine zufällige und erfreuliche Randerscheinung von Persönlichkeitsentfaltung und Lebenserfüllung »mitnimmt«, sondern der Schönheit zum erklärten Hauptthema macht. Es gibt in der Psychologie bereits eindrucksvolle Therapieansätze, mit deren Hilfe man sogar auf körperliche Prozesse wie todbringende Krankheiten einwirken will. Im Vergleich dazu erscheint die psychologische Beschäftigung mit körperlicher Schönheit natürlich weniger spektakulär, jedoch ich bin davon überzeugt, daß ein konstruktives Gehirntraining für das Ziel Schönheit gleichzeitig für jeden Menschen eine ideale und breitangelegte Gesundheitsförderung einschließt.

Die intensive Vernetzung zwischen Seele und Körper interessiert mich schon seit Jahren – beruflich wie auch privat. Meine Kollegen und ich arbeiten schon lange mit einem psychologischen Ansatz, der die Arbeitsweise des menschlichen Gehirns im Zusammenhang mit Verhalten, Denken, Empfinden und körperlichen Reaktionen ganz gezielt berücksichtigt.

Simpel ausgedrückt bedeutet das: Wir können unser Gehirn benutzen, um uns regelrecht mit dem eigenen Körper zu »unterhalten«. Auf diese Weise haben wir Einfluß auf Heilprozesse oder auch auf konkrete sportliche Leistungen. Gerade in den letzten Jahren hat die Gehirnforschung viele faszinierende Zusammenhänge zwischen der Gehirnaktivität und unseren Körperfunktionen bewiesen. Daher wissen wir heute, daß es kein psychisches oder mentales Erleben ohne eine konkrete Körperreaktion gibt. Mentales Erleben jedoch kann durch ein gezieltes Denktraining positiv »aufgeladen« werden. So entsteht die Chance, seinem Körper durch die eigenen Gedanken »bewußt« »Schönheitsimpulse« zu senden: der Haut, den Muskeln, dem Gewebe, der Atmung usw.

Vor dem Hintergrund dieser Zusammenhänge entwickelte ich das »Denk-dich-schön«-Programm. Mit den Übungen in diesem Buch lernen Sie, Ihre körperliche Schönheit von innen her aufzubauen. Das ist ein Weg, der bei weitem mehr Erfolg verspricht als die Taktik, den eigenen Körper mit seinen vermeintlichen Fehlern zu überlisten, ihn zu übermalen, zu kasteien, alle Unebenheiten zu kaschieren oder gar durch voreilige Operationen daran zu »schnitzen«.

Dafür wird er sich auf Dauer nur mit Streßreaktionen und vorzeitigem Altern rächen. Versuchen Sie das Gegenteil: Machen Sie sich auf dem Weg zu Ihrer individuellen Schönheit Ihren eigenen Körper mit seinen brachliegenden Energien zum Verbündeten.
Denk Dich schön!

Hamburg, im November 1995
Cora Besser-Siegmund

TEIL I
WER SCHÖN SEIN WILL, MUSS DENKEN!

Natürlich heißt der Schönheitsspruch in der Originalversion: »Wer schön sein will, muß leiden.« Da könnte man aber schnell vermuten, daß »nichtschöne« Menschen – was immer dieses Wort bedeuten mag – sich stets rundherum wohl und glücklich fühlen und keine Qualen erleiden oder sich auferlegen müssen. Das ist natürlich ein großer Irrtum. Außerdem legt der Satz nahe, zu glauben, daß Menschen mit dem Wunsch nach Schönheit recht bemitleidenswert oder gar dumm sein müssen, weil sie für eine scheinbar minder wertvolle Sache Leid auf sich nehmen. Auch das ist ein Irrtum. Denn es gibt durchaus Menschen, die Schönheit für ihre Lebensqualität wichtig finden und trotzdem mit Intelligenz und gesundem Menschenverstand gesegnet sind.

Die Weisheit: »Wer schön sein will, muß leiden« kann einem also den Wunsch nach Schönheit schon verleiden. Dabei ist es einfach eine Illusion, daß der Mensch auch ohne jegliches Erlebnis eigener körperlicher Schönheit vollständig glücklich sein kann. Es ist vielmehr ein Zeichen von psychischer Gesundheit, seine Erscheinung sinnlich und emotional erleben zu können und sich mit dem eigenen Selbstbild anzufreunden. Menschen aller Kulturen haben sich durch die Jahrhunderte mit ihrer Schönheit beschäftigt und daraus seelische Kraft getankt.

Natürlich gab es schon immer – und die gibt es bis auf den

heutigen Tag – Beispiele für regelrechte Quälereien. Die Moden propagierten immer wieder Ideale, die angeblich etwas mit Schönheit zu tun haben sollten. Man denke an die ungesund geschnürten Damentaillen des letzten Jahrhunderts oder an schlimmste Eßstörungen bis hin zur Magersucht in unserer Epoche des Schlankheitswahns. Doch ist die Gefahr zwanghafter Selbstkasteiung nicht nur für das Thema Schönheit reserviert. Genauso gibt es Beispiele menschlichen Verhaltens, die zu Aussagen führen könnten wie: »Wer reich sein will, muß leiden«, »Wer lernen will, muß leiden« oder »Wer duschen will, muß leiden«. Wenn im Leben Ziele auf »Teufel komm raus« und mit unglücklichen Gewaltmethoden erreicht werden wollen, heißt das noch lange nicht, daß diese Ziele nicht wichtig und positiv wären. Man kann auch mit Freude an der Arbeit reich werden, mit Kreativität lernen und mit Wohlgefühl oder gar Spaß duschen.

Ebenso können Sie mit den positiven Potentialen des Gehirns Ihre individuelle Schönheit verstärken, erhalten oder wiedergewinnen und damit jeden unnützen Quälkram überflüssig machen. Leiden ist beim »Denk-dich-schön«-Programm eher hinderlich als nützlich, da Leiden in der Regel das Denken unnötig blockiert. Dieses Schönheitsprogramm spricht statt dessen direkt Ihre Kreativität an. Und Ihre kreativen Kraftquellen sind gleichzeitig die Quellen aller Schönheitsimpulse, die Sie Ihrem Körper senden können. Um diese Kraftquellen zum Fließen zu bringen, lernen Sie, Ihr Gehirn zu benutzen – und es nicht nur passiv zu besitzen. So wird aus der Kraft der Gedanken körperliche Schönheit. Das Handwerkszeug für diesen Prozeß sind die richtigen Gedanken: Wer schön sein will, muß denken. Gedanken sind die Sprache des Gehirns. Und die »Wörter« dieser Sprache werden mit unseren fünf Sinnen »geschrieben«.

UNSERE FÜNF SINNE:
DIE SCHLÜSSEL ZUR WELT
DER SCHÖNHEIT

Der Volksmund sagt: »Schön ist, was gefällt.« Doch wie genau läßt sich das Wort »gefallen« definieren? Natürlich ist Schönheit ein subjektives Erlebnis. Man kann beispielsweise niemandem befehlen, etwas schön zu finden. Ebensowenig kann etwas theoretisch für alle Menschen gleich schön oder häßlich sein. Im Gegensatz dazu ist beispielsweise die Aussage von mathematischen Berechnungen für jeden verbindlich: Entweder sind sie richtig oder falsch. Demgegenüber ist das Verständnis von Schönheit höchst individuell. Doch was passiert in einem Menschen, der etwas schön findet?

Das Lexikon beschreibt das Stichwort »schön« als »Bezeichnung des Wohlgefallens an sinnlich wahrnehmbaren Gegenständen und Erscheinungen«. Der Schlüssel zur Antwort liegt also wieder im Gehirn des Menschen. Denn nur unser Gehirn verarbeitet alle Sinneswahrnehmungen, die uns erreichen: Sehen, hören, fühlen, riechen und schmecken gehören dazu. Auf diese Weise erfahren wir, was in unserer Umwelt vor sich geht. Viele rote Punkte auf einer grünen Wiese deuten auf die Existenz von Blumen hin, ein Hupen könnte ein nahendes Auto signalisieren, ein bestimmter Geruch zeigt vielleicht an, daß irgendwo jemand eine Mahlzeit zubereitet. Doch das Gehirn informiert uns mit diesen Wahrnehmungen nicht nur auf der Sachebene über die Umgebung, sondern es verknüpft jede einzelne Information blitzschnell mit einem subjektiven Erleben, mit einer Emotion.

So denkt man nicht nur »Aha, Blumen auf der Wiese«, sondern empfindet gleichzeitig ein Gefühl von Freude. Dieses Wohlgefühl führt dazu, daß man tiefer durchatmet, daß die Haut intensiver durchblutet wird und sich bestimmte Muskelgruppen lockern. Hört man dann plötzlich eine Autohupe, weiß man auf der Sachebene, daß ein solches Gefährt irgendwo in der Nähe ist. Auf der Gefühlsebene kommt dann aber das Schreckgefühl hinzu, welches ganz andere Körperreaktionen als die »Blumen«-Information nach sich zieht: Der Atem stockt, Muskelgruppen spannen sich an, und vielleicht spürt man sogar richtiggehend, wie einem der Schreck in alle Glieder fährt. Tatsächlich wird in einem solchen Moment ein bestimmtes Hormon – das Streßhormon Adrenalin – in den Stoffwechsel geschickt, was überall im Körper als Kribbeln oder gar leichtes Piksen zu fühlen ist.

Insofern verfügt das Gehirn über eine erstaunliche Fähigkeit: Es kann aus jeder Sinneswahrnehmung wieder ein Gefühl machen. Die Menschen würden sich keine Bilder aufhängen, wenn ihr Anblick nicht ein schönes Gefühl vermitteln würde; keiner würde Musik hören, wenn Musik nicht positive Körperempfindung auslösen könnte. Sogar Gefühle werden mit Gefühlen verknüpft: So kann die eine Berührung Ekel und die andere Berührung Wohlbehagen durch den Körper fließen lassen. Die Sinneswahrnehmungen Geruch und Geschmack werden vom Gehirn besonders intensiv in Körpererleben umgesetzt.

Nun gibt es eine Reihe von Sinneswahrnehmungen, die von unterschiedlichen menschlichen Gehirnen von vornherein in ähnliche Gefühle umgesetzt werden. Beispielsweise fühlen sich alle kleinen Kinder von der Farbe Rot magisch angezogen. Sie möchten sofort nach roten Gegenständen greifen oder ihnen möglichst nahe kommen. Im Laufe des Lebens jedoch werden die Reaktionen je nach persönlicher Lebensgeschichte des einzelnen Menschen immer unterschiedlicher. Hat jemand als Kind schon einmal einen gefährlichen

Schußwechsel miterlebt, wird er nachts auf knallende Geräusche in der Ferne körperlich ganz anders reagieren als ein anderer, der in früher Jugend schon die Faszination eines beeindruckenden Feuerwerks genießen durfte.

Forscher wollten einmal untersuchen, wie intensiv Babys schon im Mutterleib auf Umweltreize reagieren. Eine der schwangeren Mütter aus der Versuchsgruppe war ein Fan der Fernsehserie »Dallas«. Am entsprechenden Fernsehabend machte sie es sich jeweils besonders gemütlich, legte die Beine hoch, entspannte sich so richtig und genoß die Bildschirmintrigen ihrer Serienhelden. Nun erinnern Sie sich vielleicht noch an die äußerst dynamische, fast marschähnliche Titelmelodie dieser Serie. Sie kämen sicher nicht im Traum auf die Idee, diese Melodie als Schlaflied für ein Baby einzusetzen. Jedoch reagierte das Baby dieser auf »Dallas« versessenen Mutter nach seiner Geburt auf die Rhythmen der Serienmelodie mit tiefer Zufriedenheit, es entspannte sich und schlief davon sofort ein. Spieluhren und Wiegenlieder kamen nicht annähernd an den einschläfernden Effekt der »Dallas«-Titelmelodie heran. Das Gehirn des Kindes hatte also schon im Mutterleib die einschlägigen Töne mit einem positiven Entspannungsgefühl verknüpft.

Durch diese unterschiedlichen prägenden Erlebnisse kommt es dann dazu, daß Menschen später oft einen sehr unterschiedlichen Geschmack haben – auch in puncto Schönheit. Doch so unterschiedlich die Sinneswahrnehmungen – also die Auslöser – sein mögen: Das *Gefühl*, welches Menschen bei einem Schönheitserlebnis spüren, ist bei allen Menschen gleich. Diese positive Körperempfindung, welche von einer Sinneswahrnehmung ausgelöst wird, nenne ich hier ganz einfach das *Schönheitsgefühl* eines Menschen.

Das *Schönheitsgefühl* wird also bei jedem Menschen durch ganz individuelle Sinneswahrnehmungen ausgelöst. Stellt es sich in Kombination mit der Wahrnehmung ein, findet der jeweilige Mensch das jeweils Wahrgenommene (sei es ein Mensch, ein Tier oder eine Sache) schön, es gefällt ihm. Die Beobachtung, daß das Schönheitsgefühl bei allen Menschen ähnlich oder gleich ist, geht auf den russischen Wissenschaftler Anochin zurück. Anochin fand schon 1935 heraus, daß jeder Mensch mit dem Wissen um ein ideales Körpergefühl, oder konkret beschrieben, um eine *ideale Körperchemie* auf die Welt kommt. Diese *ideale Körperchemie* ist jedoch nicht sprachlich, sondern auf einer vorsprachlichen Gefühlsebene als Wissen in unserem Gehirn verankert. Sie ist durch eine ideale Kombination von Stoffwechselelementen in unseren Nerven- und Körperzellen gekennzeichnet. Dieser optimale Zustand ist gleichbedeutend mit absoluter Gesundheit, also mit einem kraftvollen oder gar jugendlichen Zustand sämtlicher Körperzellen. Seelisch ist er mit einem Höchstmaß an Lebensfreude gleichzusetzen – die beste Motivationskraft für ein glückliches Leben, die es gibt. Heute wissen wir, daß sich Körperzellen und das Gehirn ständig »unterhalten«. Durch diese Kommunikation weiß das Gehirn jederzeit über den Zustand des gesamten Körpers Bescheid.

Vergleichen Sie die Kenntnis des Gehirns über unsere *ideale Körperchemie* mit seinem Wissen über unsere ideale Körpertemperatur. Ständig meldet der Körper dem Gehirn die verschiedenen Temperaturen aus unterschiedlichen Körperregionen. Egal, ob diese frei sind – wie etwa Gesicht und Hände – oder von Kleidung bedeckt, überall sollte die gleiche Körpertemperatur herrschen. Kommt es dann zu starken Abweichungen vom Idealzustand, organisiert das Gehirn Körperempfindungen wie Frieren oder Schwitzen. Diese Gefühle veranlassen uns zu konkretem und bewußtem Handeln. Wir ziehen uns einen Pullover über oder öffnen die Fenster, um einen kühlen Luftzug zu genießen.

Interessanterweise wird die *ideale Körperchemie* des Menschen nicht vollständig dadurch erreicht, daß dieser genug ißt, trinkt, schläft und ein Dach über dem Kopf hat. Es müssen noch etliche seelische Qualitäten im Leben hinzukommen, damit im Körper ein idealer Stoffwechsel und Gesundheitszustand entstehen kann. Warum wäre es sonst eine Strafe, im Gefängnis zu sitzen? Und warum verlieren Menschen den Appetit, wenn sie großen Kummer haben? Wieso kann man nicht schlafen, wenn man Sorgen hat? Warum leben zufriedene Menschen durchschnittlich länger? Freiheit, Anerkennung, Liebe, Freude und Kontakt sind die Nahrung der Psyche. Bei einer Unterernährung mit diesen »Stoffen« fühlt sich der Körper gestört. Obwohl man diese Dinge nicht essen, trinken oder anziehen kann, wirken sie sich dennoch direkt auf den körperlichen Stoffwechsel aus. Sie steuern die Produktion und Ausschüttung von Hormonen und Nervenbotenstoffen, die über das Gehirn und das Nervensystem direkt unseren körperlichen Zustand – den Zustand jeder einzelnen Körperzelle – beeinflussen.

Wie gesagt: Offensichtlich können diese »Seelenhormone« und »Seelenstoffe« vom Körper nicht durch Nahrungselemente allein gebildet und ausgeschüttet werden. Gesunde Ernährung ist zwar sehr wichtig, jedoch trägt sie nur teilweise zur Schönheit eines Menschen bei. Erst ein Erleben über alle Sinneskanäle bringt die entscheidenden Stoffe Ihres mentalen Schönheitstonikums zum Wirken und so eine Annäherung an die ideale Körperchemie.

»Zündet« ein sinnliches Erleben eine Stoffwechselreaktion, die der *idealen Körperchemie* nahekommt, und hält diese sogar für Sekunden an, dann bewertet unser Gehirn das Wahrgenommene als schön. Es entsteht rasch der Wunsch, mehr von der schönen Sache zu sehen, zu hören, zu besitzen, zu riechen und zu schmecken. Oft formulieren Menschen wortwörtlich, daß sie ohne die geliebten Sinnesnahrungsmittel nicht leben können: sei es nun der Anblick eines Menschen, eines Bildes, einer Landschaft oder einer Architektur. Tatsächlich besteht die Sehnsucht nicht nach dem äußeren

Auslöser, sondern nach dem Erleben der *idealen Körperche-mie*, die das Schönheitsgefühl bewirkt.

Sie wirken also schön, wenn Sie das Schönheitsgefühl Ihrer Mitmenschen auslösen können. Die meisten Menschen gehen davon aus, daß die äußere Erscheinung den gewissen Funken überspringen läßt. In diesem Bereich wurde auch schon ausgiebig nach dem Geheimnis der Schönheit geforscht. Experten verschiedener Fachrichtungen haben dazu vor allem die Gesichter der Menschen in ihrer Wirkung auf das menschliche Schönheitsgefühl untersucht. Einige Ergebnisse dieser Untersuchungen stelle ich später vor.

Die Gesichter der anderen nehmen wir mit unseren *Augen* war. Es heißt ja auch: »Schönheit entsteht im Auge des Betrachters.« Dieser Satz beschreibt jedoch nur ein Fünftel der ganzen Schönheitswahrheit, da er nur den visuellen Sin-neskanal anspricht. Stellen Sie sich einen wirklich gutaus-sehenden Mann vor. Was würde passieren, wenn der den Mund aufmachen und wie Donald Duck auf Sie einreden würde? Er hätte durch die »Ohrenkatastrophe« sofort minde-stens die Hälfte seiner schönen Ausstrahlung eingebüßt.

Jeder Mensch empfindet im Unbewußten bestimmte Sin-neswahrnehmungen besonders sensibel oder intensiv. Der visuelle Typ reagiert natürlich stark auf das reine *Aussehen* eines Menschen. Ein auditiver Typ jedoch erlebt die *Stimme* anderer Menschen als ausschlaggebend für seine Gefühle. Sie löst bei ihm auf dieser Ebene die Annäherung an das Schönheitsgefühl aus. Er freut sich natürlich über ein schö-nes Aussehen, jedoch ist eine solche Wahrnehmung nicht das Kriterium, weswegen er letztendlich auf einer tief unbe-wußten Ebene von seinem Gegenüber hingerissen ist. Es gibt eine Gruselkomödie, in der ein Forscher im Horrorlabor seines Feindes menschliche Gehirne entdeckt, die künstlich funktionsfähig erhalten werden. Eines der Gehirne nimmt telepathischen Kontakt zum Filmhelden auf. Unser For-scher verliebt sich daraufhin unsterblich in den lieblichen

Klang der telepathischen Gehirnstimme. Beim Happy-End kann er seiner geliebten Stimme sogar wieder zu einem weiblichen Körper verhelfen. Doch der Auslöser für sein Schönheitsgefühl waren und bleiben die auditiven Sinnesreize der betörenden Stimme.

Ebenso wie Stimmen können gewisse Bewegungen oder ein typischer Gesichtsausdruck bei Menschen Schönheitsgefühle auslösen. Auch auf einer tief unbewußten Ebene wirken die Gerüche, die der einzelne Mensch ausströmt, auf das Schönheitsgefühl anderer. Ein eindrucksvolles Beispiel für diese These findet man in dem Roman »Das Parfüm« von *Patrick Süskind*. Der Roman handelt von einem ausgeprägten »Nasenmenschen«, der seine Welt nur über den »Geruchsfilter« wahrnimmt. Zum Schluß der Geschichte entwickelt er ein Parfüm auf der Grundlage von »Jungfrauenduft«. Allerdings müssen die Duftspenderinnen mit dem Leben für ihren Anteil an der Geruchskomposition bezahlen. Als der Romanheld sich selbst mit diesem Spezialparfüm bestäubt, wird er von allen blindlings geliebt. Sogar seine Morde werden ihm verziehen.

Dieser Roman hat durchaus einen wahren Kern. Denn wir Menschen strömen trotz täglichen Duschens und Parfümierens etliche vom Körper selbst produzierte Düfte aus, die unser Gegenüber auf einer unbewußten Ebene erheblich beeinflussen. Nicht umsonst kennen wir den Ausspruch »Ich kann dich nicht riechen«. »Nasenmenschen« sind gegen einen äußerlich schönen Menschen »immun«, wenn er irgendeinen noch so schwachen Geruch ausströmt, den sie nicht mögen. Diese körpereigene Duftkomposition reagiert empfindlich auf das »Wetter« in unserer Seelenlandschaft. Man muß vermuten, daß positiv denkende Menschen sogar einen anderen Geruch ausströmen als Nörgler und Miesmacher.

Das »Denk-dich-schön«-Programm beeinflußt vor dem Hintergrund dieses Wissens sämtliche Sinnessignale, die Sie an andere Menschen übersenden. Nicht nur Haut, Gesicht und die äußere Erscheinung, sondern auch Stimme, Bewegung, ja sogar der nur unbewußt wahrnehmbare Körpergeruch können beeinflußt werden. Später führe ich noch aus, wie Ihre Kommunikation – also die *Sprachberührung* – bei ihren Mitmenschen Schönheitsgefühle auslöst, die diese dann mit Ihrer Person positiv in Verbindung bringen.

Vielleicht haben Sie es beim Lesen dieser Ausführungen schon vermutet: Natürlich ist die *ideale Körperchemie* nicht nur eine passive Wahrnehmungsreaktion auf schöne Sinnesimpulse, sondern sie ist gleichzeitig auch das natürlichste und stärkste *Beautytonikum,* das wir Menschen besitzen. Je öfter und intensiver wir dieses für den Menschen perfekte Schönheitstonikum im eigenen Körper wirken lassen, desto konkreter ist die Auswirkung auf unsere körperliche Schönheit. Der sicherste Weg, um in anderen Menschen langfristig Schönheitsgefühle auslösen zu können, ist also Ihre Kenntnis um die *bewußte* Erzeugung ebendieses Schönheitstonikums in Ihrem eigenen Körper. Dies ist das eigentliche Ziel des »Denk-dich-schön«-Programms.

WER IST SCHÖN?

Die Definition von Schönheit im »Denk-dich-schön«-Programm lautet:

Schön ist,
wer über seine sinnliche Ausstrahlung das
Schönheitsgefühl anderer auslöst.

Schön bleibt,
wer sein körpereigenes Schönheitstonikum
durch die eigene Energie
immer wieder neu erzeugen kann.

Als wichtigste Voraussetzung zur Intensivierung Ihres körpereigenen Schönheitstonikums zählt eine positive Einstellung dem eigenen Körper gegenüber. Lesen Sie im nächsten Kapitel mehr dazu.

EIN JA ODER NEIN
ZUM KÖRPER?

Jeder kennt die kleinen oder großen Sorgen um das Aussehen: zu kräftige Oberschenkel, zu glattes, zu krauses oder
zuwenig Haar, kugeliger Bauch, dünne Beine, falsche
Ohrenform, farblose Augenbrauen usw. Interessanterweise
klagen auch erstaunlich viele gutaussehende Menschen
über diese und ähnliche Makel. Damit meine ich: »gutaussehend« in den Augen der anderen. Sehr oft schätzen sich
Menschen weitaus weniger schön ein, als ihre Umgebung
das tut. Den Fall, daß jemand sich selbst äußerlich wesentlich attraktiver findet, als er oder sie von anderen eingeschätzt wird, gibt es vergleichsweise seltener.
Entsprechend möchten viele Menschen strenggenommen
gar nichts *für* ihre Schönheit tun. Sie wollen vielmehr *gegen*
etwas vorgehen: gegen die Makel ihres Körpers und gegen
den Körper selbst. Sie mißtrauen seinen Impulsen, wollen
ihn kontrollieren, besiegen und oft sogar drastisch verändern. Bezieht sich der Veränderungswunsch auf Merkmale
wie beispielsweise die Haarfarbe, kann er ohne große
Nebenwirkungen mit etwas Zeit, Geld, Kreativität und sogar
Lebensfreude umgesetzt werden. Ist das Ziel der Träume ein
größerer Busen oder gar ein längerer Penis, kann die operative Umsetzung im wahrsten Sinne des Wortes recht einschneidende Veränderungen zur Folge haben: Mancher hat
diesen Schritt nicht nur mit kurzfristigen, sondern mit
lebenslangen chronischen Schmerzen bezahlt.

Dabei ist die Wahrnehmung körperlicher Makel oft ein Produkt höchst subjektiver Wahrnehmungsmechanismen, die man in der Psychologie auch »Wahrnehmungsfilter« nennt. Ein solcher Filter beschreibt nicht, *was* ich wahrnehme, sondern *wie* ich das Wahrgenommene sortiere, bewerte und in meinem Gehirn in bestimmte Schubladen ablege. Es handelt sich also um eine bestimmte Denktechnik. Ich spreche hier von »negativen Wahrnehmungsfiltern«, wenn der Filtermechanismus als Ergebnis zu schlechten Gefühlen führt.

1. Negative Verzerrung

Bei dieser »Technik« sucht man sich einen Körpermakel heraus und nimmt ihn in der geistigen Vorstellung überdimensional groß und unnatürlich auffällig wahr. Als nächsten Schritt überträgt man die eigene Verzerrung in die Köpfe anderer Menschen – natürlich ohne diese zu fragen. Beispielsweise sagt ein hübsches junges Mädchen mit einer guten Figur: »Ich habe so wahnsinnig fette Oberschenkel. Deswegen kann ich nicht zum Schwimmen gehen. Ich habe immer das Gefühl, daß alle nur auf meine Oberschenkel starren.«

2. Negative Tilgung

Diese »Wahrnehmungskunst« kann recht gut durch das bekannte Beispiel mit dem halb gefüllten Wasserglas erklärt werden: Zwei Durstige sehen ein solches Glas, sagt der erste: »Schade, ein halb leeres Glas.« Der zweite aber freut sich: »Toll, ein halb volles Glas!« Der eine sieht die Welt also mit der »Mangelbrille«, der nächste mit der »Überflußbrille«. Je nach »Brillentyp« oder Filter entfaltet das Glas also eine ganz unterschiedliche Wirkung auf das subjektive Erleben – eben Freude oder Enttäuschung. Entsprechend wird je nach Brille ein Teil der »Glas-Tatsachen« getilgt: Der Enttäuschte beispielsweise tilgt das real vorhandene Wasser und reagiert nur auf die Leere. Der Sortierungsvorgang führt so zu schlechten Gefühlen. Jedoch unterliegt der hier beschriebene Wahrnehmungsfilter keiner Verzerrung. Würde unser Kandidat negativ verzerren, müßte er sagen: »Das Glas ist ja völlig leer!« Bei der Tilgung jedoch nimmt man alles völlig realistisch wahr, aber eben nur einen Teil der Wahrheit. Man geht nach einem bestimmten Auswahlschema vor.

Beispielsweise sagt eine schlanke Frau mit eindrucksvollen blauen Augen zu ihrer Freundin: »Guck mal, wie ich aussehe: Haare glatt wie Spaghetti, ewig blaß, zu große Füße. Wer verliebt sich denn schon in eine Frau wie mich?« Sie tilgt ihre schönen Merkmale, wie die blauen Augen, ihre gute Figur und alle sonstigen sinnlich wahrnehmbaren Pluspunkte. »Eine Frau wie ich« ist in ihrer subjektiven Wahrnehmung eine ausschließliche Ansammlung all ihrer äußeren Negativaspekte.

3. Negative Bewertung

Auch im Rahmen allgemein vorherrschender Schönheitsdiktate gibt es eine große Bandbreite von ganz unterschiedlichen körperlichen Merkmalen, die von vielen Menschen als sehr schön empfunden werden. Interessanterweise werden diese individuellen Schönheitsmerkmale von den »Besitzern« und »Besitzerinnen« aber oft als Makel gedeutet. Beispielsweise lassen sich Jahr für Jahr Millionen von Frauen und auch Männern ihr Haar beim Friseur durch eine Dauerwelle verschönern. Demgegenüber beklagen sich jedoch viele Menschen mit lockigen Haaren bitter über ihre schreckliche Naturkrause. Im Zweifelsfall gehen sie sogar zum Friseur und lassen sich die Naturlocken quasi durch eine »Dauerwelle rückwärts« glattziehen. Dann gibt es Menschen, die in die reinste Verzückung verfallen, wenn sie ein mit Sommersprossen geschmücktes Gesicht sehen. Doch »Betroffenen« sehnen sich oft nach einer ebenmäßigen Teintfarbe und bekämpfen die störenden Fleckchen mit

»Bleichwachs« aus der Apotheke. Ähnliche Fallbeispiele gibt es zum Thema Busen, großer oder kleiner Körper, Augenfarbe, Körperbehaarung etc. (gerade auch Männer klagen häufig über zu spärlichen oder zu starken Bewuchs). Alles nach dem Motto: »Wer's sieht, liebt es, wer's hat, bekämpft es.«

Wie kann man sich erklären, daß so viele Menschen sowohl ihren Körper als auch ihre Persönlichkeit überwiegend durch negative Wahrnehmungsfilter erleben? Die Antwort hierauf ist höchst psychologisch. Man lernt diese Sicht- oder Denkweisen so selbstverständlich wie die Muttersprache oder das Einmaleins. Denn meistens wurden Menschen mit »Negativbrillen« in ihrer Kindheit tatsächlich auf diese Weise von für sie wichtigen Personen beobachtet. Viele Eltern, Großeltern und Lehrer betrachten Kinder nach wie vor allzuoft durch die negative Lupe. In diesem Zusammenhang erzählte mir eine Klientin: »Seit frühester Kindheit fanden mich alle zu dünn und zu klein. Daher achtete man darauf, daß ich genug esse. So wuchs ich mit dem permanenten Gefühl auf, einen fehlerhaften Körper zu haben, der auch beim Essen falsch reagiert. Zu allem Überfluß entwickelte ich dann aber mit zehn Jahren plötzlich einen deutlichen Busen. Das war natürlich auch nicht richtig. Vor allem meine Mutter und meine Oma waren offensichtlich entsetzt über das viel zu frühe Einsetzen meiner Pubertät. Es fielen sogar Begriffe wie ›schlimm‹ und ›traurig‹. Ich habe also nie das Gefühl kennengelernt, körperlich ›richtig‹ zu sein. Das sitzt mir bis heute noch in den Knochen. Tief im Inneren komme ich mir immer noch ›falsch‹ vor. Obwohl ich heute ganz passabel aussehe, studiere ich meinen Körper ständig nach Anzeichen von Zellulitis oder Hautunreinheiten. Beim Thema Kleidung kann ich selten selbst beurteilen, ob mir etwas steht. Immer müssen mich Freundinnen oder mein Freund bestätigen und ermutigen, bestimmte Sachen anzuziehen.«

Diese Klientin wurde also durch eine überbesorgte Erziehung regelrecht auf das Gefühl geprägt, daß der eigene Körper seltsame und falsche Dinge tut, die man mißtrauisch beobachten und notfalls kontrollieren und bekämpfen muß. Nicht nur Frauen, sondern auch Männer haben Probleme mit der Entdeckung ihrer körperlichen Schönheit, wenn ihnen in der Kindheit allzu intensiv ein »Falschsein-Gefühl« vermittelt wurde. Oft wird dann nicht der »Schwarze Peter«, sondern der »falsche Peter« wiederum an die Kinder weitergegeben. Die werden zwar in der nächsten Generation nicht unbedingt argwöhnisch betrachtet, sondern bekommen von ihren Eltern modellhaft die Verunsicherung über die eigene Erscheinung vorgelebt. So fand man heraus, daß eßgestörte junge Mädchen meistens Mütter haben, die ihren Töchtern während der Kindheit stets Diäten und somit die Angst vor der heimtückischen Pfundeproduktion des weiblichen Körpers permanent vorlebten.

In manchen Fällen führt das chronische »Sich-falsch-Fühlen« zu einer ernsten psychischen Störung, die man in Fachkreisen »Dysmorphophobie« nennt. Es ist eine unnatürliche Angstreaktion auf subjektiv als häßlich interpretierte Körpermerkmale. Das kann sich auf Nase, Augen, Kinn, Brust, Beine usw. beziehen. Oft unterziehen sich diese Menschen Schönheitsoperationen, ohne daß ihre psychische Krankheit erkannt wird. Nach erfolgreicher Operation richtet sich dann die Krankheit einfach auf das nächste Körperteil. Ist beispielsweise jetzt die Nase in Ordnung, wird als nächstes der Po geliftet. Zufriedenheit stellt sich nie ein. Wahrscheinlich ist auch der bekannte Popstar Michael Jackson ein Opfer dieser psychischen Krankheit. Es ist bekannt, daß er sich unzählige Male Gesichtsoperationen unterzog. Eine wirkliche Heilung der Dysmorphophobie kann nur über eine mentale Eindämmung der subjektiven Negativfilter erreicht werden. Doch auch für jeden psychisch Gesunden ist es wichtig, positiv filtern zu können. Das »Denk-dich-schön«-Programm trainiert Ihre Wahrnehmung konkret auf positives Filtern Ihrer eigenen Person.

Nun könnte man – Psychologie hin, Psychologie her – sagen: Der eine denkt eben positiv, der andere eher kritisch oder pessimistisch, das soll doch jeder machen, wie er will. Jedoch wer schön sein will, kann sich eine »Überdosis« der Negativwahrnehmungsfilter nicht leisten. Denn sie erzeugen in der Körperchemie das absolute Gegenmittel zum *Beautytonikum,* so wie ich es im Kapitel zuvor beschrieb. Dort erwähnte ich, wie das Gehirn jede Sinneswahrnehmung mit einem subjektiven Gefühl verknüpft. Ist nun das Wahrnehmungsobjekt negativer Filtermechanismen ein Merkmal des eigenen Körpers, erzeugt das Erleben eine Streßreaktion. Streßreaktionen wirken durch ihre Körperchemie jedoch regelrecht bahnbrechend für so gefürchtete Körperprozesse wie vorschnelles Altern und eine erhöhte Krankheitsanfälligkeit. Da das Phänomen Streß ein sehr wesentlicher Faktor für die Schönheit ist (sowohl im Positiven als auch im Negativen), habe ich diesem Thema einen Extraabschnitt im »Denk-dich-schön«-Programm gewidmet.

An dieser Stelle sei jedoch schon gesagt, daß ein permanentes Negativerleben eigener Körpermerkmale auf jeden Fall chronisch schlechte Gefühle erzeugt. Diese schlechten, ständig unbewußt wirkenden Gefühle werden aber aus Körperreaktionen »gemixt«, die eine denkbar ungünstige Wirkung auf unsere körperliche Schönheit haben: schlecht durchblutetes Gewebe, dadurch unzureichend versorgte Haut, Hautreaktionen wie Rötung oder gar Pickel, verkrampfte Haltung, depressiv-ausdrucksarme Mimik, erhöhte Krankheitsanfälligkeit aufgrund einer Schwächung des Immunsystems, unter Umständen unerwünschte Gewichtszunahme wegen streßbedingter Stoffwechselreaktionen usw.

Das sind jedoch nicht die einzigen Schäden, die die »Nein-Haltung« zum Körper bewirken kann. Die »Nein-Haltung« ist meistens das unbewußte Motiv für die Entscheidung,

sogenannte »harte« Korrekturen am körperlichen Erscheinungsbild zuzulassen oder regelrecht zu wünschen. Es ist die
Reaktion auf das subjektive Unglück, daß die Seele ein
Leben lang mit »so einem Ding« – so einem falsch funktionierenden und falsch zusammengebauten Körper – zusammengeschweißt ist, der nur schlechte Gefühle macht. Da
entsteht die unbewußte Sehnsucht, sich irgendwie von diesem Unglücksbringer trennen zu können, und sei es auch
nur teilweise. Sehen Sie hier eine Auflistung der harten
Methoden, die psychologisch gesehen unbewußt als Bestra-
fung des Körpers aufzufassen sind:

Harte Verschönerungsmethoden
(gewebezerstörende Maßnahmen)
① Operationen,
② eingreifende Medikamente
    (z. B. Abführmittel, Appetithemmer),
③ schmerzende Kleidung (z. B. zu enge Gürtel),
④ strenge Reduktionsdiäten,
⑤ schädigende Fitneßübungen,
⑥ Nein-Haltung zum Körper
    (als permanenter Körperstreß).

Demgegenüber stehen eine Reihe von hochwirksamen gesunden Methoden:

Weiche Verschönerungsmethoden
(gewebeerhaltende oder -aufbauende Maßnahmen)
① sanftes Ausdruckstraining für Mimik, Körperhaltung
    und Stimme,
② aufbauende Zusatzstoffe (z. B. Vitamine),
③ Wohlfühlkleidung,
④ Wohlfühlernährung
⑤ Ja-Haltung zum Körper,
⑥ bewußte Förderung des körpereigenen Beautytonikums,

⑦ Kleidung,
⑧ Farben für Haare und Make-up,
⑨ Frisuren,
⑩ Düfte.

Selbstverständlich gibt es zwischen diesen beiden Bereichen auch fließende Grenzen. So sind Verfahren wie das Ohrlochstechen oder Zahnkorrekturen strenggenommen der Kategorie »Operationen« zuzuordnen. Doch beinhalten diese Maßnahmen nicht annähernd so hohe medizinische Risiken wie beispielsweise eine Brustvergrößerung. Einige der in den Aufzählungen erwähnten Verschönerungsmittel werden im letzten Teil des Buches noch gesondert angesprochen werden.

Die Wirkmechanismen des »Denk-dich-schön«-Programms sind alle der Kategorie *weiche Verschönerungsmethoden* zuzuordnen. Diese Mechanismen können so tief im Unbewußten verankert werden wie der aufrechte Gang und dann ganz selbstverständlich über Jahre und Jahrzehnte eine starke Wirkung entfalten. Die Basis beginnt wie gesagt mit der Ja-Haltung zum eigenen Körper, um so der Produktion des körpereigenen *Beautytonikums* Impulse zu geben. Wie Sie diese positive Haltung gewinnen und verinnerlichen können, zeigen die einzelnen Schritte des Programms.

KANN MAN
ZU SCHÖN SEIN?

Ja – vor allem, wenn man blond ist. Erinnern Sie sich noch an die Blondinenwitze? Da war beispielsweise in einer großen bekannten deutschen Boulevardzeitung zu lesen: »Wie bringt man die Augen einer Blondine zum Leuchten? – Man hält zwei Taschenlampen an ihre Ohren.« Dieser Witz ist nicht einfach nur ein Witz. Er zielt sehr real auf die Grenzen der Schönheitswelt in den Köpfen der meisten Menschen ab. Denn die Vergötterung körperlicher Schönheit geht paradoxerweise in unserer Gesellschaft mit einer Ächtung von Schönheit einher. Nicht nur blonde Frauen, sondern auch sonstige attraktive Menschen sehen sich oft mit dem Verdacht konfrontiert, intellektuell etwas unterbelichtet zu sein.

»Kann ich denn nicht gut aussehen und dabei dennoch einen intelligenten Eindruck machen?« fragte mich einmal eine Klientin verzweifelt. Sie arbeitet als Redakteurin im Nachrichtenbereich. »Nachgaffen tun sie mir alle, aber ernst nehmen will man mich nicht.« Da sie ihren Beruf liebte, trennte sie sich kurzerhand von ihren auffallend langen Locken. Sie ließ ihr Haar streichholzkurz schneiden und setzte eine intellektuell wirkende Nickelbrille auf. »Ich habe vorher wirklich gut geschrieben – wurde aber belächelt. Dieses Problem wurde jetzt buchstäblich abgeschnitten – und zwar vom Friseur. Seit ich die neue Frisur hatte, wurde ich schlagartig ernst genommen.« Wirklich zufrieden war sie mit dieser

Lösung aber nicht. Ein Jahr später trug sie wieder ihre blonden Locken, diesmal mit Selbstbewußtsein. »Lieber stehe ich mit meinem Aussehen meine Frau – und zwar so, wie ich mich mag –, als daß ich mich künstlich tarne. Der Preis ist mir zu hoch.« Mit ihrem neugewonnenen Selbstverständnis zum Thema Schönheit konnte sie sich jetzt auch überzeugend durchsetzen.

Man mag also die Frage aus der Überschrift folgendermaßen beantworten: »Ja, man kann zu schön sein – je nachdem, in welchem Lebenskontext uns die anderen erleben und messen.« Geht es um die Frage, ob die Frau einen Mann abkriegt oder umgekehrt oder ob uns andere bewundernd nachsehen oder nicht, hat das Thema Schönheit einen hohen Wert. Hier gibt es dann auch den höchst heiklen Übergang zum Thema Sexualität. Doch geht es um Kriterien wie Klugheit, Redegewandtheit oder intellektuelles Ansehen, wird Schönheit schnell zum Hemmschuh. Reagiert beispielsweise eine Frau dann nicht mit Schönheitstarnung (z. B. mit streichholzkurzen Haaren statt der langen Locken) und ist trotz ihrer Schönheit beruflich erfolgreich, kursiert in bestimmten Unternehmen ganz schnell das Gerücht, sie habe sich »nach oben durchgeschlafen«. Der Gedanke, daß die Kandidatin wegen ihrer Klugheit und Tüchtigkeit rechtmäßig nach oben kam, erscheint den meisten Menschen angesichts ihres guten Aussehens absurd. Dieses Thema gilt übrigens für Frauen und Männer gleichermaßen. Das männliche Pendant zur Blondine ist in unserem Sprachschatz dann der »Schönling«, der es vielleicht bei den Frauen leicht hat, jedoch in der reinen Männerwelt härter um einen angesehenen Platz kämpfen muß als weniger gut aussehende »Mitmänner«.
Die zwiespältige Bewertung von körperlicher Schönheit hat in unserer Kultur eine jahrhundertealte Tradition. Ich meine damit den Einfluß der christlichen (und auch islamischen)

Religionen, die den Menschen körperliche Schönheit eher als ein Werk des Teufels als ein Geschenk Gottes verkaufen. Es wird suggeriert, daß Schönheit die wirklich guten Menschen nur vom rechten Pfad ablenkt, daß sie nur Unglück und Verwirrung stiftet. Körperliche Schönheit und verantwortungslos gelebte Sexualität werden hemmungslos in einen Topf geworfen.

Auch noch in unserem Jahrhundert wurden als Auswuchs dieses religiösen Gebräus entsprechende Kultfilme produziert, wie etwa »Der blaue Engel« mit Marlene Dietrich oder gar »Und ewig lockt das Weib« mit Brigitte Bardot. Das Thema dieser und ähnlicher Filme ist immer wieder, daß gutaussehende Frauen (und Männer) das Leben der wirklich wertvollen Menschen schrecklich durcheinanderbringen und ruinieren.

Der Gipfel dieser religiös-kulturellen Prägung führt bei einigen Männern sogar dazu, daß sie trotz einer guten Ehe regelmäßig Prostituierte aufsuchen oder Seitensprünge für legitim halten. Man mag es kaum glauben, doch ist das Motiv für diese Art Ehebruch paradoxerweise oft die gepriesene *Wertschätzung* der Ehefrau. »Ich habe eine so große Achtung vor meiner Frau, sie ist ein so wertvoller Mensch, daß ich sie mit Sexualität gar nicht in Verbindung bringen mag«, sagte wortwörtlich einer unserer Klienten, der regelmäßig fremdging. Sein großes Therapieproblem war, daß sich seine Frau wegen seines sexuellen Desinteresses von ihm trennen wollte.

Interessanterweise wird die positive Bewertung körperlicher Schönheit nicht nur von manchen Religionen bekämpft. Auf der politischen Ebene sind es die Diktaturen, welche etwas gegen das Interesse der Menschen an Schönheit haben. In China beispielsweise gingen Maos Diktaturwellen stets mit strengen Kleidungsvorschriften einher, die die Liebe der Menschen zu sich selbst untergraben und gleichzeitig ihre bedingungslose Liebe zum Diktator fördern sollten. In Diktaturen kann man mit Menschen, die an ihrer Persönlichkeit und an ihrer Schönheit Freude haben, nicht viel anfangen. Sie sind schwerer zu lenken als Menschen, die das Interesse an sich und ihrem Aussehen aufgegeben haben. Denn tatsächlich ist die Beschäftigung mit der eigenen Schönheit ein gelebter Ausdruck persönlicher Individualität.

Das »Denk-dich-schön«-Programm eröffnet Ihnen also nicht nur den Weg zur Schönheit, sondern weckt auch Ihren *Mut* zur Schönheit. Überprüfen Sie also bei sich selbst, ob nicht auch Sie durch ganz verborgene, unbewußt zwiespältige Einstellungen zur körperlichen Schönheit ihrem eigenen Entwicklungsprozeß im Wege stehen.

Überlegen Sie folgende Fragen genau: Angenommen, ich entdecke mein inneres Schönheitstonikum. Und angenommen, es entfaltet seine volle Wirkung. Würde sich mein Leben dadurch verändern? Gibt es unangenehme Konsequenzen, die ich bisher voller Vorfreude noch nicht bedacht habe?

○ Würden sich alle Freunde, Kollegen oder Bekannten über meinen Erfolg freuen? Oder müßte ich auch mit *Neid* rechnen?

○ Wie wird mein Partner/meine Partnerin reagieren? Vielleicht – bei aller Freude – auch mit *Eifersucht* oder *Angst?*

○ Paßt mein Schönsein zu *allen meinen Lebensrollen?* Oder spiele ich im Leben Rollen, zu denen auffällige Schönheit nach einem unbewußten Maßstab eher nicht paßt? (Vater oder Mutter sein, Vorgesetzte oder Vorgesetzter sein, die Rolle im Beruf generell).

Das »Denk-dich-schön«-Programm hilft Ihnen, diese Punkte für Ihren Schönheitsprozeß positiv zu klären. Indem Sie Ihren Schönheitsprozeß mit Freude und Mut in *alle* Lebensbereiche integrieren lernen, überwinden Sie mit Erfolg auch diese unbewußten Fragezeichen. Ob blond, ob schwarz, ob braun... stehen Sie zu den Schönheitspotentialen, die Ihr Körper für Sie bereithält! Und lassen Sie sich Ihre Schönheit von niemandem vermiesen. Keiner wäre dieses persönliche Opfer wert, das nur Ihre Lebensqualität schmälert.

TEIL 2

DAS IDEALE
SCHÖNHEITSLABOR:
UNSER GEHIRN

Wissen Sie, wozu Ihre Hände nützen? Verstehen Sie, warum ein Mensch Ohren hat? Können Sie sich vorstellen, wie Ihr Magen arbeitet? Würden Sie sich absichtlich mit einem Hammer auf die Finger klopfen? Stopfen Sie sich die Ohren mit Watte voll, wenn gerade Ihre Lieblingsmusik in bester Qualität durch die Lautsprecher erklingt? Würden Sie Terpentin trinken und sich dann wundern, daß Ihr Magen rebelliert? Natürlich sind das alles rein rhetorische Fragen, denn ich weiß, daß sich alle Menschen der meisten Funktionen und Reaktionen ihres Körpers bestens bewußt sind. Doch haben viele von uns nur ein unvollständiges Bewußtsein von der Arbeitsweise und den Reaktionsmustern ihres Gehirns. Doch ein solches Bewußtsein ist wichtig, um das Gehirn genauso gezielt benutzen und willentlich einsetzen zu können wie die eigene Hand – und das nicht nur für das »Denk-dich-schön«-Programm.

In einem spannenden Krimi stieß ich neulich auf folgende Textstelle: »Zoe hatte ein unbeirrbares Vertrauen in ihr Gehirn und behandelte es mit Respekt. Sie bemühte sich, es zu verstehen und seine Bedürfnisse vorauszusehen. Sie hielt ihren Körper gesund, um dem Gehirn alle Sorgen und Belastungen zu ersparen, die durch Krankheiten oder Verletzungen entstehen könnten. Sie lebte so ausgeglichen wie möglich, um für ihr Gehirn eine ideale Umgebung und alle Voraussetzungen zu schaffen, die es brauchte, um gute Arbeit zu leisten. Sie pflegte es wie eine exotische Pflanze in einem Glashaus oder ein wertvolles Automobil in einer beheizbaren Garage.«

Tatsächlich ist unser Gehirn – wie in diesem Zitat beschrieben – optimaler Pflege und Beachtung wert. Es ist nicht nur der Sitz unserer Gefühle und Gedanken, sondern verbraucht tagsüber 80 Prozent seiner Energien, um unseren Körper optimal zu steuern und dessen Funktionen in einer gesunden Balance zu halten. Verschiedene Autoren lassen sich beim Thema »Gehirn« zu weitaus hochformatigeren Vergleichen als zum Begriff »exotische Pflanze« hinreißen. Sie sprechen vom »Universum im Kopf«, von einer »inneren Welt« oder gar einem »Kosmos«. Und alle neueren Erkenntnisse deuten darauf hin, daß wir dieses innere Universum mit seinen Möglichkeiten nicht nur besitzen, sondern auch gezielt für unsere persönlichen Lebensziele benutzen können.

Da hier von Gehirnbenutzung die Rede ist, möchte ich Ihnen sowohl einige wichtige Daten als auch eine verständliche Gebrauchsanweisung für dieses erstaunliche Organ eröffnen, das Ihre Schönheitspotentiale aktivieren soll. So etwas ist Ihnen ja auch ansonsten selbstverständlich, wenn Sie etwas benutzen wollen: Jedes Küchengerät, jedes Auto, fast jeder Gegenstand, den wir kaufen, ist mit einer kleinen oder umfangreicheren Gebrauchsanweisung versehen, die uns helfen soll, durch sachgemäße Behandlung länger viel Freude an unserer Neuerwerbung zu haben.

Die meisten Menschen kennen sich nur schemenhaft mit ihrem Gehirn aus. Natürlich hat jeder schon einmal eine Abbildung davon im Biologiebuch gesehen. Man hat gelesen oder gehört, daß es da eine Reihe von sogenannten Zentren gibt, welche die Verantwortung für verschiedenste Körper- und Verhaltensfunktionen übernehmen: Sprache, Hören, Sehen, Erinnerung, Bewegung usw. Vielleicht haben Sie auch von der unterschiedlichen Funktion der beiden Gehirnhälften erfahren: Demnach ist die linke zuständig für die Steuerung der rechten Körperseite und die rechte Hirnhälfte ist entsprechend für die linke Körperseite. Darüber hinaus werden den beiden Gehirnhälften verschiedene Fähigkeiten an Wahrnehmungsverarbeitung und Denkmustern zugeordnet: So sei die linke Gehirnhälfte für unser analytisches, geordnetes Denken da und die rechte quasi der Sitz unserer Kreativität und Intuition. In Anlehnung an diese Theorie der unterschiedlichen Denkarten bezeichnen einige Menschen die rechte Gehirnhälfte oft als weiblich und die linke als männlich. Heute weiß man, daß diese Einteilung nur ungefähre Hinweise auf die Tätigkeit der beiden Hirnhälften anbietet. Unser eigentliches Potential scheint in der *optimalen Zusammenarbeit* der Gehirnareale und somit auch der Hirnhälften zu bestehen. Denn die Gehirnzellen der beiden Hälften sind durch ein dichtes Netz von Nervenbahnen miteinander verknüpft, welches den Zellen links und rechts erlaubt, sich ständig miteinander zu »unterhalten«.

Um zu verstehen, wie groß das Potential dieser »Gehirnzellenkommunikation« in uns ist, müssen wir weitere Details kennen, die vielen Menschen noch nicht bekannt sind. Die neueren wissenschaftlichen Erkenntnisse über das Gehirn bestätigen eigentlich den Volksmund, der von unserer inneren Seelenlandschaft spricht. Eine solche Landschaft scheint auch die Welt in unserem Kopf zu sein. In ihr leben – bildlich gesprochen – die verschiedenen Anteile unserer Persönlichkeit. Schon Goethe beschrieb ja die berühmten »zwei Seelen in einer Brust«. Jeder Mensch kennt Situationen, wo in ihm oder ihr verschiedene Ansichten über ein und dieselbe Sache leben. Beispielsweise: »Einerseits sollte ich sparen, aber andererseits ist es auch richtig, daß ich mir mal etwas gönne.«

Die Gehirnforscher jedoch vermuten diese unterschiedlichen seelischen Anteile unserer Persönlichkeit oder inneren Ansichten nicht in der Brust, sondern im Kopf. Außerdem gehen sie nicht davon aus, daß wir wie im Goethe-Zitat nur zwei oder drei verschiedene Persönlichkeitsseiten in uns haben. Der bekannte Gehirnforscher Gazzangia beispielsweise vergleicht das Gehirn mit einer »inneren Gesellschaft«, und sein Kollege auf diesem Gebiet, Ornstein, nennt sogar einen Buchtitel zu diesem Thema entsprechend »Multimind«. Alle wichtigen Forscher teilen heute nämlich die Erkenntnis, daß das Gehirn systemisch funktioniert. Das heißt: Es gibt im Gegensatz zu hergebrachten Lehrmeinungen weder isoliert voneinander arbeitende Gehirnzentren noch so etwas wie ein Ich-Zentrum, welches quasi an andere Areale nach einem hierarchischen Prinzip Aufträge verteilt. Vielmehr funktioniert das Gehirn auf der Grundlage organisch »gleichberechtigt« arbeitender Schaltkreise – auch Module genannt –, die ständig miteinander kommunizieren und durch diese Vernetzung immer wieder zu neuen geistigen Gesamtergebnissen kommen. Auf diese Weise ist das Gehirn auch mit dem Teil des Nervensystems in Kontakt, der unseren Körper entsprechend versorgt. Unser *gesamtes Nervensystem* besteht ja einerseits aus dem Gehirn (zentrales Nervensystem) und andererseits aus den besagten Körpernerven (peripheres Nervensystem). Dazu der Gehirnforscher Zieglgänsberger vom Max-Planck-Institut in München: »Im menschlichen Nervensystem geht es zu wie in einem großen Mietshaus: Erzählst du einem etwas, wissen es schon bald alle.«

Nur so kann man sich interessante Phänomene wie beispielsweise eine oft zitierte Reaktion von Allergikern erklären: Lösen beispielsweise zunächst Blütenpollen die allergische Reaktion aus, reagieren die Betroffenen später mit den gleichen allergischen Reaktionen auf den Anblick von Blüten auf Tapeten oder Bildern. Jeder weiß, daß diese »Papierblumen« keine Pollen haben können. Doch die Augen sind ein Teil unseres Nervensystems. Sie leiten den Anblick der Blumen nach innen weiter. Und da im Nervensystem nun alle Zellen Bescheid wissen, was im Zusammenhang mit diesen Blumenbildern normalerweise passiert, wird die allergische Reaktion auch ohne echte Blütenpollen im Körper organisiert. Im Grunde reagieren hier die Nervenzellen wie Hausbewohner auf einen Klingelstreich: Man läuft zur Tür, obwohl gar keiner da ist.

Erhält also nur eine Nervenzelle in Kopf oder Körper eine Information, so wissen schon bald sowohl die Gehirn- als auch die Körpernerven über diese Neuigkeit Bescheid. Zieglgänsberger fand in seinen Forschungen heraus, daß noch *sechs Wochen* nach Aufnahme einer Information die Nervenzellen diese an andere Zellen im Nervensystem »weitererzählen«. Eine Information an eine einzelne Zelle kann sich also wie ein Schneeballsystem auswirken. So kann man sich gut erklären, was wir mit Sätzen meinen wie: »Schlaf noch eine Nacht darüber – morgen sieht alles ganz anders aus.« Tatsächlich wurden über Nacht weitere Gehirnbereiche über die Neuigkeit informiert. Auf diese Weise kommt dann die »innere Gesellschaft« zu neuen Ergebnissen, und die Sache sieht tatsächlich am nächsten Morgen anders aus. Im Negativen kann dieses Prinzip auch unsere Schönheitspotentiale langfristig blockieren. Starre ich immer wieder auf meine ungeliebten Oberschenkel, erfaßt das Unbehagen schon bald das gesamte Nervensystem und blockiert so insgesamt die Produktion des körpereigenen Schönheitstonikums. Im Positiven ermöglicht dieses umfassende Speicherprinzip die Möglichkeit, Schönheit über die Zeit zu einem ganzheitlichen seelischen und körperlichen Erleben wachsen zu lassen. So geben diese Kenntnisse Ihnen auch eine Vorstellung über die Wirkung des »Denk-dich-schön«-Programms: Nach zirka sechs Wochen werden die Übungen aus diesem Buch ihre volle Wirkung in Ihrem Nervensystem und im Körper entfalten.

Unser Gehirn wiegt durchschnittlich nur drei Pfund. Doch das geringe Gewicht täuscht. Die Experten sind sich heute einig, daß dieses Organ über durchschnittlich hundert Milliarden Zellen verfügt. *Der Spiegel* schrieb hierzu: »Neun Monate lang bilden sich Sekunde für Sekunde 4000 Nervenzellen im Kopf eines menschlichen Fötus.« Jede einzelne Gehirnzelle steht über ihre verzweigten Nervenenden wiederum in Verbindung mit jeweils zehntausend anderen. *Der Spiegel*: »Im Laufe des Menschenlebens wächst dann das Gewicht des Steuerorgans auf das Vierfache an. Doch nach der Geburt werden keine weiteren Neuronen (Nervenzellen) mehr gebildet; statt dessen verdrahten sie sich untereinander, während der Mensch Erinnerungen, Wissen und Erfahrungen ansammelt, bis schließlich rund 1000 Billionen Nervenärmchen zum komplexesten Gebilde des Universums verschlungen sind – dem organischen Substrat einer Persönlichkeit.«

Immer wenn wir Erinnerungen, Wissen oder Erfahrungen aufnehmen, reagieren die Gehirnnerven mit ihren Verbindungsaktivitäten. Sind sie dann aufgrund eines neuen Wissens stabil miteinander verknüpft, haben wir plötzlich das Gefühl, das Neue sei uns »in Fleisch und Blut« übergegangen. Das ist also nicht nur eine bildhafte Beschreibung, sondern eine *Tatsache*. Auf der Grundlage dieser Verknüpfungen sind in uns so selbstverständliche Abläufe wie der aufrechte Gang, das Autofahren, die Muttersprache oder Wissensinhalte wie das Einmaleins verankert. Es ist ein Segen, daß unser Gehirn diese »Programme« mit seinen Möglichkeiten sichert: Stellen Sie sich vor, Sie müßten diese Selbstverständlichkeiten Morgen für Morgen neu erlernen. Kein Mensch könnte sich unter diesen Umständen mehr den Herausforderungen des täglichen Lebens stellen. Die programmierungsähnliche Sicherstellung unserer bereits verinnerlichten Fähigkeiten und Erfahrungen gibt unserem Gehirn die Freiheit für die ständige Aufnahme neuer Eindrücke. Beispielsweise sorgt Ihr Gehirn gerade jetzt dafür, daß Sie diese Buchstaben sehen, daß diese Gebilde in Ihrem Gehirn als Wörter identifiziert werden und zu diesen Wörtern dann jene Bilder und Assoziationen auftauchen, die momentan beim Schreiben dieser Zeilen in meinem Gehirn kursieren.

Viele Menschen interessiert die Frage, wie leistungsfähig das Gehirn bis ins hohe Alter bleibt. Da gibt es zunächst eine gute Nachricht: Entgegen bisheriger Lehrmeinung bleiben alle Gehirnzellen im Alterungsprozeß lebendig. Ein Abbau der Leistungsfähigkeit kann nur durch Nichtbenutzung entstehen. Die Zellen verkümmern quasi in ihrer Arbeitskraft, wenn sie nicht im Einsatz bleiben. Sie können aber immer wieder aktiviert werden. Entsprechend sind im Alter nur jene Menschen von einem Abbau der Geisteskraft betroffen, die ihren Tagesablauf über Jahre nach einem einheitlichen Schema gestalten und somit ihrem Gehirn keine Herausforderung mehr anbieten. Bringen Sie jedoch immer wieder neue Impulse in Ihr Leben, können Ihre »grauen Zellen« bis ins hohe Alter ihre volle Leistungskraft erhalten. Abwechslung ist quasi Bodybuilding für das Gehirn.

Doch wer sich jetzt aufgrund dieses Wissens regelmäßig und fleißig mit geistigen Aufgaben wie Zahlenknobeln, Kreuzworträtseln oder Vokabellernen beschäftigt, hat immer noch nicht genug für die optimale Pflege seines Gehirns getan. Denn die Forscher fanden noch etwas äußerst Wichtiges heraus: Nur die Wahrnehmungsimpulse, die uns *Spaß* machen, haben den gewünschten Trainingseffekt für unser Gehirn. Zwingen wir uns per Vernunft beispielsweise zum Sprachenlernen, assoziiert das Gehirn die Lernimpulse mit Streß. So werden die Gehirnzellen bei der Beschäftigung mit einem Streßthema ständig von jenen körpereigenen Stoffwechselprodukten durchschwemmt, die sich leider nur hemmend auf die Gehirnzellengesundheit auswirken.

An dieser Stelle kommt also der *Gehirnstoffwechsel* ins Spiel. Seine Zusammensetzung entscheidet darüber, ob unser Gehirn zum Schönheitslabor unseres Körpers werden kann oder nicht. Wie nun könnte man sich die »Labortätigkeit«

des Gehirns vorstellen? Weiter oben fanden Sie die Information, daß die Gehirnzellen durch Billionen von »Nervenärmchen« miteinander verknüpft sind. Durch diese Nervenbahnen fließen wie durch ein Stromkabel blitzschnell die Nervenimpulse von Neuron zu Neuron (Gehirnzelle zu Gehirnzelle). An den Verknüpfungsstellen der Nervenbahnen können die Impulse nicht einfach ungehindert weiterfließen. Wie an einer Straßenkreuzung muß hier der Impulsverkehr geregelt werden. Dabei übernehmen körpereigene chemische Stoffe die Rolle von Ampeln und Verkehrsschildern. Der kleine Übergang von Nervenbahn zu Nervenbahn nennt sich synaptischer Spalt. Und die erwähnten chemischen Stoffe heißen Nervenbotenstoffe. Diese Bezeichnung ist sehr treffend gewählt. Sehen wir den Nervenimpuls als eine kleine Minibotschaft an, so können die Nervenbotenstoffe entscheiden, ob der Impuls – also die Botschaft – weitergeleitet wird oder nicht. Da gibt es Stoffe, die die Weiterleitung fördern, und solche, die sie blockieren.

Kennen Sie das Gefühl, plötzlich ein Brett vorm Kopf zu haben? Alles Wissen, jeder vernünftige Gedanke scheinen plötzlich wie weggewischt zu sein. Jedoch ist das Wissen in einem solchen Moment durchaus nach wie vor sicher im Gehirn abgespeichert. Doch leider verhindern blockierende Nervenbotenstoffe an den Synapsen, daß die wertvollen Nervenimpulse – also die Postboten der Wissensinformation – an die entscheidenden Stellen im Gehirn weitergeleitet werden. Fällt einem aber plötzlich alles wieder ein oder die berühmten Schuppen von den Augen, strömt das ersehnte Wissen wieder auf den Bewußtseinsbildschirm. Die Nervenbotenstoffe an den Synapsen sind jetzt so »gemischt«, daß wir wieder optimalen Zugang zu unseren Geistesschätzen haben.

Die Gehirnforscher vermuten, daß zur Zeit nur 10 Prozent aller Nervenbotenstoffe wissenschaftlich identifiziert wurden. Dabei gab es in den letzten Jahren große Überraschungen. Man fand beispielsweise dem Morphium verwandte Nervenbotenstoffe, die sogenannten Endorphine. Sie machen uns euphorisch und heben die Schmerzschwelle. Auch Serotonin macht gute Laune, sorgt für ausgeglichenen Schlaf und senkt die Schmerzempfindlichkeit. Es gibt Stoffe, die wie das Beruhigungsmittel Valium zusammengesetzt sind. Andere wirken fast so wie Marihuana. Wir alle sind demnach eine wandelnde Chemiefabrik. Doch auch Streß-hormone wie beispielsweise das Adrenalin spielen als Nervenbotenstoffe im Gehirn eine Rolle.

Dieser Chemiecocktail setzt sich ständig neu und anders zusammen. Er wird sowohl durch die äußere Welt als auch durch unsere innere Seelenlandschaft beeinflußt. So können eine von außen aufgenommene Musik, aber auch ein Gedanke auf das Verhalten der Nervenbotenstoffe wirken. Und somit entscheiden die Nervenbotenstoffe auch darüber, wie intensiv das Gehirn unseren Körper in seinen Funktionen versorgt. Es vermittelt uns, wie wohl wir uns in »unserer Haut« fühlen, ob wir uns als leicht und beschwingt oder als gedrückt und »ausgepowert« erleben. Die Nervenbotenstoffe entscheiden mit darüber, sie bestimmen, wie gut unsere Haut oder unsere Organe durchblutet sind, über die Aktivität unserer Muskulatur, über Kraft und Haltung unseres Körpers. Die ideale Zusammensetzung der Nervenbotenstoffe ist somit das wirksamste Beautytonikum, das wir unserem Körper anbieten können.

NETZWERK MENSCH:
SO KOMMUNIZIERT DAS GEHIRN
MIT UNSEREM KÖRPER

Die Nervenbotenstoffe legen also die Qualität der direkten Steuerung unseres Körpers durch das Gehirn fest: Bewegung, Atmung, Sprache usw. Außerdem sind sie im Rahmen der Sinneswahrnehmung verantwortlich dafür, wie die Welt draußen auf uns wirkt. Scheint alles grau in grau oder in den buntesten Farben? Das Gehirn und seine Chemiebotschafter unterhalten sich aber auch noch auf anderen Wegen mit dem Körper. Menschen zeigen oft körperliche Reaktionen, die auf eine besondere Weise mit ihrem psychischen Erleben vernetzt zu sein scheinen.

Studenten neigen während der Examenszeit erwiesenermaßen häufiger zu Infektionskrankheiten wie Schnupfen, Husten oder Herpes als während der prüfungsfreien Studienphasen. Verheiratete Menschen haben eine höhere Lebenserwartung als Singles. Frauen in Kriegsgebieten werden plötzlich – trotz ausreichender Ernährung – über Monate hin unfruchtbar. Frisch verliebte Frauen berichten oft über eine plötzlich einsetzende Gewichtsabnahme: »Es ist, als ob mein Körper ganz anders arbeitet«, erzählte mir neulich eine solche Glückskandidatin. Es gibt heutzutage in der psychologischen und medizinischen Literatur etliche Beispiele dieser Art. In den letzten Jahren hat sich eine eigenständige wissenschaftliche Disziplin entwickelt, die sich gezielt mit dem Netzwerk Körper–Geist–Seele auf naturwissenschaftlicher Basis beschäftigt: die Psychoneuroimmunologie. Interessant ist für die hiermit befaßten Forscher die Frage: Wie erfährt eigentlich der Körper vom bevorstehenden Examen des Studenten? Wer hat ihm davon »erzählt«? Woher weiß das Immunsystem – es hat ja schließlich keine Augen und Ohren –, daß der Mensch ohne Partner lebt? Wie genau erfährt der Stoffwechsel der frisch Verliebten, daß in der Welt draußen ein toller Mann aufgetaucht ist?

Das Immunsystem ist für die Erkennung von Krankheitskeimen und Fremdkörpern in unserem Körper zuständig und hält diese ständig unter Kontrolle. Es kann auch Neueindringlinge in »Sondereinsätzen« durch ein spezielles Verfahren identifizieren und dann ganz gezielt bekämpfen. Unser Hormonsystem steuert die Vorgänge des Körperstoffwechsels, des Wachstums, der Sexualität und der Emotionen. Bis vor kurzem dachte man, daß das Nervensystem, das Immunsystem und das Hormonsystem getrennt voneinander arbeiten. Die Psychoneuroimmunologie hat jedoch in den letzten Jahren herausgefunden, daß sich diese Systeme quasi ständig miteinander unterhalten.

Das Nervensystem scheint seinen Chemiecocktail nicht exklusiv zu genießen. Es kann quasi die Informationen über das jeweilige »Rezept« an den Körper weiterleiten, beispielsweise über den Blutkreislauf. Die Zellen des Immunsystems sind ebenfalls empfänglich für die Nervenbotenstoffe. Auf diesem Wege erfährt das Immunsystem über die »Stimmung« im Gehirn und somit in unserer Seelenlandschaft. Entsteht beispielsweise beim Gedanken an das bevorstehende Examen ein Streßgefühl, treten sofort die entsprechenden Nervenbotenstoffe auf den Plan. Sie regeln nicht nur die Impulsleitung an den Synapsen (»Brett vorm Kopf« oder »Es fiel mir wie Schuppen von den Augen«), sondern kommunizieren über die Situation auch mit den Immunsystemzellen. Das Immunsystem weiß zwar nicht genau, was ein Examen ist, versteht jedoch so viel von der chemischen Unterhaltung, daß es im Gehirn das Anbrechen »dunkler Zeiten« vermutet. Daraufhin kann es sein Verhalten in zwei Richtungen ändern. Einerseits können die Immunzellen ihre Tüchtigkeit reduzieren – dabei wird der Mensch anfälliger für Infektionskrankheiten –, andererseits könnte das Immunsystem auch fleißig »aufrüsten«. Dabei treten dann verstärkt allergische Reaktionen ein. Bei vielen Menschen sprießen ab diesem Moment die gefürchteten »Streßpickel«. Auf diese Weise nimmt das Immunsystem aktiv an unserer äußeren Lebenssituation teil. »Sie müssen sich das so vorstellen: Die Zellen des Immunsystems sind quasi Gehirnzellen auf Wanderschaft. Sie sind nicht durch Nervenbahnen mit dem Gehirn in Kontakt, sondern über chemische Signale. Auf diese Weise unterhält sich das Immunsystem mit dem Gehirn«, erklärte neulich ein Forscher dieses Gebiets auf einem Schmerzkongreß.

Nicht viel anders verhält es sich mit der Hormonproduktion unseres Körpers. Diese findet in den verschiedensten Körperorganen statt: Nieren, Schilddrüse, Geschlechtsorgane usw. gehören dazu. Die hormonbildenden Organe werden ebenfalls über das Nervensystem vom aktuellen Stand des Nervenbotencocktails informiert und produzieren entsprechend nach dem jeweils aktuellen Rezept. Auf diese Weise wird dann, wie im Beispiel der Verliebten, durch entsprechende Hormonreaktionen der Stoffwechsel intensiviert, und das führt zur Gewichtsabnahme. So wird es verständlich, daß Sie mit Ihren Gedanken über das Nervensystem nicht nur Ihnen bisher selbstverständliche Abläufe wie Bewegungen und die Sprache zu steuern vermögen. Sie können ebenso effektiv die gesamten Gefäß- und Stoffwechselreaktionen Ihres Körpers ansprechen. Diese Wirkungsmechanismen vermögen beispielsweise unsere Haut von innen her mindestens so gut zu pflegen wie die teuerste Kosmetik. Sicher macht das »Denk-dich-schön«-Programm Kosmetik nicht überflüssig, doch diese kann nur von außen einwirken, wenn sie auf optimale innere Körperprozesse trifft. Und den Weg dafür können wir mit unseren Gedanken bahnen.

NEUROLINGUISTISCHES PROGRAMMIEREN: SO »SPRECHEN« WIR MIT UNSEREM GEHIRN

Gelingt es uns, mit unserem Gehirn zu »sprechen«, haben wir uns bereits erfolgreich in das eigene Körpernetzwerk eingeschaltet. Denn das Gehirn »erzählt« über das im Kapitel zuvor geschilderte Netzwerksystem alle Informationen unserem Körper weiter.

Hier möchte ich nun eine Methode vorstellen, die die Sprache des Gehirns und somit unseres Nervensystems besonders gut versteht und berücksichtigt: das neurolinguistische Programmieren, abgekürzt auch NLP genannt. Das NLP wurde in den siebziger Jahren in den USA von dem Mathematiker und Psychotherapeuten *Richard Bandler* und dem Linguisten *John Grinder* entwickelt.

Das NLP hilft uns, einen direkten Zugang zu unserem Gehirn und unserem Nervensystem zu finden und uns mit ihm über die Veränderung, die es in uns organisieren soll, in seiner Sprache zu »unterhalten«. Unser Nervensystem reagiert vor allem auf *Nervenreize* wie Bilder und Farben, Geräusche und Klänge, Körpergefühle, Gerüche und Geschmack. Dabei lösen nicht nur von außen kommende Erlebnisse Reaktionen aus. Wie bereits beschrieben, können auch innere Prozesse wie Gedanken und bildhafte Vorstellungen genau wie äußere Wahrnehmungen – genauer gesagt Nervenreize – lustig und traurig machen, uns beruhigen oder aufregen. Jede dieser Emotionen geht mit körperlichen Antworten einher.

Veranschaulichen Sie sich dieses Wirkprinzip mit einem einfachen Gedankenexperiment. Denken Sie zunächst bitte einmal an eine Reihe von netten Menschen, die Sie in Ihrem Leben kennengelernt haben. Suchen Sie sich in Gedanken unter diesen netten Leuten eine Person heraus, die Sie schon lange – mindestens ein Jahr lang – nicht mehr gesehen haben. Sie wissen jedoch genau, daß es diesen Menschen irgendwo noch gibt. Auch beim letzten Treffen sind Sie im Guten auseinandergegangen. Diese sympathische Person könnte beispielsweise in einer anderen Stadt oder gar im Ausland leben. Da ich die von Ihnen ausgesuchte Person nicht kennen kann, nenne ich sie an dieser Stelle *Person A.* Wenn Sie *Person A* für sich bestimmt haben, denken Sie noch einmal lebhaft an die schönen gemeinsamen Situationen. Vergegenwärtigen Sie sich das Gesicht, die Stimme, die Kleidung dieses netten Menschen. Denken Sie an das Gefühl, was Sie in ihrer oder seiner Gegenwart hatten. Lesen Sie erst weiter, wenn Sie diese Schritte innerlich vollzogen haben.

Als nächstes möchte ich Sie bitten, an eine weitere Ihnen bekannte Person zu denken. Doch dieses Mal soll der Kandidat mit der Bezeichnung *Person B* leider nicht so nett sein. Sicher haben auch Sie in Ihrem Leben schon eine Reihe von Ihnen unsympathischen Menschen erlebt. Wählen Sie unter diesen Personen einen besonders angenehmen »Kandidaten« heraus. Wiederum sollten Sie die Person mindestens ein Jahr nicht mehr gesehen und erlebt haben. Wenn Sie *Person B* innerlich gefunden haben, denken Sie wieder an eine typische Situation mit diesem Menschen. Sehen Sie *Person B* vor sich, hören Sie seine oder ihre Stimme, nehmen Sie das Körpergefühl wahr, das bei einer solchen Begegnung entsteht. Lesen Sie erst weiter, wenn Sie diese Erinnerungsschritte innerlich vollzogen haben.

Nun denken Sie an den Lieblingsplatz in Ihrer Wohnung oder in Ihrem Haus. Begeben Sie sich in Gedanken dorthin. Vielleicht befinden Sie sich auch schon dort, während Sie

dieses Buch lesen. Jetzt hören Sie in Gedanken die Haustür-
klingel. Vielleicht klopft auch jemand draußen. Sie stehen
auf, gehen zur Haustür und öffnen. Und – welch eine große
Überraschung: Vor Ihnen steht lachend *Person A!*
Nehmen Sie jetzt in der Vorstellung genau Ihre Reaktionen
wahr. Was würde in diesem Augenblick in Ihnen passieren?
Erspüren Sie das vor allem in Ihrem Gesicht. Wie fühlt sich
die Augenpartie an? Welche Muskelgruppen der Mimik reagieren? Welche Haltung hat Ihr Mund? Nun nehmen Sie
Ihren Körper wahr. Welche Haltung nehmen Sie ein? Wie
atmen Sie? Denken Sie nun an Ihre Stimme. Wie klingt die
eigene Stimme, wenn Sie jetzt reagieren? Sicher können Sie
nun sehr gut erleben, wie Ihr eigener Körper und Ihr Körpergefühl auf diese Wahrnehmungsübung reagieren. Schon
haben Ihre Gedanken durch das innere Sinneserlebnis
Ihrem Körper Impulse gegeben.
Wiederholen Sie das Experiment, indem Sie jetzt den gleichen Ablauf mit *Person B* durchspielen: sich wohl fühlen, die
Türklingel oder jemanden klopfen hören, hingehen, öffnen,
wahrnehmen. Spüren Sie in Gedanken genau, wie Ihr Körper auf diese andere Art von Überraschung reagiert. Achten
Sie wieder auf Gesicht, Körperhaltung und die eigene Stimme. Nehmen Sie genau wahr, welche unterschiedlichen
Reaktionen jetzt im Vergleich zu *Person A* ablaufen. Um sich
zu neutralisieren, schließen Sie in Gedanken wieder die Tür.
Denken Sie wieder intensiv an *Person A* oder an etwas anderes Schönes in Ihrem Leben. Nun haben Sie festgestellt, daß
der Körper auf unterschiedliche Gedanken innerhalb von
Minuten auch unterschiedlich ansprechen kann. Diese enge
Vernetzung zwischen sinnlich lebhaften Gedanken und körperliche Antwort werden Sie bewußt zu nutzen lernen.
Daher werden Sie im »Denk-dich-schön«-Programm
immer wieder mit der Welt der Sinne in Kontakt sein, um mit
Ihrem Körper gezielt zu kommunizieren. Weiterhin vermittelt das NLP in optimaler Form die psychische Kraft von

Sprache und Worten, die unser Erleben und unsere Reaktionen beeinflussen. Diese Zusammenhänge finden sich auch im Namen der Methode wieder:

Der Wortanfang *»Neuro«* steht für die Tatsache, daß jedes menschliche Verhalten und jeder Körperzustand im Gehirn durch neuronale Verknüpfungen repräsentiert ist. Hiermit sind die Verbindungen zwischen den Gehirnzellen (Neuronen) gemeint, die sich bei jedem Lernen, jeder persönlichen Weiterentwicklung ständig neu- und umbilden. Sogar die Chemie des einzelnen Zellkörpers verändert sich bei diesen inneren Prozessen.

»Linguistisch« bedeutet, daß wir zu diesen Verknüpfungen mit Hilfe unserer Sprache einen Zugang finden können. An gespeicherte Worte und Sätze sind auch alle körperlichen Erinnerungen gekoppelt, die jemals im Zusammenhang mit diesem Wort gemacht wurden – im Positiven wie im Negativen. Außerdem kann man auch in Satzstrukturen Hinweise über das subjektive Erleben eines Menschen erhalten.

»Programmieren« bezeichnet die Möglichkeit für uns Menschen, mit Hilfe der Sprache Gedanken und Sätze zu starten, die dann rückwirkend wiederum die neuronalen Verknüpfungen eines blockierenden »Programms« schwächen und die entsprechenden Impulse in eine gewünschte Richtung umprogrammieren. Das sind dann Gedanken und Worte, die Kraft und Selbstbewußtsein geben, die die innere Welt mit der Kraft der Nervenbotenstoffe bunt und hell machen und so positiv auf Gefühle, Körper und die Gesundheit wirken.

Das NLP bietet jedoch nicht nur die Möglichkeit der inneren Selbstorganisation, sondern gibt auch wertvolle Hinweise auf die Wirkung unseres Verhaltens, unserer Worte, unserer äußeren Erscheinung und unserer Körpersprache auf andere Menschen. Gerade beim Thema Schönheit ist die Frage der Wirkung von Menschen untereinander von großer Bedeutung.

Alle Elemente des vorliegenden Programms beruhen auf der NLP-Methode. Sie lehrt Sie, sich in Ihrer »Gehirnwelt« besser auszukennen und somit wertvolle Sicherheit sowohl für Ihren Körper als auch für Ihre Persönlichkeit zu gewinnen.

GEHIRN UND
KÖRPERLICHE SCHÖNHEIT:
DIE WICHTIGSTEN
WIRKNETZE

Bisher haben Sie bereits den grundsätzlichen Zusammenhang zwischen Gehirn, Seele und Körper kennengelernt. Es ist Ihnen sicherlich verständlich geworden, warum Gedanken den Körper in seinen Prozessen erreichen und beeinflussen können. In diesem Kapitel möchte ich Ihnen abschließend zu dieser Einführung noch eine etwas detailliertere Auflistung der wichtigsten körperlichen Schönheitselemente und deren Vernetzung mit unserem Gehirn aufzeigen. All diese körperlichen Schönheitselemente werden vom »Denk-dich-schön«-Programm direkt oder indirekt berührt. Meistens müssen sie also nicht extra angesprochen werden, sondern reagieren insgesamt positiv auf das Programm.

Die Haut

Sie ist eines unserer wichtigsten Organe. Die Haut umgibt unseren gesamten Körper. Sie wehrt Bakterien ab, schützt uns vor den negativen Wirkungen von Licht und UV-Strahlung, wehrt bis zu einem gewissen Grade Verletzungen ab und vermittelt als Sinnesorgan dem Gehirn eine Vielfalt von Wahrnehmungen. Sie ist an unserem Wasserhaushalt und an der Temperaturregelung unseres Körpers beteiligt. Bei der Schönheitsfrage spielt vor allem die äußere Beschaffenheit der Haut eine tragende Rolle: Farbe, Teint und Glätte sind wichtige Schönheitssignale. Kein Wunder also, daß für die Pflege der Haut Jahr für Jahr Unsummen an Geld ausgegeben werden. Schon im Altertum beschäftigten sich die Menschen mit Schönheitsrezepturen. So spricht man beispielsweise noch heute von dem pflegenden Eselsmilchbad der ägyptischen Königin Kleopatra.

Mit eine der wichtigsten Aufgaben des Gehirns ist die Durchblutung der Haut. Denn das Gehirn gibt die entscheidenden Signale für die Verengung oder Erweiterung der Blutgefäße. Sie selbst haben vielleicht schon beobachtet, daß Menschen schlagartig die Hautfarbe wechseln können, wenn jemand ihnen etwas Schlimmes erzählt. In Sekundenschnelle verwandelt das Gehirn die Schallwellen der Schreckensbotschaft in verengte Gefäße und somit in deutlich sichtbar blasse Haut. Chronisch schlechtdurchblutete Haut erhält über den Kreislauf auf Dauer zuwenig Sauerstoff und Nährstoffe. Sie verliert quasi ihre innere Kosmetik. Auf diese Mangelversorgung reagiert sie langfristig mit vorzeitiger Alterung.

Veranlaßt das Gehirn unser Immunsystem aufgrund von Streß zu einer Überreaktion, sind oft Rötungen oder gar Pikkel die hautnahe Konsequenz. Das übereifrige Immunsystem greift jetzt auch kleinste Partikelchen auf und in der Haut an, die es zuvor in Ruhe gelassen hätte. So entzünden sich plötzlich harmlose Talgablagerungen und erheben sich zu dem gefürchteten roten Hügelchen auf der Haut.

Über das hier dargestellte Vernetzungssystem kann das Gehirn der Haut jedoch auch helfen, gut durchblutet, optimal ernährt sowie ruhig und ausgeglichen zu bleiben. Die Übungen im Buch lösen diesen positiven Effekt aus.

Die Mimik

Das lebendige Mienenspiel eines Menschen hat einen Schönheitszauber, den man nur schwer auf Gemälden oder Fotos wiedergeben kann. Nicht umsonst weckt das sagenumwobene Lächeln der Mona Lisa damals wie heute die Faszination der Betrachter dieses berühmten Werkes von Leonardo da Vinci. Mimik macht Gefühle im Auge des Betrachters. Es gibt einen faszinierenden Muskeltest, der deutlich zeigt, daß Menschen beim Anblick eines Lächelns weitaus mehr Körperkraft aufbringen als beim Anblick heruntergezogener Mundwinkel.

Sollte Sie das Thema näher interessieren, finden Sie eine ausführliche Beschreibung dieses Tests in meinem Buch *»Magic Words. Der minutenschnelle Abbau von Blockaden«* (vgl. Literaturverzeichnis).

Eine Vielfalt von unterschiedlich verlaufenden Muskeln sorgt für Augenzwinkern, Lachfalten, glatte oder gekrauste Stirn, straffe oder schlaffe Wangen, staunende Augen oder auch für »Verkniffenheit«. Jedes einzelne Muskelspiel in Ihrer Mimik wirkt auf andere Menschen und löst in ihnen Emotionen aus. Die Faszination der Mimik geht eigentlich von der *Lebendigkeit* des Gesichtsausdrucks aus. Eine starre, chronisch verfestigte oder gar leblos anmutende Mimik löst beim Gegenüber eher negative Gefühle aus – und sei das Gesicht des Senders noch so ebenmäßig und perfekt. Auch das starre Lächeln, welches nicht auf äußere Abwechslung und innere Emotionen reagiert, wirkt gefühlsverflachend auf den Betrachter.

Ein schönes Gesicht wird nicht nur geboren, es bildet sich auch im Laufe der Jahre durch die Lebendigkeit des Gesichtsausdrucks – am besten durch die intensive Benutzung und Inanspruchnahme aller beteiligten Gesichtsmuskeln. Dieser »gesichtsbildende« Prozeß wird vor allem durch unseren inneren Gefühlsreichtum ermöglicht, da jede Emotion auf der körperlichen Ebene mit einem dazugehörigen Muskelprogramm vernetzt ist.

Wie stark die Gesichtsmuskulatur Ihr Gesicht beeinflussen kann, zeigt Ihnen ein einfaches Beispiel. Wenn jemand wegen eines Beinbruchs wochenlang einen Gips trägt, so ist das Bein nach der Entfernung des Gipsverbandes ganz dünn geworden. Manchmal ist es nur noch halb so dick wie das gesunde Bein. Das liegt nicht an mangelnder Ernährung, sondern an der Tatsache, daß die durch den Gips in ihrer Bewegung blockierten Muskeln die Wochen über nicht arbeiten konnten und so ihr Volumen eingebüßt haben.

Wenn Sie dieses Beispiel auf die Mimik übertragen, wird deutlich, wie beispielsweise eingefallene Wangen oder hängende Mundwinkel entstehen können. Das sind die Auswirkungen mentaler Gipsverbände. Solange im Gesicht tatsächlich nichts gebrochen ist, sollten Sie es nicht unnötig durch diesen Phantomgips blockieren.

Ich erwähnte bereits im Vorwort, daß Menschen weltweit ausgeprägte Wangenknochen als schön empfinden. Diese Vorliebe hat eine tiefenpsychologische Ursache. Wenn jemand häufig von innen heraus fröhlich ist, werden auch die Muskeln im Wangenknochenbereich gestärkt. Sie können sich im Laufe der Zeit so stark ausprägen, daß dadurch eine optische Betonung der Wangenknochenpartie erreicht wird. Es liegt also nahe, daß wir unbewußt ausgeprägte Bäckchen als ein Zeichen seelischer Gesundheit deuten. Und seelische Gesundheit hat als Merkmal eine starke Anziehungskraft – sowohl bei der Partnerwahl als auch bei sozialen Bündnissen wie Freundschaften.

Obwohl ich dem Vorurteil entgegentreten möchte, daß nur junge Menschen schön sind, kann ich mir doch die Bevorzugung von Jugend beim Schönheitsthema aufgrund dieser Zusammenhänge teilweise erklären. Junge Menschen und Kinder haben meist noch einen sehr lebendigen Gesichtsausdruck. Sie sind offen, fröhlich und lebendig und wecken so beim Betrachter positive Gefühle. Selbst die Gesichter schlechtgelaunter Teenager wirken noch so offen, daß man jederzeit das Zurückschalten zur guten Laune vermuten kann.

Erst beim Älterwerden beginnt das Gesicht eines Menschen etwas über den seelischen Zustand zu erzählen, in dem er sich überwiegend befindet. Gibt es in seinem Leben über Jahre keine Freude, Abwechslung oder ernstgemeintes Engagement für persönliche Interessen, beginnt die Gesichtsmuskulatur auf diesen psychischen Mangel an Lebensqualität zu reagieren. Diese regelrechte Gesichtsarmut wird noch verstärkt, wenn ein Mensch sich und sein Leben überwiegend von Zwängen und Normen kontrollieren läßt. Auf diese Weise bekommt das ältere Gesicht leicht unfrohe, starre oder langweilige Züge, die auch im zwischenmenschlichen Kontakt nicht mehr flexibel »mitspielen« und so beim Gegenüber ein Unbehagen hervorrufen. Eigentlich ist diese Entwicklung keine Folge von Alter, sondern von mangelnder Gesichtsbenutzung. Denn auch alte Menschen können mit einer fröhlichen und lebendigen Mimik bezaubernd wirken. Ich denke dabei immer an den Film *Harold und Maude«*, in dem sich ein zu Tode gelangweilter achtzehnjähriger junger Mann in eine lebensfrohe Achtzigjährige verliebt.

Aus all diesen Gründen wird im »Denk-dich-schön«-Programm auch gezielt immer wieder die seelische Lebendigkeit über das Gehirn angesprochen.

Körperhaltung und Bewegung

Haltung und Bewegung sind eigentlich die Mimik des Körpers. Schon die alten Griechen kannten die *Pantomime*, jene Schauspielkunst, bei der Handlungen, Gefühle und Charaktere ganz ohne den Gebrauch der Sprache ausgedrückt werden. Und dennoch verstehen die Zuschauer sehr genau die Botschaft der Schauspieler. Dieses Verständnis rührt daher, daß jeder von uns ein tief unbewußtes Wissen über den Zusammenhang zwischen Seele und Körperhaltung in sich trägt. Wäre dem nicht so, hätte die Pantomime gar nicht über zweitausend Jahre als Kunstform existieren können.

So ist es nicht verwunderlich, daß wir auch über unsere eigene Körperhaltung, die Art der Bewegung und Gestik unsere körperliche Schönheit nachhaltig unterstreichen und ausdrücken können. Vor allem die innere Harmonie eines Menschen äußert sich in der gesamten Körperbewegung und -haltung. Denn mit einer inneren Harmonie fühlt sich der Körper aufgrund der beteiligten Nervenbotenstoffe subjektiv leicht und beweglich an. Nicht umsonst sieht man fröhliche Menschen gern hüpfen oder gar Luftsprünge machen. Solche Bewegungsimpulse wirken unabhängig vom Alter jugendlich, kraftvoll und anziehend. Dem Thema »Innere Harmonie« ist wegen seiner großen Bedeutung für die Schönheit in diesem Buch ein eigenes Kapitel gewidmet (vgl. S. 139 ff., Teil 5).

Natürlich haben gerade Haltung und Bewegung sehr viel mit unserer Muskulatur zu tun. Deshalb kann jeder auch durch Sport seine Muskulatur und dadurch die körperliche Ausstrahlung positiv fördern. Doch Sport und Fitneß sind nicht alles. Für Ihr Schönheitsziel nützt es nichts, wenn Sie zwei Stunden die Woche bei der Aerobic mithüpfen und den Rest der Woche wieder ausdrucksarm in sich zusammensinken. Gerade die alltäglichen Bewegungen wie treppensteigen, gehen, mit den Kindern oder dem Hund toben – ja sogar staubsaugen – wirken ständig auf unsere Muskulatur. Diese tägliche Körperbenutzung – sei sie schlaff oder mit Temperament ausgeführt – prägt ebenfalls unseren Gesamtausdruck auf andere.

Die Stimme

Menschliche Stimmen haben eine starke Wirkung auf uns. In allen Kulturen gibt es Rituale, mit denen Menschen durch ihre Stimmen auf Gefühle und geistige Zustände Einfluß nehmen. Mütter summen und singen ihre Kinder in den Schlaf, eine Religion ohne Gesänge oder gesprochene Gebete ist unvorstellbar, Kämpfe wurden schon immer von bedrohlichem Geschrei begleitet. Menschen zahlen Höchstpreise, um ihrem Lieblingssänger live lauschen zu können. Etliche Stellen in der Literatur berichten über Stimmen, die dahinschmelzen lassen. Berühmt ist der verführerische Gesang der Sirenen. Man kann unendlich viele Beispiele über die sinnliche Wirkkraft von menschlichen Stimmen aufzählen.

In meiner Arbeit habe ich immer wieder festgestellt, wie außerordentlich unterschiedlich ein einzelner Mensch seine Stimme klingen lassen kann. Tonhöhe, Lautstärke, Stimmvolumen oder Satzmelodie können je nach mentaler Verfassung vom Gehirn extrem unterschiedlich gesteuert werden. Die positive Wirkung der Stimme hängt direkt mit der unbewußten Atemtechnik beim Sprechen zusammen. Natürlich können Sie auch durch eine Atem- oder Sprachschulung den Ausdruck Ihrer Stimme trainieren. Oft jedoch setzt das positive »Stimmenwunder« von allein ein, wenn Menschen von innen heraus selbstbewußter oder entspannter werden. Besonders die positive Eigenmotivation spielt hier eine tragende Rolle. Daher finden Sie im »Denk-dich-schön«-Programm auch verschiedene Übungen zur Eigenmotivation. Bedenken Sie vor allem, daß der positive Einsatz Ihrer Stimme auch eine starke Wirkung auf Ihren *eigenen Körper* ausübt. Die eigene Stimme erzeugt in Ihrem Körper eine Resonanz, deren Schwingungen in jeder Körperzelle wahrnehmbar ist. Auf diese Weise können Sie mit der positiven Qualität der eigenen Stimme Ihren körperlichen Schönheitsprozeß gezielt stärken.

Der Stoffwechsel

Die weiter vorn beschriebene neue Wissenschaftsdisziplin, die *Psychoneuroimmunologie*, hat bereits viele Erkenntnisse über die Vernetzung von Gehirn- und Stoffwechseltätigkeit gewonnen. Fest steht, daß mentaler Streß eine andere Stoffwechselantwort im Körper findet als mentale Harmonie. Ein gesunder und ausgewogener Stoffwechsel ist für unsere körperliche Schönheit, wie beispielsweise die Gesundheit unserer Haut, von außerordentlicher Bedeutung. Dieses Thema allein könnte Seiten füllen. Alle Übungen im Buch verfolgen direkt oder indirekt das Ziel, den Stoffwechsel in einer gesunden Balance zu halten. Besonders hervorheben möchte ich hier die tragende Rolle des Stoffwechsels für das leidige Thema »Figur«. Man hat nämlich herausgefunden, daß sich im Körper übergewichtiger Menschen im Vergleich zu den Normalgewichtigen ein deutlich anderes Stoffwechselprogramm abspielt. Die genauen Details der unterschiedlichen Abläufe sind noch nicht endgültig erforscht. Allerdings kann gesagt werden, daß der Stoffwechsel bei Übergewichtigen wesentlich langsamer abläuft als bei den natürlich Schlanken. Weiterhin scheint Übergewicht bei vielen Menschen ein Streßmerkmal zu sein. Denn im Streß produziert der Körper im Übermaß das Hormon Cortisol. Körpereigenes Cortisol kann im Körper ähnliche Nebenwirkungen entfalten, wie sie vom Medikament Cortison bekannt sind: Das Gewebe lagert zuviel Flüssigkeit ein, der Körper wird aufgeschwemmt und übergewichtig. Diese Zusammenhänge sind mit ein Grund für die im »Denk-dich-schön«-Programm enthaltenen Antistreßübungen.

Wie bereits erwähnt, hat der Stoffwechsel diverse Schönheitseffekte. Ein weiteres interessantes Phänomen ist die *Haarfarbe*. Natürlich ist die Haarfarbe vor allem genetisch festgelegt. Jedoch habe ich es schon öfter erlebt, daß bei schon angegrauten Klienten die natürliche Haarfarbe wieder nachwuchs, als sie ihr seelisch-körperliches Gleichgewicht wiederfanden. Der Stoffwechsel reagiert also sehr empfindlich auf unsere mentale Verfassung.

Das Immunsystem

Die Themen »Gesundheit« und »Schönheit« sind untrennbar miteinander verknüpft, denn vor allem ein gesunder Körper strahlt Schönheit aus. Indirekt können Sie sehr viel für seine Gesundheit tun, wenn Sie Ihr Immunsystem stärken und in einer gesunden Balance halten. Natürlich spielen hier auch Ernährung und Bewegung eine wichtige Rolle. Doch auch die mentale Verfassung eines Menschen ist von außerordentlicher Bedeutung für ein zuverlässig arbeitendes Immunsystem, welches weder zu schwach noch zu stark arbeitet. Erinnern Sie sich an den Ausspruch des Gehirnforschers, der die Zellen des Immunsystems »Gehirnzellen auf Wanderschaft« nannte. Dieser Ausspruch zeigt auf, daß alle Übungen, welche die Harmonisierung der Gehirntätigkeit zum Ziel haben, gleichzeitig im Sinne einer Wechselwirkung das Immunsystem ausbalancieren. Beachten Sie hierzu vor allem das Kapitel: »Der Jungbrunnen: innere Harmonie« (vgl. S. 139 ff., Teil 5).

TEIL 3

MENTALE SCHÖNHEIT

Denken Sie noch einmal an das Wahrnehmungsexperiment mit Person A und Person B. Sie haben dabei erlebt, wie unterschiedlich der Körper auf verschiedene Gedankenqualitäten reagieren kann. Dieser Zusammenhang ist äußerst wichtig. Daher beschäftigen sich die ersten Übungen des »Denk-dich-schön«-Programms mit mentalen Strategien, welche die Schönheitsimpulse Ihres Körpers gezielt ansprechen. Sie lernen dadurch, Ihren Kopf auf Schönheit regelrecht einzustellen.

Die Übungen sind so ausgewählt, daß jeder sein optimales Übungsprogramm zusammenstellen kann. Beschäftigen Sie sich täglich eine Viertelstunde mit mentaler Schönheit. Diese Zeit ist für den angestrebten Effekt *völlig ausreichend*. Zunächst nehmen Sie sich in dieser Viertelstunde *täglich jeweils eine* der Übungen vor. So sind Sie zunächst *acht Tage* beschäftigt, um jede einzelne kennenzulernen. Selbstverständlich können Sie parallel auch im Buch weiterlesen. Das tägliche Üben wird Ihnen dadurch erleichtert, daß Sie mit Hilfe des Inhaltsverzeichnisses jeweils die Zusammenfassung der einzelnen Übungen wiederfinden können.

Haben Sie dann mit einzelnen Übungen Ihre Erfahrung gemacht, wählen Sie für Ihre tägliche Viertelstunde *jeweils drei* aus dem Angebot aus. Die Zusammenstellung darf täglich variieren oder gleichbleiben. Die Auswahl hängt von Ihren persönlichen Vorlieben ab. Können Sie sich sehr gut auf innere Bilder konzentrieren, werden Sie sich gern mit Ihrem Selbstbild beschäftigen. Sind Sie mehr ein Ohrenmensch, gefällt Ihnen die Übung »Innerer Dialog«. Alle Übungen trainieren die Schönheit im Kopf als Voraussetzung für die Schönheit im Körper. Darüber hinaus bewirken die Übungen in diesem Kapitel eine positive Eigenmotivation.

Manchmal gibt es Menschen, die sich generell keine inneren Bilder vorstellen können. In vielen Übungen wird jedoch mit der Kraft innerer Bilder gearbeitet. Das innere Vorstellungsvermögen ist jedoch ebenso erlernbar wie das Einmaleins oder eine Fremdsprache. Man kann daher nicht sagen:»Ich bin nicht der Typ, sich innerlich etwas vorzustellen.« Das ist so, als würden Mütter von Grundschülern dem Lehrer erzählen:»Meine Tochter ist nicht der Typ fürs Einmaleins. Das konnte sie schon von Geburt an nicht.« Der Lehrer würde antworten:»Dann kann sie es lernen. Das hat bisher noch jeder geschafft.«

Ihrem Gehirn ist egal, ob Sie das Einmaleins oder Ihr Vorstellungsvermögen trainieren. In jedem Fall wird es die Trainingsimpulse aufnehmen und Sie schon bald mit Erfolgssignalen belohnen. Gehen Sie beim Training spielerisch vor. Richten Sie Ihren Blick auf einen Gegenstand in Ihrer Umgebung. Sehen Sie sich dann den Gegenstand *in Gedanken* an. Achten Sie auf Details wie Farbe und Größe. Viele Menschen können sich mit geschlossenen Augen gut auf innere Bilder konzentrieren. Andere wiederum können Vorstellungen besser mit *geöffneten Augen* ablaufen lassen, indem sie mit dem »Träumerblick« vor sich hin schauen. Finden Sie heraus, welche Technik Ihnen da besser zusagt.

Trainieren Sie immer wieder in Alltagssituationen: beim Spaziergang, beim Schlangestehen an der Supermarktkasse, in Bus oder Bahn. Gehen Sie beispielsweise an einer Parkbank vorbei, und überlegen Sie beim Weitergehen:»Wie viele Leute saßen dort? Was hatten sie an?« Holen Sie sich gerade gesehene Bilder immer wieder vor Augen. Nach einer Weile verstärken Sie das Training mit eigenen Ideen. Sehen Sie beispielsweise einen Hund, fragen Sie sich: »Wie mag der wohl mit grünem Fell aussehen?« Sehen Sie sich in einem Raum um, und stellen Sie sich die Wände lila angemalt vor. Wie würde das wohl wirken? Schon nach einer Woche wird dieses Training Erfolge zeigen.

Manche Menschen lassen sich auch durch ein so hochgestochenes Wort wie Imagination verunsichern. »Also, das mit dem Imaginieren klappt bei mir irgendwie nicht«, beklagte sich eine Klientin von mir. – »Können Sie sich denn etwas in Gedanken lebhaft vorstellen?« fragte ich. – »O ja, das kann ich gut«, lautete ihre Antwort. Vorstellen, Imaginieren, Phantasieren, Träumen: Das sind nur verschiedene Begriffe für ein und dieselbe Fähigkeit. Für die Fähigkeit, in die Welt der Gedanken und Vorstellungen eintauchen zu können. Und genau hier entdecken Sie auch die Welt Ihrer inneren Schönheit.

Wie Sie bereits wissen, entfaltet sich die volle Wirkung der Übungen nach zirka sechs Wochen. Dann sind sie im Gehirn so selbstverständlich verankert wie das Einmaleins. Sie sind quasi in Fleisch und Blut übergegangen. Und ist das erst einmal vollzogen, hat die Wirkung im Körper schon begonnen. Die lebendige Umsetzung auf Haltung, Mimik, Stimme usw. stellt sich schon nach kurzer Zeit auf einer unbewußt-selbstverständlichen Ebene von allein ein.

MEIN INNERES
SELBSTBILD

Wie sehen Sie aus? Bitte beantworten Sie sich diese Frage
jetzt beim Lesen – ohne in den Spiegel zu schauen. Welche
Bilder tauchen da auf? Denken Sie an Bilder aus der Erinnerung, oder sehen Sie sich selbst vor sich, so wie Sie jetzt sind:
mit dem Buch in der Hand? Welches ist in Gedanken Ihr
Lieblingsbild von sich selbst? Sehen Sie es in Farbe oder in
Schwarzweiß vor sich? Wie groß ist es? Sehen Sie dieses
Lieblingsbild der eigenen Person mit dem geistigen Auge
eher geradeaus vor sich oder eher links oder rechts auf dem
»Bewußtseinsbildschirm«? Wie wirken Sie, wenn Sie sich
bewegen, erzählen, gestikulieren, lachen? Fällt es Ihnen
leicht, an diese Dinge zu denken, oder müssen Sie sich
anstrengen? Wählen Sie spontan eher Ihnen angenehme
oder unangenehme Bilder von sich aus?
Die ersten Menschen, die wir in unserem Leben sehen, sind
nicht wir selbst. Wir haben schon hundertmal in die Gesichter anderer geschaut, bevor wir eine Ahnung von dem
bekommen, wer oder was wir selbst sind. Kinder verbringen
ihre Zeit fasziniert vor dem Spiegel, wenn sie das Konterfei
ihrer kleinen Person entdecken. Später betrachten wir Fotos
von uns oder erleben uns auch im Heimkino – auf Leinwand
oder Video. Aus diesen Bruchstücken verschiedenster Eindrücke setzen wir dann in unserem Kopf das Bild über die
eigene Person zusammen. Jedoch haben wir in den selten-
sten Fällen einen so unmittelbaren und lebendigen Ein-

druck von uns selbst wie unsere Mitmenschen. Diese erleben uns im Gespräch, betrachten unsere Gesten und unser Mienenspiel und hören uns zu. Wir sind unseren Mitmenschen oft vertrauter als uns selbst. Wie oft schon haben Menschen sich erschrocken, wenn sie das erste Mal ihre Stimme auf Tonband hörten. Wie fremd ist man sich oft, wenn man sich das erste Mal auf Video sieht.

Neugierig sind die meisten, wenn der Stapel frischer Urlaubsfotos vor einem liegt oder wenn die neuen Paßbilder im Automatentunnel auftauchen: »Wie seh' ich aus?« ist die Frage beim An- oder Durchsehen der Bilder. Viele Fotos tun richtig weh, weil wir uns so gar nicht darauf leiden mögen – andere wiederum machen uns zufrieden: »Na, wenn ich so aussehe...« Das Selbstbild eines Menschen wird also über die Jahre in Form von Fragmenten und recht widersprüchlichen Eindrücken genährt. Welche dieser vielen Eindrücke wählt man nun aus, um sich daraus sein Selbstbild zu machen?

Es gibt Menschen, die im Geiste die schönsten Bilder von sich abspeichern, die sie je von sich gesehen haben. Doch viele – zu viele – prägen sich Bilder über die eigene Person ein, die sie verunsichern. Oft sind diese Bilder sogar richtiggehend falsch. Viele Frauen sehen sich in Gedanken beispielsweise viel dicker, als sie wirklich sind oder wirken. Und die richtige Kunst des »Sich-häßlich-Denkens« besteht darin, die Selbstbilder gar nicht über den Gesamteindruck der eigenen Person anzulegen. Vielmehr wird ins quälerische Detail gegangen. Man macht sich mit dem geistigen Auge regelrechte Großaufnahmen der Zellulitis, des knallroten Pickels oder den dicken Waden. Ich kenne eine sehr hübsche Frau, die sich nach dem Liebesakt mit ihrem wirklich netten Freund rückwärts aus dem Zimmer schleicht, damit er sie nicht nackt von hinten sieht. Sie sagt selbst: »Er wäre entsetzt, wenn er das wüßte. Aber ich bilde mir eben ein, daß er meinen Po nicht richtig sehen darf!« Sie bezeichnet ihn als

»riesig und wabbelig«. Sicher hat sie als fünfundvierzigjährige Frau nicht mehr den Po einer Sechzehnjährigen, jedoch ist ihr Selbstbild von diesem Körperteil völlig verzerrt. Wenn Sie an ihre »Hinteransicht« denkt, taucht vor dem geistigen Auge nur der Po, jedoch niemals die eigene Gesamterscheinung mit den schlanken Beinen und dem hübschen Bubikopf auf. Als wir das mit der Wahrnehmungsübung »Mein Selbstbild« änderten, fühlte sie sich »um zehn Jahre jünger«. Und weiter berichtete sie: »Insgesamt hatte ich plötzlich ein ganz leichtes Körpergefühl. Und dann habe ich tatsächlich nach einer Woche zwei Pfund weniger gewogen – ganz einfach so.«

Von der Einführung her wissen Sie, daß ich von »negativen Wahrnehmungsfiltern« spreche, wenn man gezielt unangenehme Eindrücke sammelt und mental abruft – auch von sich selbst. Für das Gehirn stellt die Negativtechnik ein großes Handicap dar: Es kann so nicht im Sinne Ihrer körperlichen Schönheit für Sie arbeiten. Denn bei allen erstaunlichen Daten über das Gehirn habe ich bisher einen kleinen Nachteil dieses Wunderorgans noch nicht erwähnt: Unser Gehirn kann in unserem Sinne kein »Nein« oder »Nicht« verarbeiten.

Machen Sie hierzu ein kleines Experiment mit: Ich möchte, daß Sie jetzt nicht an einen *Affen* denken. Was passiert? Genau – sofort taucht dieser Vorfahre der Menschen auf Ihrem geistigen Bewußtseinsbildschirm auf. Sagen Sie zu einem Kind: »Laß das nicht fallen!«, steigt die Wahrscheinlichkeit, daß das Befürchtete erst recht geschieht. Denn die Vernetzung Gehirn–Körper bewirkt, daß das zuverlässige Gehirn das Wort »fallen« nach der »Affentechnik« sofort in körperliche Impulse umsetzt.

Wünschen Sie sich, keine Pickel zu haben, kommt im Gehirn nur das Wort »Pickel« an. Es weiß, daß zur Entstehung eines Pickels das Immunsystem etwas aggressiver als normal vorgehen muß, und erzählt dies sofort weiter. Zuverlässig fährt das Immunsystem daraufhin seine Geschütze auf und beginnt mit der Pickelbildung. Möchten Sie »keine Zellulitis« haben, entstehen im Gehirn schreckliche Großaufnahmen der gefährdeten Körperpartien. Die abschreckenden Selbstbilder verursachen unbewußt eine Streßreaktion. Streß ist der Feind einer regelmäßigen Durchblutung und somit ein idealer Wegbereiter für ungünstige Gewebereaktionen. Schon ist programmiert, was eigentlich verschwinden sollte.

Bedenken Sie bei diesem Thema einmal, wie die schönen Bilder von Stars oder Fotomodellen in Zeitschriften oder auf Postern zustande kommen. Hier werden zunächst unzählige Fotos verknipst, bevor ein besonders gutes in die Endauswahl kommt. Sie würden sich wundern, wie unvorteilhaft diese schönen Gestalten und Gesichter manchmal auf den Probierfotos wirken. Ich habe einmal Probeaufnahmen eines »Playmates des Monats« für die Zeitschrift »Playboy« gesehen. Sie hatten mit dem schönen Hochglanzfoto, das zum Schluß entstand, manchmal keinerlei Ähnlichkeit: Die Figur der späteren Fotoschönheit wirkte plump, die Haltung ungeschickt, das Gesicht angespannt. Und doch war sie zum Schluß als Playmate die reine Augenweide – egal was man über solche Art von Fotos nun denken mag.

Sie haben ebenso viele Facetten Ihres persönlichen Ausdrucks. Konzentrieren auch Sie sich auf die Auswahl Ihrer schönsten Ausdrucksformen.

In der gesamten Geschichte wurden Bildnisse von Menschen gemacht. Beachten Sie hierbei einmal ganz bewußt den Begriff »Denkmal«. Diese Darstellung eines Menschen soll die Betrachter immer wieder dazu bewegen, in Gedanken bei dieser denkwürdigen Person zu verweilen. Handelt es sich um wichtige oder beliebte Menschen, wird der Künstler diese immer ganz bewußt in der Schönheit ihrer Erscheinung abgebildet haben. Er würde sein Modell wohl kaum verkatert, mit einer roten Schnupfennase oder fettigen Haaren verewigen. Er will das Bild schaffen, welches die Betrachter von dem bedeutenden Menschen im Kopf und im Herzen haben und behalten sollen.

Sie selbst sind in *Ihrem* Leben der bedeutendste Mensch. Würdigen Sie sich deshalb auch mit einem positiven Bild Ihrer Person in Kopf und Herz. Nur mit einem solchen Bewußtsein über Ihr eigenes Ich entsteht die wichtigste Voraussetzung für wirklich gelebte Schönheit: Ihr Selbstbewußtsein. Das heißt in Konsequenz nicht, daß Sie mentale Lügen über sich und ihr Selbstbild aufbauen müssen. Sie sollen weder Claudia Schiffer aus sich machen noch sich fünfzehn Jahre jünger sehen, als Sie sind. Doch lernen Sie, gezielt Ihre Pluspunkte wahrzunehmen und als Elemente Ihres Selbstbildes zu verwenden. Dazu gehört auch die Technik der realen Phantasie: Wie könnten Sie aussehen, wenn Ihr Schönheitsprogramm zu wirken beginnt? Zehn Zentimeter größer oder kleiner geht natürlich nicht – aber eine lebendige Mimik, gesunde Haut oder eine kraftvolle Haltung sind erreichbare Ziele.

Ihr Gehirn braucht diese positiven Bilder wie ein Architekt seinen Bauplan oder der Pilot die Anweisungen vom Tower. Es muß wissen, *was genau es dem Körper erzählen soll*, und nicht, wie der Körper nicht sein darf. Die »Affentechnik« hilft beim Leiden, aber nicht beim Schönsein. Deshalb besteht die erste Übung in der genauen und detaillierten Gestaltung Ihres *positiven* Selbstbildes. Es ist auch die einzige Möglichkeit, ein stabiles Schönheitsgefühl zu verinnerlichen. Denn es nützt Ihnen gar nichts, wenn andere Sie schön finden oder Ihnen Komplimente machen. Das macht Sie zu abhängig von der Reaktion anderer Menschen. Sie sollen Ihr positives und schönes Selbstbild auch durch ihre eigene mentale Kraft haben und ernähren können. Dann ist Ihnen die Wirkung auf Ihre körperlich-realen Schönheitsprozesse am sichersten. Nur auf diese Weise erzeugen Sie Ihr körpereigenes Schönheitstonikum.

Als Vorbereitung auf diese Übung können Sie sich gern auch praktisch mit Ihrem Selbstbild beschäftigen. Natürlich spielt hier das Spiegelbild eine große Rolle. Suchen Sie sich gern aus, ob Sie lieber Ihr Gesicht oder Ihre ganze Gestalt betrachten. Spielen Sie wie ein Kind mit Frisur, Beleuchtung, Schminke oder gar Hüten und Schals. Nehmen Sie zu sich Kontakt auf, indem Sie sich anlächeln und sogar Faxen machen.

Suchen Sie sich Fotos heraus, auf denen Sie sich besonders gern leiden mögen. Sollte es ein solches Foto nicht geben, empfehle ich Ihnen dringend, daß Sie sich welche von einem wirklich guten Fotografen anfertigen lassen. Ich meine hier keine simplen Paß- oder Porträtfotos. Erkundigen Sie sich nach jemandem, der wirklich schöne und ausdrucksstarke Bilder von Menschen machen kann. Das ist nämlich eine Kunst für sich. Und bedenken Sie: Sie sind auf der Reise ins Land Ihrer Schönheit. Geben Sie hier gern Geld aus – genauso, wie man es für eine Reise auch tun würde.

Erkundigen Sie sich bei Freunden, Verwandten, Bekannten, Lebenspartnern und auch Kollegen über Ihre persönliche Ausstrahlung. Gibt es etwas, was man besonders an Ihnen liebt? Eine bestimmte Art zu gucken? Ihr Lachen? Eine typische Geste? Diese Fragen sind sehr wichtig. Denn andere Menschen können Ihnen wichtige und detaillierte Auskünfte über Ihre Ausstrahlung geben – Dinge mitteilen, die Sie oft selbst gar nicht wahrnehmen können. Speichern Sie das Feedback der anderen als wertvolle Bestandteile Ihres Selbstbildes ab.

Auf diese Weise werden auch Tennisstars in ihrer Mentalfitneß trainiert: Der Mental-Coach nimmt beim Training oder beim Match seinen Schützling gezielt mit einer Videokamera auf. Dabei wechselt der Bildausschnitt immer zwischen der Gesamt- und der Porträtaufnahme. Später wird dem Spitzensportler diese Aufnahme vorgespielt. An wichtigen Stellen wird das Video dann gestoppt. Der Coach macht vor allem auf die positiv wirkende Körperhaltung und Mimik aufmerksam, die man bei den Momentaufnahmen sehr gut erkennen und ganz deutlich von den »verzagten« oder »verbiesterten« Ausdrucksbildern unterscheiden kann. Der Sportler prägt sich dann die Bilder seines positiven Selbstbildes ein und denkt beim Einsatz immer wieder daran, aus diesem Selbstbild seine Energie zu tanken. Auf den Gegner wirkt er dann selbstbewußt und sicher, was auch eine große psychologische Wirkung auf das Spiel ausübt. Diese Mentaltechnik der Spitzensportler können Sie auch erfolgreich für Ihre Schönheit nutzen.

In der Übung werde ich Sie bitten, Ihre positiven Selbstbilder gezielt aufzubauen. Dazu gehört auch die Aufforderung, sich diese links und auch rechts vor dem geistigen Auge vorzustellen. Die hier vorgeschlagene Technik hat einen bestimmten Grund. Sie erinnern sich an die unterschiedlichen Wahrnehmungsstrategien unserer beiden Gehirnhälften. Stellt man sich nun ein inneres Bild mal links und mal rechts auf dem Bewußtseinsbildschirm vor, aktiviert man dadurch die Aktivität beider Gehirnhälften. Bei den meisten Menschen hat das folgenden Effekt:

o Stelle ich mir ein Bild auf der *linken* Seite vor, wirkt es echt und real auf mich. Es wird das sogenannte fotografische Gedächtnis angesprochen. Ich kann mir hier sehr gut vorstellen, daß das Bild wahr ist bzw. wahr werden kann.

o Stelle ich mir ein Bild auf der *rechten* Seite vor, spreche ich gezielt meine Phantasie an. Ich fördere so meine Fähigkeit, mir das Bild *ausmalen* zu können. Auf diese Weise kann ich beispielsweise sehr gut neue Informationen in mein Selbstbild einbauen, die ich von anderen Menschen über mich bekommen habe.

Suchen Sie sich jetzt bitte ein Selbstbild heraus, das Ihnen besonders gut gefällt. Es kann ein Spiegelbild sein, an das

Sie sich erinnern, oder ein Foto. Das Foto muß nicht von gestern sein, aber es soll Ihren Altersabschnitt repräsentieren. Es darf aus den letzten drei Jahren stammen. Älter sollte es allerdings nicht sein. Sie dürfen darauf gern etwas anders als heute aussehen: schlanker, fülliger, längere oder kürzere Haare haben usw. Sie können mit einem Porträtfoto oder einer Ganzkörperaufnahme arbeiten. Hauptsache ist, Sie mögen es und können bei diesem Anblick ja zu sich sagen.

Als nächstes möchte ich Sie bitten, sich drei Schönheitsmerkmale Ihres Körpers zu vergegenwärtigen: Augen, Haare, Form der Hände, Haut, Füße, Ohren, Nase usw. Ich behaupte, daß jeder Mensch mindestens drei positive Merkmale an sich feststellen kann. Machen Sie sich von jedem der drei gefundenen Details innerlich eine Großaufnahme. Haben Sie schöne lange Haare, kann die Großaufnahme die Haarpracht auch gern von hinten zeigen.

Nachdem Sie nun ein Selbstbild und drei Detailbilder von Ihren Schönheitsmerkmalen mental oder sogar auch real (beispielsweise in Form eines Fotos) vorbereitet haben, beginnen Sie mit der ersten Übung.

Wahrnehmungsübung:
Mein inneres Selbstbild

① Setzen oder legen Sie sich bequem hin. Denken Sie nun an das Selbstbild, das Sie für diese Übung ausgewählt haben.

② Stellen Sie sich dieses Bild möglichst lebhaft und zunächst auf der *rechten Seite* des »inneren Bildschirms« vor:

- Sehen Sie es *farbig* vor sich.
- *Vergrößern* Sie das Bild vor dem geistigen Auge.
- Sorgen Sie für *gute Beleuchtung.*
- Bringen Sie lebendige *Bewegung* in das Bild: Mimik, Gesten, Körperhaltung, Motorik.
- Machen Sie das Bild *dreidimensional*, sehen Sie den echten Menschen (also sich selbst) richtig *räumlich* vor sich.
- Hören Sie Ihr Selbstbild mit Ihrer angenehmsten Stimme sprechen und lachen. Hören Sie auf den Klang der eigenen Stimme.

③ Lassen Sie dieses lebendige Selbstbild jetzt auf die *linke Seite* des »inneren Bildschirms« wandern. Achtung: Manchmal muß man sich dafür ein paar Minuten konzentrieren, aber dann klappt es! Achten Sie auch hier auf die Einzelheiten der lebhaften Vorstellungsqualität!

④ Betätigen Sie die »innere Fernbedienung«, und schalten Sie um auf den »Detailkanal«. Lassen Sie dort *jeweils für eine Minute* nacheinander die drei von Ihnen ausgewählten Schönheitsmerkmale erscheinen. Diese Bilder dürfen links, rechts oder genau vor Ihnen sein. Achten Sie wieder nach den Kriterien von Punkt 2 auf die gute Bildqualität!

○ Schönheitsmerkmal 1 ...
○ Schönheitsmerkmal 2 ...
○ Schönheitsmerkmal 3 ...

⑤ Betätigen Sie in Gedanken wieder die »mentale Fernbedienung«, und schalten Sie zurück auf Ihr Selbstbild. Sehen Sie es nun *genau vor sich.* Sehen Sie es nun in der Bewegung auch von allen Seiten – von vorn, von hinten, von der linken und rechten Ansicht. Arbeiten Sie wieder an der guten Darstellungsqualität.

⑥ Achten Sie auf *Ihr Gefühl,* das sich beim Anblick dieses positiven Selbstbildes einstellt. Genießen Sie das noch eine Weile, und beenden Sie dann die Übung.

Hinweis zur Übung:

① Sollten wieder unangenehme Selbst- oder Detailbilder Ihres Körpers vor dem geistigen Auge auftauchen, lassen Sie diese stufenweise über die oben vorgestellte *Bildschirmqualität* verschwinden:

○ Drehen Sie die Farbe heraus, lassen Sie das Bild schwarzweiß werden.
○ Machen Sie aus dem Bild ein kleines Schwarzweißfoto: zweidimensional und unscharf aufgenommen.

o Nehmen Sie das Foto in Gedanken in die Hand, spüren Sie es zwischen den Fingern, und legen Sie es dann fort (und zwar im Geiste, in einen Kasten, eine Schublade, einen Schrank).

② Besorgen Sie sich irgendeinen Gegenstand, der Sie immer wieder an dieses positive Selbstbild erinnern kann: ein Schmuckstück, eine Glasmurmel, ein besonders schönes Sekt- oder Weinglas (je nach Lieblingsgetränk), ein Poster, ein schöner Seidenschal. Besitzen Sie Ihr Selbstbild in Form eines Fotos, können Sie gern dieses Lieblingsfoto vergrößern und deutlich sichtbar auf- oder hinhängen. Oder Sie tragen es immer im Kalender oder Portemonnaie bei sich. Wir nennen solche Erinnerungshilfen im Alltag »Anker«. Das Gehirn verbindet sekundenschnell und automatisch Ihr positives Selbstbild mit diesen Auslösern. Übrigens können auch Düfte – wie beispielsweise ein neues Parfüm – auf einer unbewußten Ebene sehr starke und zuverlässige Anker sein.

③ Wann immer Sie Ihren Schönheitsanker wahrnehmen, denken Sie an Ihr positives Selbstbild. Nehmen Sie dann *tatsächlich* kurz, nur für Sekunden, und bewußt Haltung und Mimik von Ihrem Lieblingsselbstbild ein. Ihr Gehirn versteht diesen Impuls und greift ihn auf unbewußter Ebene auf. – Kennen Sie das Ohrwurm-Phänomen? Sie hören eine Melodie im Radio, und die geht Ihnen dann mittags immer noch im Kopf herum. Nach demselben Prinzip greift Ihr Gehirn auch die kleinen Schönheitsimpulse über die von Ihnen ausgewählten Anker auf und »spielt« diese noch Stunden später in Ihrem Kopf.

SCHÖNHEIT
ALS KÖRPEREMPFINDUNG

Das »Denk-dich-schön«-Programm soll Ihrem Körper Schönheitsimpulse geben. Insgesamt ist angestrebt, Ihr körpereigenes Beautytonikum zu aktivieren, so wie ich es in der Einführung beschrieben habe. Ihre Schönheit soll nicht nur von anderen Menschen wahrgenommen werden. Wichtig ist, daß Sie sich auch *schön fühlen*. Denn nur wer sich schön fühlt, kann Schönheit *leben*. Demnach sollen Sie sich auch von innen heraus schön fühlen. Dieses Gefühl wird sich dann in Ihrer Mimik, in Ihrer Körperhaltung, in Ihrer Stimme, in Ihrem Teint, sogar in Ihrem körpereigenen Geruch widerspiegeln.

Mit der nächsten Wahrnehmungsübung stelle ich Ihnen das »Tun-wir-mal-als-ob«-Spiel vor. Tun wir mal, als ob Sie schon sechs Wochen mit dem Programm gearbeitet hätten. Stellen Sie sich vor, daß Sie zunächst ganz unmerklich und dann immer deutlicher spüren, daß Ihr Körper anders reagiert als zuvor. Zu dem vertrauten Gefühl gesellt sich eine neue Qualität. Es ist das Erleben des Beautytonikums, welches sich im Laufe der Zeit, vom Gehirn organisiert, ganz sanft entwickelt. Erinnern Sie sich an meine Ausführungen über den russischen Wissenschaftler Anochin, der beschreibt, daß jeder Mensch von Geburt an ein unbewußtes Wissen über die Zusammensetzung seiner *idealen Körperchemie* in sich trägt.

Dieses unbewußte Wissen kann mit Hilfe der nächsten

Wahrnehmungsübung geweckt werden. »Gleich beim ersten Mal, an einem ruhigen Morgen, habe ich diese Übung ganz intensiv genossen«, erzählte mir eine Klientin. »Im ganzen Körper spürte ich nachher so etwas wie ein angenehmes Fließen. Nachmittags ging ich zur Arbeit. Meine Kollegin schaute mich an und sagte: ›Irgendwie siehst du heute anders aus – fast jünger als sonst. Was hast du gemacht? Hast du dich vielleicht anders geschminkt?‹ Im Spiegel kam es mir vor, als sei meine Haut viel glatter und besser durchblutet als sonst. Ich war ganz erstaunt, daß ein Mentaltraining so schnell wirken kann. Das ist jetzt meine Lieblingsübung.«

Wahrnehmungsübung:
Schönheit als Körperempfindung

① Setzen oder legen Sie sich so hin, daß Sie bequem in Ihren Körper hineinspüren können.

② Begeben Sie sich in das »Als-ob-Erlebnis«: Angenommen, das »Denk-dich-schön«-Programm beginnt in wenigen Wochen in Ihrem Körper zu wirken. Ihr inneres Beautytonikum fängt an, Ihren Körper in eine optimale Balance zu bringen. Angenommen, man könnte beim genauen Hinspüren wahrnehmen, wie es seine Wirkung entfaltet. Wie würde sich das anfühlen?

③ Gehen Sie genauer in die Gefühlsphantasie hinein. Angenommen, man könnte die Wirkung irgendwo im Körper zuerst spüren – wo wäre das genau?

- o Eher im Kopf- oder Fußbereich?
- o Oder vielleicht im Bauch oder Rücken?
- o In Beinen oder Armen?
- o Wenn es Arme, Hände, Beine oder Füße betrifft: Beginnt die Wirkung links oder rechts?
- o Wenn es der Kopf ist: eher im Nacken, auf dem Scheitel, im Gesicht oder auf der Kopfhaut?
- o Und wenn im Bauch: eher im Brustbereich, im Magen oder im Unterbauch?
- o Im Rücken: eher oben oder unten?
- o Vielleicht auch ganz woanders?

Spüren Sie genau hin, und entscheiden Sie dann, in welchem Körperbereich Sie zuerst die Schönheitswirkung bemerken (es kann sogar die Nasenspitze sein).

④ Sie haben jetzt den körperlichen Ausgangspunkt der Beautywirkung bestimmt. Werden Sie nun noch präziser: Wie würde die Wirkung in diesem Bereich genau ausfallen?

o Warm oder angenehm kühl?
o Ist das Schönheitsgefühl leicht oder intensiv?
o Ruhig oder bewegt?
o Wenn bewegt: angenehm kribbelnd, strömend, strahlend oder wellenförmig?
o Bewegungsrichtung: nach außen, nach innen gehend, kreisförmig, verläuft es vorwärts oder rückwärts?

Spüren Sie genau hin, und meditieren Sie in das Schönheitsgefühl hinein.

⑤ Denken Sie nun daran, daß sämtliche Körperteile miteinander direkt oder indirekt in Kontakt sind: über die Haut, die Knochen, die Nerven, die Blutgefäße, den Stoffwechsel. Stellen Sie sich vor, daß die Ausgangsstelle Ihres Schönheitsgefühls über diese Wege beginnt, den Rest des Körpers mit dem Schönheitsgefühl zu versorgen. Sie wirkt wie eine Schönheitsquelle für den ganzen Körper.

⑥ Genießen Sie den Zustand noch eine Weile, und beenden Sie dann die Übung. Die »Schönheitsquelle« wird auch noch in den nächsten Stunden unbewußt in Ihrem Körper weiterwirken.

Hinweis zur Übung:

Denken Sie im Laufe des Tages immer wieder – und sei es nur für zehn Sekunden – an diese Schönheitsquelle in Ihrem Körper. Schon nach wenigen Tagen spüren Sie die Wirkung dieser Übung. Das Schönheitsgefühl wird immer intensiver werden, und das so entstehende positive Körpergefühl »berührt« die Wirknetze zwischen Gehirn und Körper: Bewegung, Haltung, Mimik, Atmung, Stimme usw.

SCHÖNHEIT
UND INNERER DIALOG

Als Erwachsene müssen wir uns selbst dazu bringen, pünktlich zu sein, rechtzeitig aufzustehen oder ins Bett zu gehen, da weder unsere Eltern noch die Lehrer uns von außen unterstützen und durch Sprache lenken. Erwachsenwerden ist durch den Prozeß einer immer stärker werdenden Selbstkommunikation gekennzeichnet. Keiner sagt uns mehr, daß es Zeit zum Essen ist, was wir anziehen sollen, wann wir aus dem Haus müssen, um pünktlich anzukommen. Das müssen wir alles mit uns selbst ausmachen. In der Psychologie nennt man dieses Phänomen »intrapersonelle Kommunikation«. Das heißt im Klartext: Jeder Mensch spricht bewußt oder unbewußt zu sich selbst, wenn er sich durchs eigene Leben leitet.

Tatsächlich läuft dieser Vorgang meist unbewußt ab. Und sehr oft haben wir einen Umgangsstil verinnerlicht, den wir als Kinder früher von außen erlebt haben: durch Eltern, Lehrer, ältere Geschwister. Wir können diesen inneren Dialog nicht so kritisch und aufmerksam wahrnehmen wie das echte Gespräch zweier Menschen in der Bahn oder in einer Fernsehdiskussion. Dabei verdient dieser innere Dialog eine ganz besondere Beachtung, denn er ist maßgeblich mit für unsere mentale Atmosphäre zuständig. Er kann gute oder schlechte Gefühle machen und ist so mitbeteiligt an der Entstehung oder auch an der Verhinderung unseres inneren Schönheitstonikums.

Wie sprechen Sie zu sich selbst? Wie gehen Sie mit sich um, wenn Sie vor dem Spiegel stehen? Sind Sie zu sich selbst liebevoll und tolerant? Oder »giften« Sie sich selbst oft an? Ist letzteres der Fall, haben Sie ein Problem. Denn behandelt ein anderer Mensch Sie so, können Sie vor ihm weglaufen, den Telefonhörer auflegen, sich scheiden lassen oder kündigen. Doch was machen Sie, wenn das Übel in Ihrer eigenen Person sitzt? Da können Sie sich mit keiner dieser Maßnahmen behelfen – außer Sie selbst ändern etwas.

Im Grunde genommen hat dieser innere Dialog eine sehr wichtige Bedeutung in unserem Leben. Er dient unserer Eigenmotivation. Motivieren heißt, in jemandem die Kraft zu erzeugen, die aufgebracht werden muß, um ein Ziel zu erreichen. Gerade wenn das Ziel die körperliche Schönheit ist, benötigt man eine besonders wirkungsvolle Motivation. Wir unterscheiden hier zwischen zwei wesentlichen Formen der Motivation, die auch im inneren Dialog eine Rolle spielen:

1. Die negative Motivation
Man malt sich alle Unerfreulichkeiten aus, die einem widerfahren könnten, wenn das gesteckte Ziel nicht erreicht wird. Dabei weist man sich innerlich drastisch auf seine Minuspunkte hin. »Sieh dir an, wie du nur aussiehst« wäre hier ein typischer Gedanke im inneren Dialog. Die Wirkung solcher Schwarzmalerei beruht auf der Aversion und der Angst vor negativen Konsequenzen: »Wenn das so weitergeht, kriegst du nie einen Mann ab.« Die Angst vor dem Negativen kann so stark werden, daß der oder die so Motivierte alle Kräfte zusammennimmt, um die Katastrophe nicht erleben zu müssen. Im Schönheitsbereich können dann radikale und gesundheitsschädigende Diäten oder der vorschnelle Entschluß zu einer riskanten Operation die Folge sein.

2. Die positive Motivation

Hier wird die Zielvorstellung verstärkt. Man hebt alles Positive und Angenehme hervor, das beim Erreichen des Ziels eintreten wird. Bereits vorhandene Pluspunkte und Stärken werden bewußtgemacht. Das Ziel und das Positive werden so konkret und lebendig geschildert, daß sie an Gefühlsintensität beim Motivierten weitaus stärker wahrgenommen werden als die voraussichtlichen Unannehmlichkeiten auf dem Wege dorthin. Es entsteht eine starke Sehnsucht, das positive Erlebnis zu erreichen, und der oder die so Motivierte faßt die negativen Begleitumstände des Veränderungsprozesses – wie vielleicht die Überwindung zu mehr Bewegung – als weniger wichtig auf.

Beide Motivationsformen funktionieren; die positive Motivation ist jedoch wesentlich erfolgreicher. Zur Veranschaulichung dient hier der Vergleich mit gutem und minderwertigem Treibstoff: Bei letzterem fährt das Auto auch, jedoch nicht so schnell und mit mehr Verschleiß.

Die Ursache für die unterschiedliche Wertigkeit beider Motivationsformen ist unsere körperliche Reaktion darauf. Die eine aktiviert Streßphänomene und provoziert auf Dauer beschleunigte Alters- und Verschleißprozesse. Die positive Motivation bewirkt auch eine positive Aktivierung des Nervensystems, ermöglicht die allgemeine Entspannung der Muskulatur, eine gute Durchblutung, eine hohe Lernfähigkeit und die Förderung Ihrer Kreativitätspotentiale durch einen gesteigerten Gedankenfluß. Der Körper ist nicht mit dem Abbau von überschießenden Streßhormonen überlastet, sondern kann seine vollen Energien in Kraft, Gesundheit und Schönheitsprozesse investieren.

Überprüfen Sie bitte selbstkritisch, ob Sie in angespannten Situationen eher mit einer negativ geladenen Stimme zu sich selbst sprechen. Testen Sie Ihren Umgang mit sich selbst. Versuchen Sie, diese innere Stimme zu charakterisieren.

Überprüfen Sie vor allem, wie sie Ihr Äußeres und Ihre Person kritisiert. Wird geschimpft und genörgelt, oder fallen eher entwürdigende und zynische Bemerkungen? Beziehungsweise ist das innere Beziehungsklima mehr seelenlos kalt oder sachlich?

Wenn Sie die Wirkung Ihrer eigenen Stimme nicht kennen, sprechen Sie sich doch einmal einige Proben auf Tonband. Reden Sie mal freundlich, mal genervt, hoch und tief, abgehackt oder begleitet von tiefem Atmen. Sie werden sich über die unterschiedliche Wirkung auf sich selbst wundern. Durch dieses Feedback können Sie die positiven Potentiale Ihrer eigenen Stimme kennenlernen. Dann sind Sie auch in der Lage, sich mit der eigenen Stimme im inneren Dialog die richtige Kraft und Energie zu geben, was sich auch körperlich positiv auswirken wird. Dabei müssen Sie in Zukunft – wie auch zuvor – gar nicht laut mit sich Selbstgespräche führen. Die Kraft Ihrer positiven Stimme wirkt auch schon im inneren, für die anderen nicht hörbaren Erleben.

Vielleicht haben Sie es schon einmal erfahren, daß Sie am Telefon länger und ausführlicher mit jemandem gesprochen haben, als Sie es eigentlich vorhatten – und das nur, weil es so angenehm war, mit diesem Menschen zu kommunizieren. Bestimmte Stimmen oder Bilder von positiv motivierenden Personen können ungeahnte Kräfte wecken.

Bitte beachten Sie: Die positive Stimme soll keinesfalls nett im Sinne von harmlos sein! Sie soll natürlich auch Charakter und Temperament haben, jedoch auf eine mitreißende statt niederdrückende Art und Weise. Sie soll begeistern, zum Durchhalten anfeuern, Ihr Selbstbewußtsein stärken und so wirklich gute Stimmung erzeugen.

Auch wenn Sie die folgende Übung nur ab und zu durchlaufen, wird sich bald ein überraschender Effekt einstellen: Ihre Stimme beginnt, Sie durch dieses Mentaltraining auch äußerlich positiv zu verändern. Einer meiner männlichen Klienten entwickelte seine Stimme bei dieser Übung von

einer automatenhaften Beamtenqualität zu einer angenehmen, fast erotischen Filmstarstimme. Natürlich »berühren«
die Schallwellen der eigenen Stimme auch ständig den eigenen Körper, der ihr ja auch als Resonanzkörper dient. Die
Resonanz des Körpers auf diese positiven Schwingungen
wird dann wiederum eine Verstärkung der körpereigenen
Schönheitsprozesse sein.

Wahrnehmungsübung:
Schönheit durch den inneren Dialog

① Denken Sie bitte an eine Situation, in der Sie mit sich selbst nicht gut umgegangen sind, sich unter Druck gesetzt haben.

② Erinnern Sie sich, mit welcher Stimme Sie in dieser Situation den Umgang mit sich gestalten. Ist sie:

- hoch oder tief?
- laut oder leise?
- jammernd, ärgerlich oder schimpfend?
- emotional, gefühlskalt oder sachlich?

Und von wo kommt Sie ins Ohr:

- von vorne, von oben, hinten, von der Seite?

③ Machen Sie den Außencheck:
Wie wäre Ihnen zumute, wenn jemand käme und tatsächlich so mit Ihnen spräche? Würde Ihnen und Ihrem Körper so tatsächlich neue und positive Energie verliehen?

④ Ist dem nicht so, so benutzen Sie Ihr »Mentalradio«: Drehen Sie die negative Stimme mit einem gedachten Lautstärkeregler auf leise.

⑤ Nun überlegen Sie weiter: Wie müßte die eigene innere Stimme zu Ihnen sprechen, um alle positiven Kräfte Ihres Körpers freizusetzen? Beachten Sie wieder die verschiedenen Möglichkeiten:

○ sanft und leise?
○ kräftig und mitreißend?
○ hoch oder tief?
○ lebhaft oder langsam?
○ angenehm ernst oder humorvoll?

Und von wo kommt die Stimme:

○ von vorne, von oben, hinten, von der Seite?

⑥ Probieren Sie mit der eigenen Stimme – laut oder leise – so lange, bis diese optimal wirkt. Am besten wäre es, wenn die gute Wirkung sich ähnlich dem »Beautygefühl« aus der Übung zuvor anfühlt.

⑦ Erzählen Sie sich mit dieser angenehmen eigenen Stimme eine Weile etwas über Ihr positives Selbstbild und Ihre Schönheitsmerkmale. Machen Sie sich damit Mut, Ihr Schönheitsziel schon bald zu erreichen.

Hinweis zur Übung:

Wie bereits erwähnt, muß die positive Stimme nicht unbedingt lieblich oder zart sein. Sie kann durchaus eine kraftvolle Autorität ausstrahlen. Wichtig ist, daß sie angenehme Körperkräfte weckt. Auf diese Weise gibt sie Ihrem Körper auch die so wichtigen Schönheitsimpulse.

SCHÖNHEIT
PROGRAMMIEREN LERNEN

Jeder kennt diesen Satz: »Das muß ich mich erst einmal drauf einstellen.« Den bekommen wir oft von anderen zu hören. Was die Leistungsfähigkeit unseres Gehirns angeht, können wir diesen Begriff wortwörtlich auffassen. Denn unser Gehirn kann sich tatsächlich in seiner mentalen »Kameraführung« einstellen: So kann ein Gedanke »weit weg« sein oder eine Erinnerung so »klar vor Augen, als wäre alles gestern gewesen«. Die Zukunft kann man in den »buntesten Farben ausmalen«, andererseits jedoch auch alles nur »schwarz sehen«. Über gewisse Dinge hat man »den Überblick«, anderes »liegt wie ein Berg vor uns«.

Interessant ist dieses Einstellungsvermögen, wenn es um unsere Zukunft geht. Die Zukunft ist die einzige Zeitsorte, die wir noch nicht real erlebt haben. Somit ist die Zukunft auch die einzige Zeit in unserem Leben, die wir theoretisch noch aktiv gestalten könnten. Bei der Vergangenheit ist das nicht so leicht, da wir hier ja schon »vollendete Tatsachen« hinter uns haben. Doch wie gehen wir in unseren Gedanken eigentlich mit der Zukunft um? Interessanterweise scheinen sich Menschen aller Kulturen die Zeit wie einen Weg oder eine Linie vorzustellen. So spricht man beispielsweise vom Lebensweg, auf dem man sogar »weit kommen« kann, oder man hat etwas »hinter« oder noch »vor« sich.

Welche Vorstellung haben Sie von der Zukunft? Wie liegt Ihr Leben noch vor Ihnen? Vielleicht können Sie sich darüber keine konkreten Gedanken machen. Doch versuchen Sie einmal, die *innere Vorstellungsqualität* zu überprüfen, mit der Sie Ihren Lebensweg in die Zukunft gestaltet haben. Wird es weiter vorne heller oder dunkler? Welche Farben herrschen vor? Gibt es da überhaupt Farben? Haben Sie den Eindruck von Enge oder Weite? Bei dieser Art von Bewußtmachung haben viele unserer Klienten schon eine Überraschung erlebt. Beispielsweise schien einem vierzigjährigen Seminarteilnehmer die Zeitlinie seines Lebensweges bis zum sechzigsten Lebensjahr bunt zu sein, danach aber wechselte die Vorstellungsqualität plötzlich ins Schwarzweiße. So schrieb er sich schon als Vierzigjähriger unbewußt vor, daß sein Leben ab sechzig »farblos« werden würde.

Was meine ich mit »sich selbst unbewußt etwas vorschreiben«? Ich will damit ausdrücken, daß unsere Zukunftsvisionen meist keine harmlosen Luftgebilde sind, sondern sehr oft durch unser eigenes Dazutun verwirklicht werden. Dieses Phänomen der »sich selbst erfüllenden Prophezeiung« wird in der Psychologie unter dem Stichwort »Self fulfilling Prophecy« schon länger untersucht. Die meisten Menschen merken gar nicht, wie geschickt sie durch ihr eigenes Verhalten aus unbewußten eigenen Prophezeiungen Wirklichkeit machen.

Es gibt wohl niemanden, der dieses Phänomen besser beschrieben hat als der bekannte Kommunikationspsychologe *Paul Watzlawick*, dessen bekanntes Buch »Anleitung zum Unglücklichsein« inzwischen auch als Taschenbuch erhältlich ist. Vielleicht kennen Sie schon seine bekannte Hammer-Geschichte: »Ein Mann will ein Bild aufhängen. Den Nagel hat er, nicht aber den Hammer. Der Nachbar hat einen. Also beschließt unser Mann, hinüberzugehen und ihn auszuborgen. Doch da kommt ihm ein Zweifel: Was, wenn der Nachbar mir den Hammer nicht leihen will? Gestern schon grüßte er mich nur so flüchtig. Vielleicht war er in Eile. Aber vielleicht war die Eile nur vorgeschützt und er hat etwas gegen mich. Und was? Ich habe ihm nichts angetan; der bildet sich da etwas ein. Wenn jemand von mir ein Werkzeug borgen wollte, ich gäbe es ihm sofort. Und warum er nicht? Wie kann man einem Mitmenschen einen so einfachen Gefallen abschlagen? Leute wie dieser Kerl vergiften einem das Leben. Und dann bildet er sich noch ein, ich sei auf ihn angewiesen. Bloß weil er einen Hammer hat. Jetzt reicht's mir wirklich. – Und so stürmt er hinüber, läutet, der Nachbar öffnet, doch bevor er ›Guten Tag‹ sagen kann, schreit ihn unser Mann an: ›Behalten Sie Ihren Hammer, Sie Rüpel!‹«

Die »sich selbst erfüllende Prophezeiung« wird sich bei der nächsten Begegnung mit dem Nachbarn manifestieren: Dieser wird ab jetzt bestimmt nur noch flüchtig grüßen und tatsächlich etwas gegen seinen Nachbarn haben.

Was passiert nun, wenn unsere unbewußten Prophezeiungen etwas über die Entwicklung des eigenen Körpers beinhalten? Was tragen Sie für Zukunftsselbstbilder über Ihr fünftes, sechstes, siebtes oder gar achtes Lebensjahrzehnt in sich? Welche Zukunftsselbstbilder lösen die Begriffe »Wechseljahre«, »Mutter« oder gar »Großeltern« in Ihnen aus? Wenn Ihnen diese Gedanken angst machen oder bei Ihnen sonstige unangenehme Gefühle auslösen, ist es wahrscheinlich bereits geschehen: Sie haben im Laufe der Jahre unbewußt die Entwicklung Ihres Körpers auf »unattraktiv« oder gar »häßlich« programmiert.

Die »sich selbst erfüllende Prophezeiung«, welche hieraus entsteht, habe ich schon mit eigenen Augen gesehen: Eine schöne Frau wird vierzig. Sie hat schon immer vor diesem Geburtstag Angst gehabt und auf diese Weise schon intensiv ihr Gehirn darauf programmiert, das allgemeine Körpergefühl in Kombination mit der Zahl »40« zu verschlechtern. Sie ahnen es schon: Die Affentechnik hat wieder zugeschlagen.

Die sorgfältige Programmierung trat bei dieser Klientin nun in Kraft: Die Augen verloren ihr Strahlen, die Bewegungen wurden schleichend, sie hatte weniger Spaß daran, ihren vierzigjährigen Körper so einfallsreich wie zuvor zu kleiden, sie wurde eben zusehends das, was sie persönlich immer über das »Vierzig Jahre alt sein« gedacht hatte. Das Häßlichsein im Kopf war ihr eigentliches Problem, nicht die Zahl »40«. Bei vielen Menschen existiert auf diese Weise das Altsein im Kopf und nicht im Körper.

Es gibt in der Geschichte und auch in der Psychologie jedoch genügend Beispiele für die Wirkkraft der »positiven Visionen«, die sich Menschen über ihre Zukunft machen. Verschiedene erfolgreiche Leute geben in ihren Lebenserinnerungen an, schon in Kindheit oder Jugend von ihren Zielen geträumt zu haben. Rückwirkend erscheint es oft, als hätten sie damit den Erfolg in ihrem Leben programmiert. Die »Self fulfilling Prophecy« hat dann die Lebensvision in realen Lebenserfolg verwandelt.

Denken Sie nochmals an die Bemerkung weiter oben, daß die Zukunft die einzige Zeit Ihres Lebens ist, die Sie bewußt gestalten können. Lassen Sie daher die Zukunft nicht mit ihren guten oder schlechten Nachrichten für Ihr Leben passiv auf sich zukommen. Lassen Sie auch niemand anderen als sich selbst an Ihr Zukunftssteuer: Wenn andere denken, daß es mit der Schönheit im Alter rapide bergab geht, soll sich das dann in deren Zukunft erfüllen, aber nicht in Ihrem Leben. Natürlich werden Sie nicht jünger, aber Sie können immer schön sein, werden und bleiben. Vielleicht sind Sie beim Lesen dieses Buches erst zwanzig oder dreißig Jahre alt. Dann ist schon jetzt die ideale Zeit, sich schöne Selbstbilder in Ihre nähere und fernere Zukunft zu projizieren.

Unser Mentaltraining können Sie auch für die Ziele einsetzen, die Sie mit dem »Denk-dich-schön«-Programm erreichen wollen. Vielleicht haben Sie ganz konkrete Wünsche an sich und Ihren Körper: glattere Haut, kraftvoll-jugendliche Bewegung und Haltung, schönere Gesichtszüge durch eine lebendige Mimik, eine bessere Figur mit Hilfe eines entsprechenden Stoffwechsels.

Denken Sie jetzt bitte ein Jahr weiter. Nächstes Jahr um diese Zeit kann sich Ihr persönliches »Denk-dich-schön«-Training schon in reale Körperreaktionen verwandelt haben. Entwerfen Sie mit der Kraft Ihrer »realen Phantasie« ein schönes Zukunftsselbstbild. Erinnern Sie sich bitte noch einmal an die Definition der »realen Phantasie«. Hiermit sind Vorstellungen über das eigene Aussehen gemeint, die auf einer körperlichen Ebene erreicht werden können. (Zur Anregung: Vergleichen Sie hierzu noch einmal das Kapitel zum Thema »Gehirn und körperliche Schönheit: die wichtigsten Wirknetze«, S. 54 ff.) »Irreale Phantasien« wären in diesem Zusammenhang: »wachsen« oder »kleiner werden«, »zwanzig Jahre jünger sein«. Allerdings: Zehn Jahre jünger *auszusehen* liegt im Rahmen der Wirkkraft des »Denk-dich-schön«-Programms. Um ein weiteres Beispiel zu nennen: Irreal ist die Hoffnung auf einen größeren Busen. Real ist die Idee einer Stärkung der Brustmuskulatur, welche verbunden mit einer verbesserten Haltung wiederum die Brust größer und straffer wirken läßt.

Lassen Sie sich ruhig Zeit, um in Ruhe Ihr schönes Zukunfts-Ich zu entwerfen. Durch mehrmaliges Üben wird Ihnen diese Schönheitsprophezeiung dann immer selbstverständlicher werden, und die Chancen, daß Ihr Gehirn versteht, welche Impulse es dem Körper geben soll, steigen.

Wahrnehmungsübung:
Schönheit programmieren lernen

① Setzen oder legen Sie sich bequem hin. Denken Sie mit der Kraft der »realen Phantasie« an Ihr Zukunftsselbstbild, welches Sie in einem Jahr erreichen wollen.

② Stellen Sie sich diese Schönheitsprophezeiung bildhaft rechts von sich vor. Die meisten Menschen unseres Kulturkreises nehmen auf dieser Seite ihre Zukunft wahr. Intensivieren Sie das Zukunftsselbstbildnis mit den mentalen Qualitäten, die Sie schon aus der Übung zum Thema »Selbstbild« kennen: Farbe, Beleuchtung, Größe, Lebendigkeit, Klang der eigenen Stimme.

③ Wenn Ihnen Ihr neues Ich so richtig gut gefällt, begeben Sie sich auf eine Reise in die Zukunft: Bewegen Sie sich in Gedanken auf dieses Bild zu, und verschmelzen Sie dann mit Ihrem Zukunftsselbstbild. Werden Sie damit eins. Nehmen Sie sinnlich alle Einzelheiten wahr:

   o Was *sehen* Sie in diesem Körper, wie sehen Sie die Welt um sich herum?
   o Wie erleben Sie die *Stimmung?* Was und wie *hören* Sie mit den Ohren Ihres schönen Zukunfts-Ichs?
   o Spüren Sie in Ihren Körper hinein. Was und wie *fühlen* Sie in diesem schönen Zustand?
   o Vielleicht gibt es sogar einen *Geruch* oder *Geschmack*,

den Sie mit dem Erlebnis Ihres schönen Zukunfts-Ichs in Verbindung bringen?

④ Wenn Sie mit diesem Zukunftserlebnis so richtig eins sind, legen Sie die Fingerspitzen von Daumen, Zeige- und Ringfinger der rechten Hand aneinander. Diese Handhaltung ist ab jetzt der Knoten im Taschentuch, um das Gehirn immer wieder an die Schönheitsprophezeiung zu erinnern.

⑤ Lassen Sie dieses Zukunftserlebnis intensiv auf sich wirken. Dann lösen Sie sich von Ihrer Schönheitsprophezeiung, und werden Sie wieder Ihr Gegenwarts-Ich. Sehen Sie Ihr Zukunfts-Ich wieder von außen, und erinnern Sie sich an diese Zeitreise.

⑥ Genießen Sie die »Erinnerung an die Zukunft« noch eine Weile, und beenden Sie dann die Übung. Ihr Gehirn ist jetzt auf Schönheit programmiert.

Hinweis zur Übung:

Erinnern Sie sich immer wieder im Tagesablauf spielerisch an dieses Zukunftserlebnis: beim Einkaufen, auf dem Weg zur Arbeit, beim Sport, in der Unterhaltung. Wann immer Sie die drei Finger der rechten Hand wie oben beschrieben aneinanderlegen, wirkt der Zukunftszauber. Auf diese Weise verankern Sie die innere Schönheitsprogrammierung in jeden Lebensbereich, in dem Sie sich gerade bewegen.

DIE KUNST
DES VERGLEICHENS

Vielleicht interessiert es Sie, wie ich selbst, die Autorin des »Denk-dich-schön«-Programms, eigentlich aussehe. Also: Ich bin 1,52 Meter klein, eine optische Mischung aus schlank und rundlich (52 Kilogramm), habe rotgefärbte, lange Haare, Sommersprossen und ein attraktives Gesicht. Außerdem bin ich seit zwölf Jahren stolze Besitzerin eines Nasensteins, der nicht aufgeklebt, sondern tatsächlich durch ein kleines Loch im Nasenflügel befestigt ist. Um gleich Ihrer Frage zu begegnen: Nein, der Nasenstein stört wegen seiner besonderen Machart nicht, wenn ich mir die Nase putzen muß. Bei Streß bekomme ich leider ab und zu einen Pickel; wenn ich ausgeruht bin, wirkt meine Haut glatt und gut durchblutet.

Vor drei Jahren ging es mir sehr schlecht. Ich litt plötzlich unter dem »Sophia-Loren-Syndrom«: Ich wollte so sein wie sie. Vielleicht etwas jünger, aber ansonsten genauso. Können Sie sich vorstellen, wie ich litt, wenn ich Morgen für Morgen meine kleine Gestalt im Spiegel erblickte? Sah ich an mir herunter, wurde es noch schlimmer: Mein Busen wollte und wollte nicht mehr wachsen. Besonders fasziniert war ich von der schön geformten römischen Nase meines Vorbilds. Und was hatte ich aufzuweisen? Eine Stupsnase mit Sommersprossen! Dann ging ich durch mein kleines Häuschen und mußte mich vor Elend erst einmal kraftlos hinsetzen. Wieviel größer ist doch das Haus, in dem Sophia Loren lebt! Ging ich dann in meine Praxis, wurde es auch nicht besser: »Wie klein und mickrig wirken diese Räume doch gegen die Glamourwelt, in der Sophia Loren ihr Geld verdient! Ich glaube fast, sie muß gar nicht mehr arbeiten, soviel Geld hat sie«, dachte ich. Glauben Sie mir, dieses eine Jahr, in dem ich unter dem »Sophia-Loren-Syndrom« litt, war eines meiner unglücklichsten! Ich war eine Null, ein Niemand, ein Nichts!

Ich kann mir vorstellen, daß Sie mir die gerade erzählte Geschichte nicht so ganz abgekauft haben. Tatsächlich, ich habe mir diese Leidenszeit nur ausgedacht. Doch Sie werden sich wundern, wie viele Menschen sich mit dieser Art der Vergleichstechnik regelrecht quälen. Man macht sich sehr unglücklich, wenn man seine Ziele so weit weg und irreal wählt, daß man sie garantiert nicht erreichen kann. Wenn Sie sich körperlich mit gänzlich anders gebauten Menschen vergleichen, schneiden Sie sich regelrecht von Ihren Kraftquellen ab. Sie haben dann nicht mehr die Chance, Ihre eigene Schönheit zu leben. Vergleichen Sie die Fortschritte, welche Sie mit dem »Denk-dich-schön«-Programm machen, *immer nur mit sich selbst*. Ich nenne diese Wahrnehmungstechnik den *individuellen Vergleich*. Nur der *individuelle Vergleich* macht Ihre Erfolge richtig spürbar und wahrnehmbar.

Sollten Sie sich Schönheitsziele gewählt haben, die zwar der »realen Phantasie« entspringen, für deren Erreichen Sie jedoch trotzdem längere Zeit benötigen (beispielsweise eine Gewichtsabnahme), hilft eine weitere individuelle Vergleichstechnik beim Durchhalten. Es ist die altbewährte Strategie der kleinen Schritte: Teilen Sie ein großes Ziel stets in *mehrere Teilziele* auf. Gestalten Sie in Gedanken statt eines einzigen Zukunftsselbstbildes *zwei bis zehn einzelne*, die sich in der Entwicklung deutlich auf Ihre »Schönheitsprophezeiung« hinbewegen. So verschaffen Sie sich schon auf dem Weg zum Ziel viele Erfolgserlebnisse.

Natürlich ist es auch insgesamt sehr wichtig, daß Sie jeden auch nur so kleinen Schönheitserfolg bewußt genießen und innerlich bestätigen. Das Gehirn ist ein lernendes Organ. Es reagiert am intensivsten auf *Verstärkung*. Wird ein noch so kleiner Erfolg innerlich wahrgenommen und genossen, so registriert das Gehirn dieses angenehme Gefühl der Zufriedenheit als eine *positive Verstärkung*. Durch diese positive Verstärkung wird es motiviert, die jeweilige Schönheitsentwicklung ab jetzt noch stärker zu intensivieren. Sie können für die positive Verstärkung auch sehr gut Ihre positive innere Stimme einsetzen, welche Sie bei der Übung »Schönheit durch den inneren Dialog« schon kennengelernt haben.

Für die folgende Übung dürfen Sie sich ausnahmsweise ein Foto, das aus den letzten Jahren stammt, heraussuchen, auf dem Sie sich *nicht* schön, anziehend oder lebendig wirkend finden. Dieses Foto darf auch gern älter als drei Jahre sein. Es sollte *auf jeden Fall älter sein als das Selbstbild aus der allerersten Wahrnehmungsübung*. Ersatzweise können Sie auch mit einem Selbstbild aus der Erinnerung, das auf diese Beschreibung paßt, arbeiten. Zum besseren Verständnis spreche ich hier vom *negativen Selbstbild*.

Die nächste Übung wird Sie im *individuellen Vergleichen* trainieren. Sie gibt Ihnen ein sehr gutes Gefühl für das Vorhandensein Ihrer eigenen inneren Schönheitspotentiale. Sie werden mit *drei inneren Selbstbildern* arbeiten:

① dem negativen Selbstbild,
② dem positiven Selbstbild aus der ersten Wahrnehmungsübung und
③ dem Zukunftsselbstbild aus der Übung zuvor.

Wahrnehmungsübung:
Die Kunst des Vergleichens

① Setzen oder legen Sie sich bequem hin. Stellen Sie sich in Gedanken die drei eben beschriebenen Selbstbilder vor. Ordnen Sie diese in Gedanken in Ihrer inneren Wahrnehmung so an:

Bild 1 (negatives Selbstbild) *Vergangenheit*	Bild 2 (positives Selbstbild) *Gegenwart*	Bild 3 (Zukunftsselbstbild) *Zukunft*

② Sie haben jetzt die drei Bilder auf einer inneren Zeitlinie angeordnet. Konzentrieren Sie sich nun auf Bild 1. Dann gehen Sie ganz bewußt zu Bild 2. Vergleichen Sie. Lassen Sie den Unterschied auf sich wirken.

③ Kommentieren Sie jetzt mit Ihrer positiven Stimme im *inneren Dialog* die Pluspunkte von Bild 2 im Vergleich zu Bild 1. Spüren Sie das gute Gefühl, welches dabei entsteht.

④ Nun geht die Aufmerksamkeit zum Zukunftsselbstbild. Probieren Sie nun folgendes: Bauen Sie zwischen Bild 2 und Bild 3 noch zwei »Zwischenbilder« A und B.

⑤ Denken Sie wieder an Bild 2. Gehen Sie mit der Aufmerksamkeit zu Zwischenbild A. Kommentieren Sie mit der positiven Stimme diese Entwicklung. Machen Sie sich Mut, dieses Ziel schon bald zu schaffen.

⑥ Verfahren Sie ebenso, indem Sie nun von Zwischenbild A zu Zwischenbild B wechseln. Vergleichen Sie, und machen Sie sich wieder Mut mit der positiven Stimme.

⑦ Gehen Sie nun den letzten Schritt von Zwischenbild B zum Zukunftsselbstbild. Denken Sie wieder an den positiven inneren Dialog.

⑧ Zum Schluß wandern Sie in Gedanken auf die eben vorgestellte Weise noch einmal langsam von Bild 1 zu Bild 3. Achten Sie genau auf das gute Gefühl, welches bei diesem *individuellen Vergleichen* entsteht. Spüren Sie Ihr *eigenes Energiepotential*.

⑨ Nehmen Sie noch eine Weile bewußt Ihre körperlichen Entwicklungsmöglichkeiten wahr. Genießen Sie das Wissen um die Möglichkeiten Ihres Körpers und Ihrer Persönlichkeit. Dann beenden Sie die Übung.

Hinweis zur Übung:

① Sie können gern auch mehr als nur zwei Zwischenschritte zum Zukunftsselbstbild einbauen.

② Ebenso ist auch nach Belieben die Entwicklung von Bild 1 zu Bild 2 in Zwischenschritte unterteilbar. Vergleichen Sie immer wieder, und genießen Sie dabei die offensichtliche Entwicklung Ihrer Schönheit.

③ Sie können sich die Bilderschritte zum Zukunfts-Ich auch nach bestimmten Körperthemen aufbauen. Zum Beispiel: Zunächst steht eine ausdrucksstarke Haltung im Vordergrund, dann eine lebendige Mimik, als nächstes Ihre klangvolle Stimme, dann noch die gute Figur.

SCHÖNHEITSIMPULSE
DURCH MODELL-LERNEN

Im Kapitel zuvor habe ich Sie davor gewarnt, sich körperlich mit Ihnen vollständig unähnlichen Menschen zu vergleichen. Paradoxerweise fordere ich Sie nun in diesem Abschnitt ausdrücklich dazu auf, sich von allen Menschen, die Sie interessieren, für Ihre Schönheit inspirieren zu lassen. Auch ich könnte von Sophia Loren Impulse für meine persönliche Schönheit bekommen. Wie läßt sich der scheinbare Widerspruch zu meinen Aussagen zuvor auflösen?

Sie kennen doch sicherlich die Aufforderung, daß man »sich von jemandem eine Scheibe abschneiden« soll! Sie haben auch ohne Zweifel schon davon gehört, daß Menschen sich gegenseitig etwas voneinander »abgucken«. Der Volksmund meint mit diesen Redewendungen nicht, daß man vollständig so werden oder sein soll wie eine andere Person, er verweist hier auf tief in uns verwurzelte Lernmuster, die älter sind als Schule, Universität, Berufsausbildung oder Bücher.

Wir sind soziale Wesen und viele Jahre unseres Lebens auf die Versorgung durch andere angewiesen. Aus diesem Grund ist eines unserer Überlebensprinzipien das Nachahmen, um später in der Gemeinschaft vollwertig mitleben zu können. Dieses Jahrtausende bewährte und vererbte Modell-Lernen spielt sich bei uns meist auf einer sehr unbewußten Ebene ab.

Doch wir können diese archaische Kraft auch bewußt für unsere Lebensziele einsetzen. Es ist mir sehr wichtig, vor den weiteren Ausführungen auf die Natürlichkeit und Selbstverständlichkeit dieser Art von Lernen hinzuweisen. Denn viele Menschen blockieren bei dem Vorschlag, sich doch einmal von den anderen etwas abzugucken. Sie würden zwar bei einer anderen Person Spanisch oder Tennis lernen, empfinden es jedoch als seltsam, von anderen Schönheit oder Ausdruck zu erlernen. Doch die Lernblockade schmilzt meistens, wenn man sich die Natürlichkeit des Modell-Lernens vor Augen führt.

Denn jeder von uns hat etliche Bausteine seiner Ausstrahlung von Kindheit an durch das sogenannte Modell-Lernen erworben. Denken Sie an all die Selbstverständlichkeiten wie die Muttersprache oder den aufrechten Gang. Im späteren Entwicklungsverlauf begeben sich Kinder durch das Rollenspiel (Vater, Mutter, Kind, Westernheld oder Prinzessin) gezielt in die mental-körperlichen Zustände bestimmter Modelle hinein. Sie eignen sich so deren Verhaltens- und Befindlichkeitsprogramme an. Wenn Sie einem kleinen Jungen dabei zusehen, wie er den Westernheld mimt, wissen Sie genau, was ich damit meine: Er bemüht sich, eine bestimmte Haltung einzunehmen, zeigt ganz andere Bewegungen als sonst, setzt ein ernstes Gesicht auf und spricht mit betont fester Stimme.

Dieses natürliche Lernen am Modell birgt auch für das Thema Schönheit unerschöpfliche Möglichkeiten. Der Schönheitszauber eines Menschen ist aus ganz verschiedenen Einzelelementen zusammengesetzt. Etliche sind so individuell und einmalig, daß sie für das Modell-Lernen nicht in Frage kommen. Beispielsweise kann man nicht die Nase von jemand anderem nachmachen, es sei denn, man läßt sie operieren. Und wünscht man sich das Unmögliche trotzdem, macht man sich unglücklich – wie im Kapitel zuvor beschrieben. Doch gibt es übertragbare Phänomene wie beispielsweise die Kopfhaltung, eine Geste, eine Art des Sprechens, die Sie durchaus von anderen Menschen erlernen oder sich einfach abgucken können. Dabei bleibt Ihre individuelle Persönlichkeit vollständig erhalten, da Sie beim Modell-Lernen nur noch reicher werden, jedoch nichts von sich hergeben müssen. Die neuen Möglichkeiten verdrängen Ihre Persönlichkeits- und Schönheitsmerkmale nicht, sondern gesellen sich dazu. Wenn Sie Ihre Augen für diese Möglichkeit bewußt öffnen, werden Sie überrascht sein, wie viele Inspirationen Sie von anderen Menschen für Ihren eigenen Schönheitsausdruck bekommen können.

Selbst wenn ich beispielsweise mein »Sophia-Loren-Syndrom« überwunden habe, muß ich dieses sehr gute Modell für langjährige Schönheit nicht ungenutzt lassen. So zeigt Sophia Loren sowohl in ihren frühen Filmen als auch jetzt im Alter von über sechzig Jahren eine wunderbare Körperhaltung, die auch bei kleinen Menschen wie mir große Effekte erzielen kann. Sophia Loren hebt das Brustbein nach vorn, die Schultern nach hinten und trägt den Kopf sehr aufrecht. Das ist für eine große Frau mit üppigen Busen gar nicht so selbstverständlich, da ähnlich gebaute Frauen sonst oftmals dazu neigen, ihre Schultern nach vorn zu krümmen. Diese gerade Haltung ist bei Sophia Loren jedoch nicht militärisch starr – sie sieht nicht so aus, als hätte sie den berühmten Besenstiel verschluckt –, sondern sie wirkt dabei sehr beweglich und temperamentvoll. Dieser Effekt wird dadurch hervorgerufen, daß sie beim Gehen, Laufen, sogar im Stehen und beim Reden ihre gerade Haltung behält, dabei aber ihren Schultergürtel natürlich abwechselnd hin- und herdreht. So wandern oder »wackeln« die Schultern abwechselnd vor und zurück. Dieses Bewegungsspiel erzielt eine natürlich-junge Ausstrahlung. Probieren Sie's doch einmal vor dem Spiegel aus!

Dieser Vorschlag ist wirklich sehr ernst gemeint, denn die beste Übung zum Thema Modell-Lernen ist das Trainieren und Wahrnehmen vor dem Spiegel. Natürlich sollten Sie mit sich allein sein, um das Neue ganz konzentriert einüben zu können. Nur so können Sie auch feststellen, wie die Schönheitsinspirationen Ihres Modells bei Ihnen selbst wirken. Haben Sie keine Angst davor, daß andere Menschen genau registrieren, was da plötzlich anders mit Ihnen ist. Es ist erstaunlich, wieviel ein Mensch mit sich experimentieren kann, bevor es anderen wirklich bewußt auffällt.

Was passieren wird? Sie werden Einfluß nehmen auf das unbewußte Erleben Ihrer Person durch die Mitmenschen, ohne daß diese genau wissen, was Sie da machen. »Ich habe neulich herausgefunden, was mir an der Filmschauspielerin Goldie Hawn besonders gut gefällt«, erzählte mir eine Klientin. »Es ist die Art, wie sie im Gespräch ihrem Gegenüber – wie zur Verstärkung – mit beiden Augen manchmal ganz doll zublinzelt. Ich habe selbst bei jedem Blinzeln so etwas wie einen kleinen Hüpfer in meinem Herzen bemerkt.« Sie machte mir das beobachtete Blinzeln vor. Es paßte gut zu meiner Klientin. Nach einer Woche bekam sie von ihrer achtjährigen Tochter folgendes Kompliment: »Mami, du bist irgendwie viel lustiger in letzter Zeit. Ich glaube, du bist jünger geworden.«

Es müssen jedoch nicht nur Elemente des Ausdrucks sein, mit denen Ihre Modelle Sie inspirieren. Achten Sie ruhig auch auf Äußerlichkeiten wie z. B. große Ohrringe, eine bestimmte Frisur, ausgefallene Kleidung usw. Probieren Sie auch in diesem Bereich Möglichkeiten aus, die bisher außerhalb Ihrer individuellen Grenzen waren. Öffnen Sie diese Grenzen ständig, desto größer wird Ihr »Schönheitsreich« sein!

Wahrnehmungsübung:
Schönheitsimpulse durch Modell-Lernen

① Bitte suchen Sie sich für diese Übung Ihr Lieblingsvorbild oder -modell aus. Machen Sie erst weiter, wenn Sie sich für eine einzelne Modellperson entschieden haben.

② Denken Sie für ein paar Minuten an verschiedene Situationen, in denen Sie Ihr Modell erlebt haben: live, im Film, auf Fotos.

③ Gehen Sie jetzt ins Detail. Untersuchen Sie die folgenden Elemente auf den Schönheitszauber Ihres Modells hin:

Gesicht und Kopf:

o Augenpartie:	ein bestimmter Blick, Augen offen oder »erotisch geschlossen«, ein gewisses Blinzeln, von unten nach oben oder von oben nach unten schauend usw.;
o Nase:	beispielsweise Naserümpfen;
o Mundpartie:	offen, geschlossen, lächelnd, lachend, schmollend usw.;
o Wangenpartie:	Spiel der Gesichtsmuskulatur;
o Kopfhaltung:	nach links und rechts geneigt, zurückgebeugt usw.

Körperhaltung und -bewegung:

o Brust- und
   Schulterpartie: Haltung und Bewegung;
o Arme und Hände: die Art der Gesten;
o Füße und Beine: Art der Bewegung, Standbein
                       oder Spielbein, übergeschlagen,
                       wippend, ruhig;
o Gesamtmotorik: langsam oder temperamentvoll;
o Ganzkörpergesten: nach vorn, nach hinten geneigt,
                       nah oder distanziert usw.

Stimme:

o Tonhöhe: hoch oder tief;
o Lautstärke: laut oder leise;
o Geschwindigkeit: langsam oder schnell;
o Melodie: monoton oder mit vielen
                       Aufs und Abs.

Sonstige Merkmale:

o Kleidung,
o Duft,
o Frisur,
o Make-up.

④ Nachdem Sie alles so genau wahrgenommen haben, entscheiden Sie sich für zwei oder drei Merkmale, die Sie
  selbst übernehmen wollen.

⑤ Üben Sie mit diesen Merkmalen vor dem Spiegel.

⑥ Denken Sie an eine Situation, in der Sie mit Ihrem neuen
  Beautyelement experimentieren wollen. Gehen Sie in
  Gedanken die zukünftige Situation durch. Üben Sie die-
  se auch vor dem Spiegel.

Hinweis zur Übung:

① Frauen und Männer können sich sehr wohl auch gegenseitig als Modell nehmen!

② Beobachten Sie alle Ihnen interessant scheinenden Menschen mit der Frage an sich selbst, ob Sie sich irgendeinen »Schönheitszauber« von ihnen abgucken oder etwas von ihnen lernen können.

DAS ZENTRUM
ALLER SCHÖNHEITSPROZESSE:
MEIN ICH-GEFÜHL

Ich erwähnte bereits, daß viele sehr gut aussehende Menschen sich »tief drinnen« doch nicht so schön finden, wie andere sie erleben. So fehlt der äußerlichen Schönheit oftmals die innere Kraft, welche dem Menschen erlaubt, seine Schönheit überzeugt zu leben. Selbstbewußte Menschen wirken dadurch schön, daß sie – sicher unbewußt – völlig einverstanden mit sich selbst sind. Dieses positive Selbstbewußtsein drückt sich in jeder Pore des Körpers aus und wird von den anderen als »Schönheitszauber« wahrgenommen. Aus diesem Grund betont das »Denk-dich-schön«-Programm auf verschiedene Weise immer wieder Ihr positives Verhältnis zu sich selbst. Wenn Sie schon mit den bisher vorgestellten Übungen arbeiten, nehmen Sie sicher wahr, wie gut Sie dadurch auch Ihr Selbstbewußtsein aufbauen können.

Die positive Wirkung können Sie noch weiter unterstreichen, indem Sie das Wort »Selbstbewußtsein« einmal ganz wortwörtlich auffassen. Damit meine ich, daß es ja für jeden von uns Wörter gibt, die das eigene Selbst, die eigene Person bezeichnen. Diese Wörter sind:

○ das Wort »Ich«,
○ der eigene Vorname,
○ der eigene Nachname,
○ Rollennamen wie »Mama« oder »Papa«,
○ eventuelle Berufs- oder Titelbezeichnungen.

Mit diesen Wörtern bezeichnen Sie sich selbst. Wörter sind nicht nur gedruckte Buchstaben oder neutrale Schallwellen, sondern unser Gehirn verknüpft mit ihrem Klang oder ihrem Erscheinen sämtliche subjektiven Gefühle, die wir jemals im Zusammenhang hiermit erlebt haben. Sie kennen doch den Ausspruch: »Wenn ich nur das Wort schon höre« oder oft gelesene Romansätze wie: »Ihr Name klang wie Musik in seinen Ohren«. Klingt Ihr eigener Vorname wie Musik in Ihren Ohren? Lieben Sie Ihren Nachnamen? Spüren Sie die vielzitierte »Ich-Stärke«, wenn Sie an das Wörtchen »ich« denken oder es aussprechen? Oder ruft eines dieser das Selbst meinenden Wörter ein verzagtes oder gar ablehnendes Gefühl bei Ihnen hervor?

Viele Menschen mögen ihren eigenen Namen nicht. Andere haben schon in der Schule gelernt, daß das Wort »ich« höchst heikel ist und gern von Egoisten benutzt wird. Bedenken Sie einmal, daß andere Menschen Sie immer wieder mit Ihrem Vor- oder Nachnamen anreden und anreden werden. Sie stellen sich stets mit diesem Namen vor. Auch das Wort »ich« läßt sich nicht immer vermeiden. Und das muß auch gar nicht sein. Wenn Sie sich mit diesem Wort wohl fühlen, sind Sie noch lange kein Egoist. Sie können dennoch genug Gefühlskapazität frei haben, um neben sich auch noch andere Menschen zu mögen und zu respektieren.

Wenn Sie noch mehr über die Kraft der Wörter und Namen lesen möchten, darf ich an dieser Stelle auf mein Buch »*Magic Words. Der minutenschnelle Abbau von Blockaden*« hinweisen. Für das »Denk-dich-schön«-Programm reicht es aber zu wissen, daß alle Wörter, die Ihre Person bezeichnen, spontan Ihre positiven Kraftquellen in Körper und Seele auslösen sollten. Denn sie sind der direkte »Anker« Ihres Selbstbewußtseins, da sie ja Ihr Selbst benennen.

Diese »Selbst-Wörter« sollten in Ihnen so etwas sein wie ein sehr wertvolles Markenzeichen. In der Konsumwelt drückt allein der Name oder das entsprechende Signet aus, wie besonders und hochwertig ein damit versehener Artikel ist. Und was für seelenlose Artikel schon gilt, soll für Sie und Ihre persönliche Schönheit erst recht gelten: Machen Sie sich einen guten Namen! So arbeiten Sie im wortwörtlichen Sinne an Ihrer »Ich-Stärke«. Besorgen Sie sich für die Durchführung dieser Übung bunte Stifte in Ihren Lieblingsfarben und etwas Papier. Ihre Aufgabe wird es sein – so als seien Sie Ihr eigener Werbekreativer –, Ihrem eigenen Namen und Ihrem »Ich« Schönheit und Ausdruck zu verleihen.

Für die Besitzerin eines Friseurgeschäfts war diese Übung eine Art Schlüsselerlebnis: »Wenn meine Kunden mich begrüßen, ist das ab jetzt ein besonders schönes Gefühl. Ich sehe dann ganz automatisch für nur eine Sekunde meinen Nachnamen aus schön angeordneten Rosenblüten vor mir – so wie ich es mir bei dieser Übung ausgedacht hatte. Seitdem werde ich ständig auf mein gutes Aussehen hin angesprochen. Irgend etwas von meiner Gestaltungsidee scheint auf mein Äußeres abgefärbt zu haben.«

Wahrnehmungsübung:
Stärkung meines Ich-Gefühls

① Am besten wäre es, wenn Sie jetzt schon Papier, Buntstifte, Tusche oder einen Kasten mit Wassermalfarben samt Pinsel vor sich hätten. Vielleicht mögen Sie diese Übung aber auch erst einmal in Ruhe lesen und im Geiste durchgehen. Dann können Sie den praktischen Teil später in Ruhe nachholen. Einige Klienten gestalten diese Übung auch ohne Materialien, sondern arbeiten nur mit ihrer Phantasie. Wählen Sie das Vorgehen aus, welches Ihnen am meisten zusagt. Die nächsten Schritte vollziehen Sie also entweder praktisch oder mental.

② Beginnen Sie nun mit Ihrem Vornamen. Sie sollen ihn ganz einfach als Schriftzug so darstellen, daß er auf Sie optisch schön wirkt. Denken Sie an folgende Möglichkeiten:

○ Druckbuchstaben oder Schreibschrift,
○ großzügige Schrift oder »klein und fein«,
○ farbliche Gestaltung (einheitlich, bunt – jeder Buchstabe anders usw.),
○ Schriftverlauf (gerade, von unten nach oben, wellenförmig),
○ Materialien (aus Blumen, Edelsteinen, Samt oder Seide usw.)

③ Malen Sie sich Ihren Namen entsprechend auf. Sie können Ihre Idee auch durch Phantasie bereichern: Der Name ist mit dem Kondenswasserstreifen eines Flugzeugs in den Himmel gemalt, mit Blumen auf ein Beet gepflanzt usw.

④ Zur visuellen Darstellung können Sie noch das »Reich der Klänge« bemühen:

o Der Name wird von einer schönen Stimme ausgesprochen.
o Er wird vielleicht von einem »Elfenchor« gehaucht.
o Eventuell gibt es eine wohltuende »Klangquelle« (Name klingt von oben, links oder rechts, hallt von allen Seiten usw.).

⑤ Vielleicht mögen Sie in Gedanken noch einen *Duft* oder sogar einen *Geschmack* mit Ihrem Namen verbinden.

⑥ Verfahren Sie auch so mit Ihrem:

o Nachnamen (oder der Kombination aus Vor- und Nachnamen),
o dem Wort »Ich«,
o weiteren Bezeichnungen Ihrer Person wie »Mama« oder auch »Lehrer«.

⑦ Nehmen Sie sich nun folgendes vor: Wann immer Sie oder andere in Zukunft diese »Selbstwörter« benutzen, denken Sie für den Bruchteil einer Sekunde an das von Ihnen geschaffene Namens- oder »Ich«-Kunstwerk. Auf diese Weise verbindet Ihr Gehirn Ihre Selbstwörter mit einem *schönen Ich-Gefühl.*

Hinweis zur Übung:

Vielleicht besorgen Sie sich passend zur positiven Gestaltung Ihrer »Selbstwörter« einen ganz speziellen »Persönlichkeits-Anker«, der Sie auch äußerlich immer wieder an Ihren »Markennamen« erinnert: ein bestimmter Lippenstift, ein spezieller Ohrstecker, Seidenschals als »Markenzeichen«, ein kleiner geflochtener Zopf usw.

Eileen Ford, die Besitzerin einer berühmten Model-Agentur, spricht hier von dem X-Faktor einer schönen Frau. Damit sind solche kleinen persönlichen äußeren »Markenzeichen« gemeint, die eine schöne Frau oder einen schönen Mann zum unverwechselbaren Original, zu einer Persönlichkeit machen.

SCHÖNHEIT
IST GLAUBENSSACHE

»Er sagt sogar, daß er mich schön finde«, erzählte mir neulich eine Freundin über einen interessanten Mann, in den sie sich gerade frisch verliebt hatte. Doch denken Sie ja nicht, daß sie mir diesen Satz mit einem fröhlichen Gesichtsausdruck mitteilte. Nein, sie sah dabei aus, als hätte sie in eine Zitrone gebissen: mißtrauisch und ungläubig. Es wirkte fast so, als würde sie am Verstand des guten Mannes zweifeln, nach dem Motto: »Wie kommt der eigentlich auf die Idee, daß ich schön sein könnte?«

Im Grunde setze ich mit diesem kleinen Fallbeispiel das Thema aus dem vorhergehenden Kapitel fort. Es nützt Ihnen nämlich gar nichts, wenn ein anderer Mensch Sie schön findet. Sie selbst müssen auch an Ihre Schönheit glauben können. Ich habe es sogar schon erlebt, daß eine Frau ihren neuen Freund verdächtigte, ihr »Honig um den Bart« schmieren oder sie sonstwie manipulieren zu wollen, weil er behauptete, sie schön zu finden. Da zog sie sogar jahrelang einen Partner vor, der so richtig häßlich zu ihr war und sie auch entsprechend demütigend behandelte.

Aufgrund vieler schlimmer Erlebnisse fand sie es wohl doch beruhigender, wenn man sie ihren eigenen negativen Vorstellungen gemäß behandelte, die sie im Laufe ihres Lebens über ihre eigene Person entwickelt hatte. Diese Freundin konnte sich erst auf liebevolle Partner einlassen, als sie selbst lernte, sich mit positiven Augen zu sehen und so auch ihren individuellen Schönheitszauber zu entdecken. Sie fing erst jetzt an, an sich und ihre Schönheit zu glauben.

Nun haben Sie durch Lesen und Üben schon viel für Ihren Glauben an die Kraft der eigenen Schönheit getan. Alle bisherigen Übungen dienten nämlich der Eigenmotivation, dem Aufbau eines positiven Selbstbildes und der Intensivierung Ihres körperlichen Schönheitsgefühls. Ihre subjektive Glaubenskraft können Sie noch stärken, indem Sie ganz konkret mit bestätigenden Sätzen über Ihre Schönheit arbeiten. Im Mentaltraining nennt man derartige inneren Sätze »Affirmationen«. Schon Coué fand Anfang des Jahrhunderts heraus, daß positive innere Sätze im Sinne einer Selbsthypnose eine reale Kraft auf Seele und Körper ausüben können: Man wird auf diese Weise wirklich zuversichtlicher, optimistischer, gesünder – und schöner.

Im folgenden finden Sie eine Anleitung im Aufbau von positiven Glaubenssätzen für Ihre Schönheit. Wichtig ist hier – wie auch im Kapitel zuvor –, daß der Satz nicht nur über die Formulierung wirkt. Wenn Sie sich beispielsweise im militärischen Befehlston anherrschen: »Ich bin schön ... (und wehe nicht)«, entsteht auf der Gefühlsebene ein Streßgefühl, welches jedes innere Schönheitstonikum zum Versiegen bringt. Erst die sinnliche Qualität einer Aussage macht diese zu einem echten Glaubenssatz.

Wahrnehmungsübung:
Schönheit ist Glaubenssache

① Setzen oder legen Sie sich bequem hin. Entscheiden Sie wieder, ob Sie lieber mit Buntstiften und Papier oder mit der Kraft Ihrer Phantasie arbeiten wollen.

② Denken Sie an den Satz: »Ich bin schön.« Stellen Sie ihn sich richtig aufgeschrieben vor, oder schreiben Sie ihn auf. Achten Sie darauf, welche Form der Darstellung dem Satz optimale sinnliche »Glaubwirkung« verleiht, so daß er seine volle Bedeutungswirkung auf Sie entfalten kann. Achten Sie wieder auf die Ihnen bereits bekannten Kriterien:

- gedruckt oder geschrieben,
- großzügiger Schriftzug oder »klein, aber fein«,
- Farbe oder Farben der Wörter und Buchstaben,
- Farbe des Hintergrunds,
- Stil der Schrift: klassisch, sachlich, modern, verspielt usw.

③ Verstärken Sie die visuelle Qualität noch durch die Kraft Ihrer Phantasie: Der Schriftzug leuchtet mit »Milchstraßensternen« am Nachthimmel oder besteht aus Material wie Edelsteine oder Seide usw.

④ Probieren Sie so lange, bis der Satz in Ihrer Wahrnehmung seine volle Schönheitswirkung entfaltet.

117

⑤ Unterstützen Sie dieses Satzerlebnis noch durch den »Zauber der Klänge«. Probieren Sie auch hier ein paar Möglichkeiten aus:

○ Der Satz wird mit einer besonders wohlklingenden Stimme gesagt (etwa mit Ihrer positiven Eigenmotivationsstimme).
○ Vielleicht wird er auch von einem Stimmenchor gesprochen oder gesungen.

Achten Sie auf die Klangquelle: von einer Seite, von vorn, oben oder von hinten. Kommt Raumhall hinzu?

⑥ Testen Sie auch hier so lange, bis der Satz von der Sinnesqualität her glaubhaft klingt.

⑦ Lassen Sie jetzt Ihren Glaubenssatz »Ich bin schön« noch eine Weile auf sich wirken, und beenden Sie dann die Übung.

Hinweis zur Übung:

① Denken Sie stets an Ihren Glaubenssatz, wenn Sie einen »Leerlauf« zu überbrücken haben: beim Warten bei »Rot« an der Ampel, beim Warten auf Bahn, Bus oder Flugzeug und beim Spazierengehen, und zwar immer in derselben von ihnen entwickelten Form.

② Vielleicht durchlaufen Sie noch eine weitere Variation dieser Übung: Arbeiten Sie auch mit dem Satz »Du bist schön«. Hierbei erleben Sie mit Ihrer Phantasie vor allem den Satzklang. Stellen Sie sich vor, daß viele freundliche Stimmen Ihnen diesen Satz von allen Seiten sagen, zurufen, zuflüstern – je nachdem, was bei Ihnen am positivsten wirkt.

③ Bedenken Sie bei diesem Satzerlebnis, daß die Glaub-
kraft nicht bei jedem durch besonders auffallend farbig
oder aufwendig gestaltete Vorstellungen entsteht. Auf
manche wirkt auch eine ganz schlichte Darstellung sehr
ästhetisch, überzeugend und subjektiv schön.

TEIL 4

STRESS UND SCHÖNHEIT

Unser Körper und unsere Seele müssen ständig auf das äußere Leben reagieren können. Jeder Wetterumschwung, jeder Kontakt mit anderen Menschen, jeder Bewegungsablauf erfordert die unterschiedlichsten körperlich-seelischen Programme. Entsprechend haben sich im Laufe der Jahrtausende, sogar Jahrmillionen unsere Möglichkeiten entwickelt, flexibel und lebendig in unserer Welt zu leben und in ihr mitzuschwingen.

Besonders beeindruckend ist unser Potential bei Androhung von körperlicher Gefahr. Dieses Potential hat über Jahrtausende mit das Überleben unserer Vorfahren gesichert. Auch sie benötigten für ein gesundes Leben einen ausgeglichenen Stoffwechsel, Nahrung, Schlaf, Kontakt und Anerkennung sowie eine warme »Höhle«. Doch ein derartiger Frieden konnte gerade damals durch vielfältige Gefahren aus der Bahn geraten. Manchmal mußte man um seinen Lebensraum kämpfen, oft auch vor Feinden und Gefahr fliehen.

Für diese Extremsituationen haben Gehirn und Körper gemeinsam ein gutdurchdachtes Notprogramm entwickelt, welches heute mit dem allseits bekannten Begriff »Streßreaktion« benannt wird. Durch das optimale Zusammenspiel von Nerven- und Hormonsystem kann das Gehirn im Bruchteil von Sekunden für eine gezielte »Umleitung« unserer sonst ausgeglichenen Durchblutung sorgen. Muß der Mensch kämpfen oder angreifen, werden die Arme, der

Brustkorb, Nacken und Kopf durch eine schlagartige Erweiterung der Blutgefäße optimal versorgt. Das hilft den Muskeln, optimal im Kampf zupacken und abwehren zu können. Obwohl wir dieses Schauspiel in der Zivilisation nicht mehr so oft erleben, hat doch jeder schon gesehen, daß wütende Menschen rot werden. Dieses »Rotwerden« ist ein Element der aggressiven Streßreaktion. Dann gibt es noch die Fluchtreaktion, wo nach dem gleichen Prinzip die Blutzufuhr in die Beinmuskulatur geregelt wird, damit man – wie der Volksmund sagt – die »Beine in die Hand nehmen« kann.

Die verstärkte Blutzufuhr in bestimmte Körperareale hat jedoch logischerweise zur Folge, daß in der Phase dieser körperlichen Extremsituation die jeweils »restlichen« Körperbereiche schlechter als sonst durchblutet sind. Diese Tatsache macht verständlich, warum solche Zustände nur für kurze Zeitspannen sinnvoll und gesund sind. Unser Körper erwartet nach einem Einsatz wie diesem eigentlich, daß die Streßreaktion auch immer wieder durch ausgeglichene Aktivierungsphasen unseres Körpers harmonisiert werden. Nur unter dieser Voraussetzung kann er sein Schönheitspotential immer wieder neu aktivieren und stärken.

Ist dieses natürliche Gleichgewicht bei einem Menschen nicht mehr ausgewogen, beginnt er unter Streßsymptomen zu leiden. Nur unter diesen Umständen stört Streß die körperliche Harmonie, die Gesundheit und natürlich die Schönheit. Grundsätzlich aber ist und bleibt das körpereigene Streßpotential eine wichtige und sinnvolle Reaktion für unser Überleben in Extremsituationen.

DIE WIRKUNG VON
DAUERSTRESS
AUF DAS AUSSEHEN

Sicherlich haben Sie schon etwas über Streßsymptome gehört oder gelesen. Da ist die Rede von Verspannungen, Magenbeschwerden und Schlafstörungen – um nur einige zu nennen. Doch chronischer Streß wirkt nicht nur innerlich, sondern prägt auf Dauer auch Ihr äußeres körperliches Erscheinungsbild. Bevor ich dies näher erläutere, möchte ich Ihnen die Merkmale chronischer Streßformen kurz beschreiben.

Sie haben am Anfang dieses Buches schon etwas über die sogenannten Nervenbotenstoffe gelesen. Ich beschrieb, daß eine ideale Zusammensetzung dieser Stoffe an den Rezeptoren unseres Nervensystems von der Wirkung her einem inneren Beautytonikum gleichkäme. Bei einer Streßaktivierung setzen dann eben auch Streß-Nervenbotenstoffe an den Rezeptoren der Gehirnzellen an. Wird nun das Erleben immer wieder von Streßimpulsen überflutet, können die Streßstoffe die Rezeptoren derartig blockieren, daß die harmonisierenden Nervenbotenstoffe für die Körperbalance nicht mehr an die Rezeptoren herankommen. Der Ausgleich zwischen den Streß- und den Balancestoffen ist nun empfindlich gestört. Das Gehirn macht im Körper permanenten »Streßalarm«. Die Streßstoffe werden jetzt nicht passend zu einer äußeren Ausnahmesituation, sondern als »Dauerprogramm« ausgeschüttet. Der Mensch kommt in diesem Zustand einfach nicht mehr zur Ruhe – auch nicht in äußerlich streßfreien Situationen. Beispielsweise liegt man verspannt im Bett und kann zum Feierabend nicht »abschalten«.

Die unregelmäßige Durchblutung zieht eine unzureichende Versorgung der Organe, des Gewebes und der Haut nach sich. Die Haut wird noch zusätzlich durch die Mobilmachung des alarmierten Immunsystems gereizt und neigt zu Rötungen und Pickeln. Da die Haare ein Bestandteil des Organsystems »Haut« sind, können sie bei Streß ihren Glanz verlieren. Diese Effekte verringern Ihre Schönheitsausstrahlung. Denn »Gesichtsforscher« fanden heraus, daß gerade glänzende Haare und gutversorgte Haut weltweit von Menschen als ein sehr wichtiges Schönheitskriterium empfunden wird.

Auch Körperhaltung und Mimik des chronisch gestreßten Menschen entwickeln auf die Dauer »unschöne« Merkmale: der verbissene Gesichtsausdruck, die schmalen Lippen, die eingezogenen Schultern. Bedenken Sie, daß unsympathische Fabelwesen, wie beispielsweise die bösen Hexen, oft mit Buckel und hochgezogenen Schultern dargestellt werden. Diese Haltung wird von vielen Menschen unbewußt mit »häßlichen« Charakterzügen verknüpft. Und tatsächlich sind chronisch gestreßte Menschen oft gereizt, schlecht gelaunt oder reagieren auch teilnahmslos, was auf die Dauer beim Gegenüber eher unangenehme Gefühle weckt. Natürlich machen die gestreßten inneren Organe bald auch auf verschiedenen Ebenen Ihrer äußeren Schönheit zu schaffen. Beispielsweise kann ein gestreßter Magen zu unangenehmem Mundgeruch oder ein Kopfschmerz zu einer »zusammengekniffenen« Augenpartie führen. Bewirkt der Dauerstreß psychosomatische Erkrankungen, werden diese ebenfalls in Ihrer Ausstrahlung abzulesen sein. Bei manchen Menschen reagiert das Immunsystem im Dauerstreß nach einer anfänglichen »Mobilmachung« mit Immunschwäche. Auch so entsteht eine zusätzliche allgemeine Krankheitsgefahr. Dabei sind die ärgerlichen Lippenbläschen – auch Herpes genannt – noch das geringste Übel. Gravierender können Infektionskrankheiten verschiedenen Ausmaßes wirken.

Wer schön und gesund sein und bleiben will, hat also Grund genug, seinen Alltags- und Lebensstreß immer wieder sinnvoll auszugleichen. Auch ein Auto bekommt Probleme, wenn es täglich nur mit »Vollgas« Höchstgeschwindigkeit gefahren wird. Bei Verschleiß können Sie sich jedoch Ersatzteile kaufen oder gar Ihr Auto durch ein neues Modell ersetzen.

Körperliche »Ersatzteile« für Gesundheit und Schönheit sind jedoch immer noch schwer zu bekommen. Und auch mit dem »neuen Modell« ist das so eine Sache. In diesem Leben werden Sie Ihren Körper bestimmt nicht gegen ein neueres Modell austauschen können. Also behandeln Sie sich, Ihren Körper und Ihre Schönheit als das, was es ist: als etwas sehr, sehr Kostbares.

POSITIVER UND
NEGATIVER STRESS

Erinnern Sie sich an mein Autobeispiel auf der vorherigen Seite: Ständiges Vollgasgeben führt zu vorzeitigem Verschleiß. Doch für jedes Beispiel gibt es auch ein Gegenbeispiel: Was passiert wohl mit einem tollen Sportwagen, wenn ich ihn ständig im Schrittempo fahre? Er kann nie seinen gesamten Leistungsspielraum entfalten. Die permanente Nichtbenutzung seiner Kapazitäten führt zwar nicht unbedingt zum Rosten, aber zum Stagnieren oder Zurückgehen seiner technischen Möglichkeiten.

Obwohl menschlich–technische Vergleiche oft etwas hinken, kann man doch ähnliche Nachteile bei einem nicht voll beanspruchten Menschen vermuten. Körper und Gehirn wollen immer wieder benutzt und gefordert sein. Aus diesem Grund sprechen die Experten scheinbar paradox von »positivem Streß« oder dem sogenannten »Eustreß«. Eustreß bezeichnet genau das Maß an körperlich-seelischer Beanspruchung, der für unsere Gesundheit und für unsere Schönheit wichtig ist. Er sorgt dafür, daß Körper und Seele elastisch und lebendig bleiben. Vielleicht kennen Sie auch das Erlebnis der wohltuenden Erschöpfung, welches sich einstellt, wenn Sie etwas Außerordentliches geleistet haben. Es ist ein wunderbares Gefühl, sich und seine Kraftquellen ganz bewußt auszuleben.

Aus diesem Grund empfinden wir Tätigkeiten, die unter unserem Talentniveau liegen, langfristig als Quälerei. Der

Mensch möchte sich in seinen Möglichkeiten ausprobieren, und deshalb ist es auch ein Fehlschluß zu meinen, daß Schönheit etwas Empfindliches sei. Schönheit ist ein kraftvolles und intensives Element unseres Lebens. Die Prinzessin auf der Erbse riskiert ein Verkümmern ihrer körperlichen Schönheitspotentiale, da sie sich von schönheitserhaltenden Lebensimpulsen abschirmt. Die teuersten Cremes nützen gar nichts, wenn die Rezeptur Ihres Lebens eintönig und abwechslungsarm gemischt ist. In einer französischen Großstudie fand man heraus, daß arbeitende Menschen auf andere wesentlich jünger wirken als Menschen ohne Arbeit. Natürlich ist Arbeitslosigkeit mit Sorgen verbunden, die gewiß nicht schön machen, doch scheint eine erfüllende Tätigkeit, welche die Talente und Kraftquellen eines Menschen permanent aktiviert, auch seinen Körper immer wieder zu regenerieren. Ruhe- und Entspannungsphasen müssen also auch immer wieder durch aktive Anforderungsphasen ausgeglichen werden. Das harmonische Wechselspiel im Körper ist also mit eine Basis für bleibende Schönheit und Gesundheit.

Elsye Birkinshaw beschreibt in ihrem Buch »*Denken Sie sich jung*« folgenden Fall: »*Larry Lewis* versuchte mit hundertundfünf Jahren, seinen Kellnerberuf an den Nagel zu hängen, nahm aber schon nach ein paar Wochen tödlicher Langeweile seine Arbeit im ›Saint Francis Hotel‹ in San Francisco wieder auf.« Abwechslung und Tätigkeit kann also noch für einen Hundertjährigen ein Lebenselixier sein.

Abwechslung ist eine Lebensqualität, die unser Gehirn sehr intensiv stimuliert. Über unsere Wahrnehmung nimmt dieses wichtige Organ die neuen Impulse »Sinnesnahrung« auf. Ich erwähnte im Kapitel über das Gehirn bereits (vgl. S. 54), daß Abwechslung »Bodybuilding« für diese Steuerzentrale unseres Körpers ist. Der Journalist Holger Hoetzel nannte im Hamburger Abendblatt zu diesem Thema eine erstaunliche Zahl: Die Verknüpfungsdichte von Gehirnen erwachsener

Menschen kann bis zu *25 Prozent* variieren – je nachdem, wie intensiv der einzelne sein Gehirn benutzt.

Entsprechend sind sich die Gehirnforscher einig, daß die eigentliche Power unseres Gehirns nicht durch die Anzahl der Gehirnzellen, sondern durch das Ausmaß der *Verknüpfungen* untereinander entsteht. Da nun Gehirn und Körper ein enges Netzwerk bilden, können Sie sich leicht vorstellen, wie sehr ein »Powergehirn« eine optimale und intensive Aktivierung unseres Körpers leisten kann. So leuchtet es ein, daß Menschen mit einem »erfüllten Leben« ein hochflexibles Gehirn und somit automatisch auch alle Möglichkeiten für jahrzehntelange Schönheit entwickeln.

Positiver Streß fördert also die Schönheit. Deshalb ist es für jeden Menschen wichtig, immer wieder die ganze Bandbreite seiner inneren Möglichkeiten zu leben. Jedoch ist zu vermuten, daß der Eustreß nicht immer mit der »Chemie« des Stresses in Extremsituationen identisch ist. Bei seelisch anstrengenden Situationen ist das »Programm« wohl identisch. Ist der Eustreß jedoch beispielsweise mit der positiven Energie des Verliebtseins gekoppelt, spielen noch andere Nervenbotenstoffe für die körperliche Power eine Rolle. So bewirken beispielsweise die euphorisierenden Endorphine – oft auch »Glückshormone« genannt – einen derartigen seelisch-körperlichen Höhenflug, daß man sich tatsächlich stark genug fühlt, »Bäume auszureißen«. Eustreß geht einher mit Erfolgserlebnissen, Glücksgefühlen, Zufriedenheit nach der Anstrengung, mit »Sichausprobieren«, mit dem Stillen unseres Lebenshungers. Das scheint für die Schönheit wichtiger zu sein als jede Schönheitsmaske.

INDIVIDUELLE
MÖGLICHKEITEN DER
STRESSREDUKTION

Die folgenden Übungen beziehen sich auf die Reduktion oder Unterbrechung von schönheitsfeindlichem Dauerstreß. Sie ergänzen das Ihnen jetzt schon bekannte Übungsprogramm. Sicher haben Sie schon bemerkt, daß die bisherigen Übungen bereits streßreduzierend wirken. Daher sind die folgenden nur eine Ergänzung des »Denk-dich-schön«-Programms. Sie sind so ausgewählt, daß Sie sie bequem in Ihren Alltag einbauen können. Alle dauern nur wenige Minuten. Sie sind nicht für ein intensives tägliches Üben, sondern für ein spielerisches Einflechten in den Alltag gedacht. »So wie andere Menschen zwischendurch ihre geliebte Zigarette rauchen, wende ich mehrmals täglich, je nach Lust und Laune, diese Antistreßübungen an – manchmal nur eine halbe Minute«, erzählte mir neulich eine Geschäftsfrau. Zur Wirkung sagte sie: »Seitdem scheint mir der Alltag viel bunter zu sein. Ich habe durch diese kleinen Minierholungen einfach bessere Laune.«

Lassen auch Sie dieses Antistreßprogramm auf eine spielerische Weise zu Ihrem täglichen Begleiter werden. Auch hier ist wieder »Rosinenpicken« erlaubt: Suchen Sie sich die heraus, welche Ihnen am meisten entgegenkommen. Mit den einzelnen Übungen werden verschiedene »Sinneskanäle« angesprochen. Die Übungen stelle ich Ihnen nicht in Schrittaufzählungen, sondern in kurzer Textform vor.

Beruhigung über die Augen

Lassen Sie Ihren Blick schweifen. Suchen Sie sich in Ihrem Blickfeld irgendeinen Gegenstand oder Blickpunkt, von dem Ihnen die Farbe besonders gut gefällt. Sie können dabei auch auf ganz kleine Dinge – wie etwa auf einen Stecknadelkopf, einen Buchrücken oder auf das silberglänzende Metall eines Türgriffes – aufmerksam werden. Konzentrieren Sie sich ganz auf den Punkt, den Sie ausgewählt haben. Fokussieren Sie ihn mit dem sogenannten »Träumerblick«. Lassen Sie die Farbe auf sich wirken. Nun assoziieren Sie passend zur Farbe positive Erinnerungen oder angenehme Phantasien: Der rote Stecknadelkopf erinnert an einen vollen Kirschbaum im Sommer, das silberglänzende Metall an eine gefüllte Schatztruhe, der Buchrücken an den Lieblingsroman usw. Versinken Sie für einen Augenblick in Ihren inneren Bildern. Tanken Sie aus diesen kleinen Gedankenreisen Wohlgefühl und Energie, und kehren Sie dann mit der Wahrnehmung wieder zum Alltag zurück.

Über diese Übung hinaus möchte ich Ihnen empfehlen, vor allem im Alltag aktiv für Farbpunkte zu sorgen. Kaufen Sie sich bunte Topflappen oder sogar Wischtücher, besorgen Sie sich im Büro einmal eine knallgelbe Schreibunterlage statt der üblichen schwarzen, stellen Sie witzige Müll- oder Papiereimer auf. Auch Garten- oder Putzkleidung, Regen- oder Wanderstiefel gibt es heutzutage in originellen Farben oder mit nichtalltäglichen Mustern. Das ist so besonders wichtig, weil Ihnen der Streß überwiegend im ganz persönlichen Umfeld begegnet – und genau hier müssen Sie ihm entgegenwirken. Und: Heben Sie attraktive Gegenstände und Kleidungsstücke nicht nur für besondere Anlässe auf!

»Ich habe diesen Rat beherzigt und mir zum Geburtstag aus einem bestimmten Geschäft für Badebedarf jede Menge bunter Handtücher mit Walt-Disney-Motiven schenken lassen«, erzählte eine Mutter von drei Kindern. »Man glaubt es gar nicht: Wenn die Kinder nun – wie sonst auch immer – ihre nassen Handtücher liegenlassen, so wirken die bunten zerknautschten Mickymaus-Handtücher doch ganz anders auf mich als die zerknüllten alten beigen Handtücher. Das ist für mich als ›Augenmensch‹ ganz wichtig. Ich ärgere mich zwar immer noch über meine unordentliche Familie, jedoch geht die Energie nicht gleich so entsetzlich in den Keller, wenn ich das Chaos erblicke. Das ist mir schon viel wert.«

Der magische Ton

Töne können eine ungeheuer beruhigende Wirkung auf Seele und Körper haben. Wenn Sie mehr ein »Ohrenmensch« sind, wird Sie bestimmt der Gesang von Mönchen ansprechen, die im Rahmen von Gebeten und Meditation oft im Chor langgezogene Töne singen oder summen. Nicht nur in der Religion, sondern auch im Heilwesen wird die Kraft der Töne genutzt, um in Seele und Körper des Menschen positive Energie zu aktivieren. Schamanen und Medizinmänner stimmen oft Heilgesänge an, und moderne Musiktherapeuten verhelfen Kranken zur Genesung und Beruhigung, indem sie ihnen bestimmte Töne vorsingen oder -spielen.

Ich möchte Sie bitten, sich ganz einfach einen Ton in einer Ihnen angenehmen Höhe oder auch Tiefe vorzustellen. Er kann brummend, summend, vibrierend sein – je nachdem, was besonders angenehm auf Sie wirkt. Sind Sie allein, können Sie dabei auch mit Ihrer eigenen Stimme experimentieren. Sind Sie in einer »stressigen« Situation, lassen Sie den Ihnen angenehmen Ton vor Ihrem geistigen Ohr erklingen. Sie werden feststellen, daß Sie sich von innen heraus sofort gelassener fühlen.

Selbstverständlich können Sie auch jederzeit die »Magie der Töne« über Ihre Musikanlage oder bei Konzerten genießen.

Doch nutzen Sie die Möglichkeit, Ihren Lieblingston innerlich erklingen zu lassen. Das hat direkten Einfluß auf Ihre gute »Stimmung«. Und ein »gutgestimmter« Mensch wirkt sofort schöner auf andere.

Der Zauber der Düfte

Schon immer waren die Menschen von wohlriechenden Düften fasziniert. Sicher haben auch Sie schon festgestellt, daß man sich subjektiv sofort schöner fühlt, wenn man ein schönes Parfüm benutzt. Doch nicht nur Parfüm wirkt angenehm auf die Sinne und somit streßmindernd. Auch Naturdüfte wie frisches Gras oder eine Meeresbrise können entspannen und beruhigen. Viele Menschen lieben auch den Geruch von Gewürzen oder Speisen, beispielsweise von frischgebackenem Brot, oder Sie mögen die »Aromakulisse« einer Kirmes.

Dann gibt es noch das faszinierende Gebiet der Aromatherapie. Meist wird hier ein ätherisches Öl in Duftlampen geträufelt. Der so entstehende Raumduft kann je nach der Ölzusammensetzung verschiedene Wirkungen entfalten: stimmungsaufhellend, beruhigend, konzentrationsfördernd, erotisierend usw. sein. Eine ähnliche Wirkung kann auch über den Gebrauch von Trockenblüten und sogenannten Duftkissen erzielt werden.

Wichtig ist auch hier, daß Sie sich die Magie der Düfte nicht nur zu besonderen Anlässen, wie beispielsweise zu Weihnachten oder zum Ausgehen, gönnen. Auch eine weniger »dufte« Aktion, wie beispielsweise das Aufräumen oder das Ausfüllen der Steuererklärung, gelingen weniger stressig, wenn Sie Ihre Sinneswahrnehmung durch Düfte unterstützen.

Auch beim Auseinandersetzen mit dem Duftthema können Sie sich jederzeit durch die Kraft der inneren Wahrnehmung

entspannen. Fast alle Menschen vermögen ihren Lieblings-
duft nämlich auch mit der »inneren Nase« wahrzunehmen –
ohne daß er gerade in ihrer Nähe wirklich vorkommt. »Wenn
ich in einer anstrengenden Konferenz sitze, rieche ich jetzt
›innerlich‹ immer den Geruch von meiner Lieblingssonnen-
milch«, berichtete mir ein Klient, »dann scheint in meiner
Seelenlandschaft sofort die Sonne – obwohl außen alles so
grau wirkt. Das hilft enorm.«

Die Kraft der Berührung

Egal ob Sie mit oder ohne Partner leben – angenehme
Berührungen sind äußerst wichtig für das allgemeine Wohlgefühl und wirken somit schönheitsfördernd. Denn damit
meine ich nicht nur erotische Berührungen, sondern alle
Möglichkeiten an positiven »Hauterlebnissen«, mit denen
man sich Gutes tun kann. Man hat beispielsweise festgestellt, daß die Massage nicht nur das Gewebe durchblutet
und Muskeln lockert, sondern daß sie sich auch indirekt auf
die Endorphinbildung im menschlichen Körper auswirkt.
Sie erinnern sich, daß Endorphine morphiumähnliche
Stoffwechselprodukte sind, die auch als Nervenbotenstoffe
im Gehirn eine wichtige Rolle spielen. Sie wirken stimmungsaufhellend, heben die Schmerzschwelle und lockern
körperliche Spannung.
Vielleicht gehen auch deshalb viele Menschen gern zum Friseur, zur Kosmetikerin oder zur Nagelpflege. »Es ist einfach
ein herrliches Gefühl, wenn meine Friseurin mir die Haare
wäscht«, schwärmte ein junges Mädchen neulich, »das ist
der Hauptgrund meiner Friseurbesuche.« Sicherlich wird
der wohltuende Effekt durch ein Erlebnis von »Verwöhntwerden« ausgelöst. Dieses Verwöhntwerden sollten Sie sich
aber auch selbst gönnen, wenn kein anderer in der Nähe ist.
Ein schönes Schaumbad, ein Saunabesuch, Eincremen mit

der Lieblingslotion können auch sehr entstressende »Hauter-lebnisse« sein. Den gleichen guten Effekt haben angenehme Kleidungsstoffe und Materialien oder schöne Bettwäsche. Wenn Sie ein ausgesprochener »Fühlmensch« sind, sollten Sie kneifende Gürtel, drückende Schuhe oder kratzende Pullover sowieso vermeiden. Das wirkt sich sofort auf Haltung und Mimik und somit schönheitsmindernd für Sie aus.

Gönnen Sie Ihrem Körper und somit Ihrer Seele regelmäßig angenehme und entspannende »Berührungserlebnisse«.

Gehirngymnastik

Es gibt eine faszinierende Körpertherapie, die sich »Kinesio-logie« nennt. Jeder Mensch kann mit Hilfe der hier entwik-kelten Interventionen körperlich spüren, wie seine seelische und körperliche Gesundheit in ihm wirken. Beispielsweise können unsere Muskeln durch starke oder schwache Reak-tionen sekundenschnell anzeigen, ob Nahrungsmittel für unseren Körper gut sind oder nicht. Ebenso gibt der Körper deutliche Hinweise auf unsere mentale Verfassung.

Eine Beobachtung der Kinesiologen hat mich besonders beeindruckt. Sie fanden heraus, daß Kinder mit Lern- oder Rechtschreibschwächen oft beim Marschieren auf der Stelle eine Besonderheit in der Bewegung aufweisen, die lernstar-ke Kinder nicht zeigen. Wenn man auf der Stelle marschiert und dabei die Arme mitbenutzt, sollten sich die Arm- und Beinbewegungen spontan überkreuzen: Mit dem rechten Bein geht der linke Arm hoch und umgekehrt. Bei den lern-schwachen Kindern ist es anders: Mit dem linken Bein geht seitengleich der linke Arm hoch und umgekehrt.

Dieser gleichseitige Bewegungsablauf gibt einen Aufschluß über die Zusammenarbeit der beiden Gehirnhälften. Sie wissen, daß die rechte Gehirnhälfte die linke Körperseite steuert und umgekehrt. Beim »Überkreuzmarschieren«

müssen sich die beiden Gehirnhälften quasi sehr gut »unterhalten«. Nur ein intensives Zusammenspiel kann die Überkreuzkoordination von Armen und Beinen bewirken. Marschiert man hingegen gleichseits, sind die beiden Hälften in einem schlechteren Kontakt miteinander. Auf der mentalen Ebene zeigt sich diese mangelnde Zusammenarbeit dann in Form von Konzentrations- und Lernschwächen. Jede Gehirnhälfte hat nämlich eine andere »Spezialität« beim Lernen und Wahrnehmen:

Mentale Prozesse

Linke Hälfte	Rechte Hälfte
Rationalität	Intuition
Logik	Assoziation
Vernunft, Überlegung	Spontaneität
rechnen, zählen	Muster erkennen
Sprache, lesen, schreiben,	Musikgenuß
Zeitempfinden	Raumempfinden

Bei sämtlichen mentalen Prozessen ist die »optimale Mischung« dieser beiden Fähigkeitenseiten von großer Bedeutung. Auch beim »Denk-dich-schön«-Programm spielt die gute Zusammenarbeit der beiden Gehirnhälften eine wichtige Rolle. Beispielsweise benötigt man einerseits seine

Phantasie für die innere *Erschaffung* des positiven Zukunfts-selbstbildes, andererseits braucht man sein fotografisches Gedächtnis für die realistische Abbildung des Selbstbildes.

Wir haben zusammen mit unseren Klienten herausgefunden, daß die Koordinationsschwäche der beiden Körperseiten beim erwachsenen Menschen ebenfalls auftritt, wenn dieser sich chronisch gestreßt fühlt. Läßt man darüber hinaus eine Person an ein stressiges Ereignis denken und unmittelbar »darauf zumarschieren«, bringt sie die Überkreuzkoordination ebenfalls nicht zustande. Kindern und Erwachsenen kann es sehr helfen, immer wieder spielerisch das »Überkreuzmarschieren« zu üben. Auch wenn Sie keine Bewegungsprobleme mit der Links-rechts-Koordination haben, regt dieses einfache Training die Zusammenarbeits-fähigkeit Ihrer beiden Gehirnhälften immer wieder an. »Gleichseitsmarschierer« werden staunen, wie ungewöhnlich ihnen die Überkreuzbewegung zunächst vorkommt. Als Variante dieses Trainings können Sie auch gleichzeitig den rechten Arm und das linke Bein nach hinten strecken – und dann umgekehrt. So werden jeweils verschiedene Muskelgruppen des Körpers über Kreuz trainiert.

Die Erfolge dieser Gehirngymnastik sind faszinierend. Kindern fällt nach kurzer Zeit das Lernen viel einfacher. Meine eigene Tochter »marschiert« kurz vor jeder Klassenarbeit und behauptet, jetzt dabei viel gelassener und konzentrierter zu sein. Erwachsene werden kreativer und ideenreicher. Insgesamt fühlt man sich ausgeglichen und leistungsfähig. Es gibt kaum eine spielerischere Form von Gehirngymnastik. Und ein wohltrainiertes, optimal integriertes Gehirn ist besonders gut in der Lage, die Schönheitsprozesse Ihres Körpers in allen wichtigen Bereichen zu steuern und aufeinander abzustimmen.

Der Tarzan-Trick

Erinnern Sie sich noch daran, wie Tarzan sich auf besondere Auftritte vorbereitet? Er stößt den berühmten Tarzanschrei aus und trommelt sich dabei mit beiden Fäusten auf den Brustkorb. Ebenfalls aus der Kinesiologie stammt die Erkenntnis, daß es sich bei diesem Ritual des berühmten Urwaldmenschen nicht um eine persönliche Macke, sondern um eine sinnvolle und gesunde Körperstärkung handelt, die jedem von uns guttut. Im oberen Brustkorb liegt hinter dem Brustbein ein sehr wichtiges Organ: die Thymusdrüse. Streßforscher fanden heraus, daß sich diese Drüse unter Streß und bei Krankheitseinwirkung erheblich verkleinern kann: Sie schrumpft bei Streß regelrecht ein.

Früher dachte man in der Medizin, daß sich die Thymusdrüse beim Menschen nach abgeschlossenem Wachstum bis auf einen kleinen Rest wieder vollständig zurückentwickelte. Heute weiß man, daß die Medizin hier einem statistischen Fehler zum Opfer fiel. Denn die Pathologen arbeiten im Krankenhaus – an Menschen, die unter Krankheit und Streß gestorben sind. Man hat ihre klinischen Ergebnisse fälschlicherweise verallgemeinert und auf gesunde Menschen übertragen. Heute weiß man, daß die Thymusdrüse des gesunden erwachsenen Menschen in der Tat im Verhältnis zum Körper ein kleineres Ausmaß hat, als es beim Kind der Fall ist. Jedoch: Sie ist im Vergleich zum Kranken beim Gesunden deutlich größer.

Durch tägliches nur dreiminütiges Klopfen auf das obere Brustbein können Sie (zirka zwei Zentimeter unterhalb der Schlüsselbeinknochen) dafür sorgen, daß Ihre Thymusdrüse ständig optimal ausgeprägt ist. Sie können dabei getrost auf den Urwaldschrei verzichten und auch mit nur einer Hand locker klopfen.

Dieser kleine Einsatz zeigt einen großen Effekt. Offensichtlich produziert diese Drüse auch eine Reihe von Nervenbotenstoffen, die sich bei der »Thymusdrüsenstimulation« im wahrsten Sinne des Wortes schlagartig positiv im Nervensystem auswirken. So ist man beispielsweise nach nur einer Minute Stimulation deutlich kräftiger und leistungsfähiger. Weiterhin ist auch in der Medizin bekannt, daß die Thymusdrüse mit eine entscheidende Rolle bei unserer Immunabwehr spielt. Aus diesem Grund können Sie auch Infektionskrankheiten optimal vorbeugen, wenn Sie den Thymus häufig stimulieren.

Regelmäßige Thymusdrüsenstimulation verhilft zu einer stabilen Gesundheit, zu mentaler Fitneß und zu körperlichem Wohlgefühl. So wundert man sich nicht, daß dieser dreiminütige tägliche Einsatz auch ein optimaler Beitrag zur zuverlässigen Produktion Ihres körpereigenen Beautytonikums darstellt. Übrigens können Sie die erforderlichen drei Minuten auch nach Belieben über den Tag verteilen: beim Fernsehen, beim Lesen, beim Sonnenbad – wo immer Sie kleine Ruhepausen haben und sich unbeobachtet fühlen. Jeder, der auch täglich die Zähne putzt und sich regelmäßig kämmt, kann diese innere Schönheitspflege leicht in seinen Alltag einbauen.

TEIL 5

DER JUNGBRUNNEN: INNERE HARMONIE

D er Begriff der Harmonie wurde laut Lexikon schon von den alten Griechen »auf jede zustimmende Einheit bezogen, in der die Unterschiede beziehungsweise Gegensätze der Teile des Ganzen aufgrund einer übergeordneten Gesetzmäßigkeit miteinander ausgesöhnt sind«.

Erinnern Sie sich an meine Ausführungen über die systemische Arbeitsweise des Gehirns? Ich erwähnte den Gehirnforscher Gazzangia, der seine Erkenntnisse über unser Gehirn mit dem Bild einer »inneren Gesellschaft« beschreibt. Die Teile dieser Gesellschaft können in ein und demselben Menschen äußerst unterschiedliche Charakterzüge tragen. Jeder von uns hat schon Augenblicke des inneren Hin- und Hergerissenseins erlebt. Das kommt daher, daß viele unserer inneren Persönlichkeitsteile ganz unterschiedliche Lebensziele und Lebensqualitäten verfolgen. Da ist es kein Wunder, daß die innere Harmonie leicht aus der Balance geraten kann. Die innere Harmonie eines Menschen wird nicht dadurch erreicht, daß die vielen Teile seiner Persönlichkeit sich aneinander völlig angleichen. Sie behalten ihre Eigenarten, so wie es sie in einem guten Orchester auch bei den verschiedenen Instrumenten geben darf. Auch dort können kleine Querflöten, riesige Pauken, hölzerne Geigen und metallene Trompeten trotz – oder wegen – ihrer Unterschiedlichkeit im Zusammenspiel eine gemeinsame Harmonie herstellen.

Bevor ich weiter über das »Zusammenspiel« der »inneren Gesellschaft« berichte, möchte ich Ihnen die vielen verschiedenen Teile der Persönlichkeit vorstellen, welche unsere Klienten im Laufe unserer Arbeit am häufigsten beschrieben haben. Wenn Sie die folgende Aufzählung auf sich wirken lassen, bedenken Sie, daß die Idee der Persönlichkeitsteile nur ein Modell für unsere seelisch-körperlichen Abläufe ist. Tatsächlich gibt es natürlich keine zusätzlichen kleinen Personen in Kopf oder Körper. Doch ermöglicht Ihnen dieses Persönlichkeitsmodell besonders gut, Ihre Innenwelt zu verstehen und zu harmonisieren.

Persönlichkeitsmodell

Bezeichnung des Teils	*Positives Ziel dieses Teils in Ihrem Leben*
Freiheitsteil	steht für die Unabhängigkeit und die Selbstverwirklichung der Persönlichkeit.
Sicherheitsteil	organisiert meist über Leistung, Arbeit und Geld die existentielle Absicherung der Person.
Geborgenheitsteil	sorgt für Erlebnisse von Wärme und Nähe, meist im Zusammenhang mit anderen Menschen.
Kontaktteil	trägt unserer Existenz als soziales Wesen Rechnung, wobei Geborgenheit nicht unbedingt eine Rolle spielen muß. Das »Unter-Menschen-Sein« ist hier wichtig.

Lebensfreudeteil	bewertet unsere Aktivitäten und unser Befinden hinsichtlich einer positiven Lebensqualität wie Spaß oder Befriedigung der Neugierde.
Überlebensteil	achtet auf die primäre körperliche Unversehrtheit, wobei die Lebensqualität keine Rolle spielt.
Beschützerteil	bewahrt vor Gefahren und Verletzungen, auch auf der zwischenmenschlichen und persönlichen Ebene.
Lebenssinnteil	hat zum Ziel, im Leben etwas Sinnvolles zu bewirken, »eine Spur auf dieser Welt zu hinterlassen«, etwas, wozu es sich zu leben gelohnt hat.
Zufriedenheitsteil	strebt nach dem »Sattwerden« unserer Sinne, dem Gefühl, genug bekommen zu haben. Er möchte, daß unser »Lebenshunger« gestillt wird. Dazu zählt auch eine erfüllte Sexualität.
Harmonieteil	strebt nach einem ganzheitlichen Erleben der äußeren und inneren Welt, steht für Frieden.
Energiehaushaltsteil	teilt unsere geistigen und körperlichen Kräfte mit einer langfristigen Zielsetzung ein. Reguliert die Situation oft durch Müdigkeit, Konzentrationsmangel oder gar Krankheiten.

Würdeteil	steht für Eigenschaften wie Stolz und Ehre der eigenen Person.
Konservativer Teil	schützt vor vorschnellen Veränderungen. Der Bewahrer.
Progressiver Teil	hält stets Ausschau nach Innovation, Entfaltung, Bereicherung, neuen Möglichkeiten. Er ist der Sucher.
Kritischer Teil	liefert uns Beurteilungen zu neuen Eindrücken und Erlebnissen, die gleichermaßen negativ und positiv sein können.
Solidaritätsteil	stärkt und unterstützt Erlebnisse von Zugehörigkeit wie Wir-Gefühl, Familienzusammengehörigkeit, Nationalität, Freundschaft. Er symbolisiert das »Füreinandereinstehen«.
Schönheitsteil	möchte, daß wir uns selbst schön und attraktiv finden.
Selbstwertteil	meint, daß wir bedeutsam sind – allein schon durch die Tatsache, daß wir geboren wurden.
Mitmenschlicher Teil	befähigt uns, uns in andere Menschen und Wesen hineinzudenken und dadurch Gerechtigkeitsempfinden und Mitgefühl zu entwickeln.
Motivationsteil	will in uns Kräfte zum Erreichen von Zielen wecken und aufrechterhalten.

Anerkennungsteil	ist der Meinung, unsere Anstrengungen verdienten ein Lob. Da Lob in unserer Gesellschaft einen schlechten Ruf hat (»Eigenlob stinkt«), muß dieser Teil oft indirekt durch Essen, Trinken oder Geldausgeben sein Ziel erreichen.
Spiritueller Teil	beschäftigt sich individuell mit Fragen der geistigen Welt, die unser Dasein beeinflußt. Wird oft in Religion, Esoterik und Philosophie ausgelebt.

Quelle: Besser-Siegmund

Einen weiteren, besonders wichtigen Teil, den kreativen Teil nämlich, stelle ich Ihnen in einem späteren Kapitel als Ihre »innere Schönheitsfee« vor. Dort beschreibe ich auch die faszinierenden Eigenschaften dieses Teils Ihrer Seelenlandschaft. Diesem Teil kommt gerade bei der Persönlichkeitsentfaltung sowie bei individuellen Wachstumsprozessen eine zentrale Rolle zu. Er steht für den Reichtum von allen Erlebnissen, Erfahrungen und Verhaltensmustern, Lernprogrammen, Erziehung und Wertvorstellungen, denen wir im Laufe unseres Lebens begegnet sind. Er kennt somit all unsere brachliegenden Kraftquellen und Möglichkeiten.

Ist er im Einsatz, scheint der Ideenreichtum kein Ende zu haben, Leistungen ergeben sich spielerisch wie von selbst. Daher können wir es oft kaum verstehen, wenn andere die Produkte unserer Kreativität ehrfürchtig bewundern, denn uns selbst ist die Leistung ja so leichtgefallen.

Viele Menschen interessiert die Frage, wie sie sich ihre einzelnen Persönlichkeitsteile vorstellen können. Die Möglichkeiten sind sehr vielfältig. Die Teile können:

- weiblich, männlich oder neutral sein;
- jung oder alt;
- reales Modell (beispielsweise wie ein bestimmter Schauspieler, wie eine gute Freundin, wie ein Kind), eine Phantasiefigur oder eine historische Person (z. B. Kleopatra);
- ein »Prinzip« oder Symbol wie das Meer, die Sonne, ein weiser Baum usw.;
- ein Tier, dem man bestimmte Seeleneigenschaften zuordnet, wie etwa die kluge Eule, der freche Dackel, die vorsichtige Katze usw.

Wählen Sie für diese inneren Bilder nur *positiv besetzte Vorstellungen*. Eine Achtzehnjährige stellte sich ihren »kritischen Teil« immer wie einen unsympathischen, nörgeligen Miesmacher vor. Das führte dazu, daß sie diesen Teil in sich nicht würdigen konnte, ihn als störend ablehnte und seine warnende Stimme geflissentlich überhörte. In ihrem Leben fiel sie immer wieder auf Männer herein, die sie enttäuschten, sie ausnutzten oder betrogen. Auf ihren kritischen Teil hörte sie ja nie, da er ihr so schrecklich unsympathisch war. Insofern geriet sie durch eine innere kritische Stimme völlig ungeschützt von einer Enttäuschung in die nächste.

In einer Sitzung wertete sie dann auf meinen Vorschlag hin diesen Teil auf. Sie gab ihm in der Vorstellung das Aussehen eines verantwortungsvollen, sympathischen Wissenschaftlers, der sehr sorgfältig die Ergebnisse seiner Forschungen prüft und abwägt, bevor er zu einem abschließenden Urteil kommt. »Dieser Teil hat mir schon am nächsten Tag geholfen«, erzählte sie eine Woche danach. »Mein neuer Freund bat mich – wie schon öfters vorher –, ihm übers Wochenende Geld zu leihen. Meine Hand wanderte wie immer zum Portemonnaie, als sich innerlich mein kritischer Wissenschaftler mit folgendem Gedanken meldete: ›Gib ihm heute nicht gleich das Geld. Warte einfach ab, wie er dann reagiert.‹ Ich sagte: ›Tut mir leid, aber ich habe selber nicht genug fürs

Wochenende da.‹ Nach einer halben Stunde verabschiedete er sich, obwohl er eigentlich den ganzen Abend bei mir bleiben wollte. Er sagte, er müsse jetzt noch seine Mutter besuchen. Das war ziemlich deutlich. Am gleichen Abend rief ich dann noch einen netten Jungen an, der mich wohl schon lange mag. Als wir uns am nächsten Tag trafen, machte mich mein kritischer Teil gleich auf ganz viele nette Seiten von ihm aufmerksam, die ich sonst gar nicht registriert hätte. Ich glaube, ich werde ab jetzt viel mehr Glück mit den Männern haben, da ich die Hilfe dieses Teils jetzt annehmen kann.«

Probleme entstehen bei der »inneren Gesellschaft« nicht dadurch, daß einzelne Persönlichkeitsteile böse oder streitsüchtig sind. Alle wollen in ihrem Bereich nur das Beste für Sie und Ihr Leben durchsetzen. Störungen der inneren Harmonie resultieren eher aus inneren Mißverständnissen, fehlenden Absprachen oder mangelndem Vertrauen der Teile untereinander oder natürlich dadurch, daß jeder Teil meint, seine Sache sei in Wahrheit die allerwichtigste. Das ist so, als würden sich bei einem Haus die Fenster für das Wichtigste halten und meinen, die Mauern müßten gar nicht unbedingt dasein.

Sie ahnen bei diesen Ausführungen schon, worauf die Sache hinausläuft. Es geht nicht darum, daß einer Ihrer inneren Persönlichkeitsteile gewinnt oder daß sie überhaupt miteinander konkurrieren sollen. Innere Harmonie wird vielmehr dadurch erreicht, daß sich die Persönlichkeitsteile untereinander schätzenlernen und daß sie die guten Absichten, die jeder hat, in Ihrem Leben integrieren und aufeinander abstimmen.

Wenn Sie sich noch einmal die Aufzählung der Persönlichkeitsteile vergegenwärtigen, können Sie sich leicht in die verschiedensten möglichen Konflikte hineindenken, die sich im Seelenleben eines Menschen abspielen können. Beispielsweise könnte der *Freiheitsteil* denken, daß der Job uns unerträglich einengt, jedoch möchte der *Sicherheitsteil* die

Arbeit auf jeden Fall behalten. Der *Geborgenheitsteil* möchte gern mit dem Partner zusammensein, jedoch kann der *Selbstwertteil* seine oder ihre schlechte Laune kaum mehr ertragen. Der *Schönheitsteil* möchte noch schöner werden, der *Anerkennungsteil* hat aber Angst davor, daß man dann nicht mehr den nötigen Respekt bei anderen Menschen erweckt, da diese einen für oberflächlich halten könnten.

Diese Beispiele könnte man endlos fortsetzen. Bei allen vorstellbaren Konflikten ergibt sich im Vergleich zu Beziehungen unter echten Menschen ein wichtiger Unterschied: Ihre Persönlichkeitsteile müssen in Ihnen bis ans Lebensende miteinander auskommen. Sie können nicht kündigen, sich von ihnen scheiden lassen oder ihnen davonlaufen. Sie sind und bleiben ein Teil Ihres Persönlichkeitssystems. Unterdrückte Teile wandern nicht aus, sondern können in den »Untergrund« gehen und von dort aus auch Ihrer Schönheit schaden. Beachten Sie beispielsweise die freundlichen Warnungen Ihres Energiehaushaltsteils nicht, wird er statt Müdigkeit vielleicht plötzlich ärgerliches Übergewicht produzieren, um Sie gründlich am »Abheben« zu hindern. Die Persönlichkeitsteile sind also eigentlich nicht böse, aber sie können böse werden, wenn wir sie in unserem Leben als einzelne nicht genug beachten. Auch das artigste und freundlichste Kind fängt an zu schreien und zu quengeln, wenn man es tagelang übersieht.

Lernen Sie in den folgenden Kapiteln, Ihre Persönlichkeitsteile in Harmonie miteinander leben zu lassen. Dieser Prozeß kann und darf über Monate arbeiten. Es kann auch danach immer wieder zu inneren Konflikten kommen – genauso wie auch das Leben um Sie herum Ihnen immer wieder mit Überraschungen begegnen wird. Doch wissen Sie dann, mit welchen Mitteln Sie die innere Harmonie aus eigener Kraft wiederherstellen können. Sie können es jedenfalls lernen. Denken Sie übrigens nicht, daß Sie als Ergebnis dieser inneren Entwicklung auch äußerlich immer harmonischer und sanfter werden. Das Gegenteil kann der Fall sein. Haben Sie erst einmal das intensive Wohlgefühl innerer Harmonie und dessen große Schönheitswirkung erlebt, fangen Sie nach außen an, Ihre innere Harmonie zu verteidigen. Diese wird Ihnen mehr wert sein als eine falsche Harmonie mit Ihren Mitmenschen, und zwar auf Kosten innerer Spannungen. Sie fühlen sich dann von innen heraus krisenfester, mutiger und selbstbewußter. Das werden Ihre Mitmenschen sofort unbewußt spüren und Sie automatisch auch respektvoller behandeln. Es geht dann nicht mehr darum, daß man Sie schön findet, sondern daß Sie aktiv einfach schön sind.

Die Schritte, die sich aus diesem Kapitel ergeben, sind nicht als tägliches Übungsprogramm gedacht. Sie sollen sich vielmehr immer wieder mit den einzelnen Abschnitten beschäftigen – immer wenn Sie richtig Zeit für sich haben. Der Effekt dieser Übungen zur inneren Harmonie beruht größtenteils nicht auf der Wiederholung, sondern auf der einmaligen – wirklich einmaligen – positiven Kraft von »Aha-Erlebnissen«. Diese aktivieren Gedanken, die wie eine gute Weichenstellung in Ihrer Schönheitsentwicklung wirken und dann unbewußt zum Selbstläufer werden. Entdecken Sie in diesem Kapitel den wichtigsten Jungbrunnen für sich und Ihren Körper: Ihre innere Harmonie.

SCHÖNHEIT BEGINNT IN DER GEHIRNZELLE

Erinnern Sie sich noch einmal an meine Ausführungen über Ihr körpereigenes Beautytonikum: Es gibt in Ihrem Körper ein unbewußtes Wissen über den optimalen Zustand jeder einzelnen Zelle. Und zwar können die Zellen des Nervensystems den Zustand der Körperzellen dem Gehirn »erzählen«, und das Gehirn wiederum kann den Körperzellen »verraten«, wie sie die optimale Rezeptur des Beautytonikums herstellen können. Die Gehirnzellen sind hierzu nur in der Lage, wenn sie sich selbst in einem optimalen Zustand befinden.

Zu Ihren Gehirnzellen haben Sie über Ihre Gedanken einen direkten »Draht«. Doch wie können Sie diesen Draht benutzen, um Ihre Gehirnzellen in den optimalen Zustand zur Produktion Ihres körpereigenen Beautytonikums zu versetzen? Der Schlüssel zur Antwort auf diese Frage liegt in der nahezu kosmischen Vernetzung, welche die Gehirnzellen untereinander aufgebaut haben. Jede einzelne Gehirnzelle ist über ihre Nervenverbindungen in Kontakt mit mindestens zehntausend anderen. Der Gehirnforscher Zieglgänsberger ist sich sicher, daß auf diese Weise jede einzelne Zelle an jeder Information im Nervensystem teilnimmt.

Was haben diese Ausführungen mit dem Thema »innere Harmonie« zu tun? Ich erwähnte ja schon, daß die Persönlichkeitsteile nur ein Modell sind, um die verschiedenen Richtungen unserer Gedanken und Empfindungen in unserem Inneren bildhaft erklären zu können. Es ist nicht so, daß den verschiedenen Persönlichkeitsteilen bestimmte Zentren im Gehirn entsprechen. Sie müssen es sich vielmehr so vorstellen, daß jeder Persönlichkeitsteil das *gesamte Gehirn* und somit jede Gehirnzelle über die Billionen Vernetzungen kontaktiert. Ist beispielsweise Ihr Anerkennungsteil aktiv, wirkt sich das auf Körperhaltung, Atmung, Stoffwechsel, Stimme, Arbeitsweise der Muskulatur und Durchblutung aus. All diese Funktionen werden vom Gehirn als *Gesamtleistung* gleichzeitig aktiviert.

Jeder Persönlichkeitsteil entspricht auch einem bestimmten psychischen Erleben. Und jeder psychische Zustand geht bei uns mit einem körperlichen einher und umgekehrt. Tatsächlich gibt es im Gehirn gar keine Teilung für Seele und Körper. Sie sind für das Gehirn und für die einzelne Gehirnzelle ein und dasselbe. Die einzelne Gehirnzelle erhält ständig mindestens zehntausend »Nachrichten« mit Hilfe der schon erwähnten Nervenbotenstoffe. Die verschiedene Zusammensetzung dieser Nervenbotenstoffe wirkt auf die Zelle ein. Im Zellkern selbst muß die einzelne Gehirnzelle diese zigtausend chemischen Botschaften ständig integrieren.

Stellen Sie sich folgendes vor: Jeder Persönlichkeitsteil lebt in uns auf der Grundlage vernetzter Nervenzellen und deren Botenstoffen. Leben die Teile in uns in Disharmonie, *muß jede einzelne Gehirnzelle* diese Disharmonie auch chemisch verkraften. So sind nicht nur Sie selbst, sondern auch die einzelne Gehirnzelle »hin- und hergerissen«, wenn es zu inneren Spannungen kommt. Im Nervensystem spielen sich dann widersprüchliche Dinge ab. Wollen Sie sich beispielsweise auf eine Prüfung konzentrieren und unterdrücken dabei mit Gewalt den Gedanken an Ihren Partner, erhält ein und dieselbe Zelle simpel ausgedrückt zwei chemische Botschaften: zum einen wahrnehmungsfördernde Nervenbotenstoffe zum Abspeichern des Gelernten und zum anderen blockierende

Stoffe zum Unterdrücken der Gedanken an einen wichtigen Menschen.

Sicher sehen die chemischen Tatsachen in Wahrheit sehr viel komplizierter aus. Ich möchte durch dieses Beispiel nur zeigen, wie sehr schon die einzelne Gehirnzelle innere Disharmonien verkraften muß. Oft führen gravierende innere Spannungen dann auch zu ernsten Konsequenzen in Kopf und Körper. So kannte ich tatsächlich einen jungen Mann, der sich während eines Prüfungssemesters jeden Gedanken an seine Freundin, in die er sehr verliebt war, verbot. Er ließ sogar ihre Fotos von Schreibtisch und Wand verschwinden, um nicht abgelenkt zu werden. Plötzlich fing er an, unter massiven Gedächtnis- und Lernstörungen zu leiden. Er konnte seinen Prüfungsstoff nicht mehr behalten. Seine Gehirnzellen hatten einfach den »Vergessensauftrag« hinsichtlich der Freundin auf sämtliche andere Wahrnehmungen generalisiert. Bei diesen widersprüchlichen Aufträgen waren sie mit ihrer inneren Chemie einfach durcheinandergekommen.

Auch nach heutigem Wissensstand bleibt es uns verwehrt, mit medizinisch-technischen Methoden die einzelnen Gehirnzellen dazu zu bringen, die zigtausend auf sie einströmenden Botschaften chemisch passend zu verarbeiten. Jedoch haben wir ein jahrtausendealtes Mittel der Menschheit an der Hand, um unsere Gehirnzellen dennoch sehr gezielt erreichen und harmonisieren zu können: Gedanken und Metaphern. Metaphern sind Geschichten, die nicht aufgrund ihres Inhalts, sondern aufgrund ihres Verlaufs und ihrer Struktur lehrreich sind. Unser Gehirn ist sofort in der Lage, die Struktur der Metapher mit einer inneren Struktur, wie beispielsweise den Gedanken über ein persönliches Problem, zu vergleichen. Bietet die Metapher in ihrer Struktur eine Lösung an, versteht das Gehirn, den Lösungsweg auf die Problemgedanken zu übertragen. Lassen Sie einmal die folgende Metapher auf sich wirken:

150

Der Prophet und die langen Löffel

Ein Rechtgläubiger kam zum Propheten Elias. Ihn bewegte die Frage nach Hölle und Himmel, wollte er doch seinen Lebensweg danach gestalten. »Wo ist die Hölle – wo ist der Himmel?« Mit diesen Worten näherte er sich dem Propheten, doch Elias antwortete nicht. Er nahm den Fragesteller an der Hand und führte ihn durch die dunklen Gassen in einen Palast. Durch ein Eisenportal betraten sie einen großen Saal. Dort drängten sich viele Menschen, arme und reiche, in Lumpen gehüllte, mit Edelsteinen geschmückte. In der Mitte des Saales stand auf einem Feuer ein großer Topf voll mit brodelnder Suppe, die im Orient »Asch« heißt. Der Eintopf verbreitete einen angenehmen Duft im Raum. Um den Topf herum drängten sich hohlwangige und tiefäugige Menschen, von denen jeder versuchte, sich einen Teil Suppe zu sichern. Der Begleiter des Propheten Elias staunte, denn die Löffel, von denen jeder dieser Menschen einen trug, waren so groß wie sie selbst. Nur ganz hinten hatte der Stiel des Löffels einen hölzernen Griff. Der übrige Löffel, dessen Inhalt einen Menschen hätte sättigen können, war aus Eisen und durch die Suppe glühend heiß. Gierig stocherten die Hungrigen im Eintopf herum. Jeder wollte seinen Teil, doch keiner bekam ihn. Mit Mühe hoben sie ihren schweren Löffel aus der Suppe, da dieser aber zu lang war, bekam ihn auch der Stärkste nicht in den Mund. Gar zu Vorwitzige verbrannten sich Arme und Gesicht oder schütteten in ihrem gierigen Eifer die Suppe ihren Nachbarn über die Schultern. Schimpfend gingen sie aufeinander los und schlugen sich mit denselben Löffeln, mit deren Hilfe sie ihren Hunger hätten stillen können. Der Prophet Elias faßte seinen Begleiter am Arm und sagte: »Das ist die Hölle!« Sie verließen den Saal und hörten das höllische Geschrei bald nicht mehr. Nach langer Wanderung durch finstere Gänge traten sie in einen weiteren Saal ein. Auch hier saßen viele Menschen. In der Mitte des Raumes brodelte wieder ein Kessel mit Suppe. Jeder der Anwesenden hatte einen jener riesigen Löffel in der Hand, die Elias und seine Begleiter schon in der Hölle gesehen hatten. Aber die Menschen waren hier wohlgenährt, und man hörte in dem Saal nur ein leises, zufriedenes Summen und das Geräusch der eintauchenden Löffel. Jeweils zwei Menschen hatten sich zusammengetan. Einer tauchte den Löffel ein und fütterte den anderen. Wurde einem der Löffel zu schwer, halfen zwei andere mit ihrem Eßwerkzeug, so daß jeder doch in Ruhe essen konnte. War der eine gesättigt, kam der nächste an die Reihe. Der Prophet Elias sagte zu seinem Begleiter: »Das ist der Himmel.«

Sofort verstehen wir, was mit der Struktur dieser Geschichte gemeint ist. Sie lehrt uns nicht, wie man mit mehreren Menschen auf unterschiedliche Art Suppe löffeln könnte. Sie gibt uns auf einer höheren Ebene eine Idee über die Qualität vom Miteinander mehrerer Menschen oder vom positiven Zusammenspiel der Teile eines ganzen Systems. Und natürlich erinnert diese Metapher an die Teile Ihrer Persönlichkeit, über die jetzt schon so viel gesprochen wurde.

In den folgenden Kapiteln arbeitet das »Denk-dich-schön«-Programm mit Metaphern und Bildern, die Ihre Persönlichkeitsteile zu einem »himmlischen« Miteinander in jeder einzelnen Gehirnzelle integrieren werden. Die Gehirnzellen werden auf diese Integration mit optimaler Aktivität reagieren und Sie und Ihren Körper intensiv mit innerem Schönheitstonikum versorgen.

TRÄUMEN MACHT SCHÖN

Die folgenden Übungsschritte zur inneren Harmonie entfalten eine besonders intensive Wirkung, wenn Sie sich in einem Zustand des Tagträumens in sie vertiefen. Vielleicht nennen Sie den Prozeß des »Nach-innen-Gehens« auch Meditieren, mit den Gedanken »woanders sein« oder »abschalten«. Jeder Mensch hat einen anderen persönlichen Ausdruck für das Nach-innen-Richten der Sinne. »Träumen« beziehen wir beim »Denk-dich-schön«-Programm nicht nur auf den Nachtschlaf. Hiermit ist auch das Umherschweifen der Gedanken an jedem Tag gemeint, das der Volksmund ebenfalls »träumen« nennt. In diesem Zustand beschäftigt sich unser Gehirn intensiv mit »geistiger Nahrung«.

Der Laie meint, das Gehirn sei überwiegend ein Denkorgan. Das stimmt nur bedingt. Tagsüber benötigt unser Gehirn über 80 Prozent seiner Energien, um unseren Körper durch den Alltag zu steuern. Allein die Aktivierung der Zungenmuskulatur beim Sprechen verbraucht unvorstellbar große Gehirnkapazitäten. Zusätzlich nimmt unser Gehirn jedoch Tag für Tag verschiedenste neue Wahrnehmungen und Sinneseindrücke auf, die es ständig verarbeiten und integrieren muß. Außerdem beschäftigt es sich mit Ideen und kreativer Lösungssuche bei Problemen. Um sich vollständig auf diese inneren Prozesse konzentrieren zu können, muß der Körper vorübergehend immer mal wieder aufs »Nebengleis« gefahren werden. Das Gehirn verwandelt dann seine »Körper-steuerungsenergie« in geistige und mentale Kraft. Tatsächlich widmen sich dann Gehirnzellen, die zuvor mit Körper-steuerungen beschäftigt waren, jetzt mit ihren Verschaltungsmöglichkeiten den geistigen Aufgaben.

Die meisten Menschen in unserer Kultur wissen gar nicht, daß dieses alltägliche »Gedanken-schweifen-Lassen« für die Gesundheit von Körper und Seele ebenso wichtig ist wie essen und trinken. Man ist in unserer Leistungsgesellschaft der irrigen Meinung, der äußerlich stille »Abwesende« würde völlig nutzlos herumstehen oder -sitzen. Deswegen unternimmt man wohl die eifrigen Versuche, ihn wieder zu »aktivieren«. Wir schnipsen den Tagträumern vor der Nase herum, rütteln sie unsanft und rufen vielleicht sogar: »Hallo, aufwachen, hier spielt die Musik!« Was man in der Tat von außen nicht sehen kann, ist das hohe Gehirnleistungsniveau vom Tagträumer. Man nennt diesen Zustand auch Trance. Forscher fanden heraus, daß sich das Hirnwellenmuster von Menschen in Trance hauptsächlich durch »Alpha-Wellen« auszeichnet – »und so dem ›normalen‹ Wachzustand eines entspannten Menschen gleicht«, wie die Zeitschrift *GEO* zum Thema »Hypnose« schreibt.

Hypnose ist übrigens nichts anderes als die jedem von uns bekannte Alltagstrance. Wenn Sie jemanden ansprechen wollen, der mit den Gedanken »weit weg« ist, können Sie leicht die Tiefe der Alltagstrance feststellen. Der Mensch reagiert nur sehr langsam, die Muskulatur scheint wegen des tiefen Entspannungszustands schwer und träge, und manchmal muß er richtig den Kopf schütteln, um wieder »ganz da« zu sein. Der Begriff »Hypnose« bezeichnet nur die Tatsache, daß eine Person – wie beispielsweise ein Psychotherapeut – eine andere durch gezielte Interventionen in Trance versetzt.

Doch warum sind Trancen so wichtig für Geist und Körper? Lesen Sie hierzu einige Forschungsergebnisse, welche die

Zeitschrift *GEO* zu diesem Thema vorstellt. »Verminderte Atemgeschwindigkeit, niedrigere Herzfrequenz und abfallender Blutdruck, meßbar weniger Streßhormone, aber deutlich mehr für die Immunabwehr wichtige Lymphozyten«, heißt es dort. Und weiter:»Der Trancezustand bedeutet eine Phase der Erholung für den Körper, die dazu führt, daß die Widerstandskräfte gestärkt werden.«

Natürlich sind diese Effekte auch für Ihre körperliche Schönheit äußerst wichtig. Vor allem die regelmäßige Durchblutung von Haut und Organen während der Trance ist eine Wohltat für jede Körperzelle. Und im Gehirn spielen sich wichtige Prozesse für Ihre innere Harmonie ab. Die beiden Gehirnhälften werden optimal aktiviert. Vor allem Ihre kreativen mentalen Kraftquellen werden zum Sprudeln gebracht. In diesem Zustand ist das Gehirn besonders gut in der Lage, Ihre verschiedenen Persönlichkeitsanteile zu integrieren, indem es mit seinen kreativen Potentialen Ihre inneren Spannungen abbaut. So können beim intensiven Tagträumen plötzlich Lösungen und Ideen auftauchen, an die man vorher nie gedacht hat. Man fühlt sich plötzlich ausgeglichen und innerlich stark.

Erlauben Sie sich im Alltag immer wieder Ihre Trancen und Tagträume. Nutzen Sie hierfür Wartezeiten beim Arzt, beim Einkaufen, während der Bahnfahrt. Träumen Sie beim Spazierengehen, ja – sogar beim Sport. Sie werden sich danach immer wieder gestärkt und erfrischt fühlen und sich dann um so besser auf den Alltag konzentrieren können.

Eine Klientin von uns ist von der Entdeckung des Tagträumens ganz begeistert: »Nachdem ich erkannt habe, daß es völlig richtig ist, ab und zu mit den Gedanken ›weg‹ zu sein, genieße ich diese Zustände ganz besonders. Ich schaue auf irgendeinen Punkt und lasse dann die Gedanken schweifen. Seitdem ich mich auf diese Art immer wieder innerlich stärke, habe ich eine viel bessere Haut bekommen. Ich behaupte sogar, daß bei mir einige Fältchen verschwunden sind. Mein ganzes Gesicht fühlt sich irgendwie fester und ›praller‹ an.«

Wenn bei einigen der folgenden Übungen als Einführung steht: »Gehen Sie nach innen!«, ist ebendieses »Leicht-vor-sich-hin-Träumen« gemeint. Erlauben auch Sie sich darüber hinaus auch immer wieder Ihre Alltagstrancen. Natürlich möchte ich abschließend noch erwähnen, daß auch das nächtliche Träumen und überhaupt der Nachtschlaf die gleiche Schönheitswirkung wie eine Trance am Tage entfalten. Erholsamer Schlaf ist schon immer eines der wichtigsten Schönheitsmittel der Menschen gewesen.

DIE AUFLÖSUNG VON
SCHÖNHEITSBLOCKADEN

Neben all den guten Dingen, die man für seine Schönheit tun kann, gibt es auch eine Reihe von Verhaltensmustern, Seelenzuständen und Umwelteinflüssen, die unsere Schönheit angreifen. Permanente Sonnenbestrahlung läßt beispielsweise die Haut schneller altern, Lärm macht nervös und somit einen grauen Teint. Vor allem aber hat jeder von uns ganz persönliche Verhaltensweisen oder Befindlichkeiten, von denen man sehr genau weiß, daß sie der Schönheit schaden könnten.

Eine Lehrerin ging beispielsweise jede Nacht zu spät ins Bett. Pünktlich um acht Uhr mußte sie jedoch morgens in der Klasse stehen oder sitzen. »Ich weiß genau, daß ich jede Nacht zuwenig schlafe. Und schon nach wenigen Tagen macht sich die fehlende Nachtruhe in meinem Aussehen negativ bemerkbar. Und nicht nur das – ich fühle mich dann auch ausgelaugt und bin schlecht gelaunt. Obwohl ich das ganz genau weiß, fällt es mir abends immer wieder schwer, pünktlich ins Bett zu gehen. Wie kann man nur so unvernünftig sein! Ich verstehe das einfach nicht.« In diesem Fall hatte also der permanente Schlafmangel zu einer Schönheitsblockade geführt.

Vielen mag es wie dieser Klientin gehen. Man weiß genau, daß man anders essen, weniger hektisch leben sollte oder daß dem Körper ausreichend Bewegung fehlt. Trotz all dieses theoretischen Wissens und der großen Sehnsucht nach körperlicher Schönheit scheint da plötzlich irgend etwas stärker als Verstand und Einsicht zu sein. Es fehlt der Persönlichkeit einfach eine innere Harmonie, welche die guten Vorsätze aus vollstem Herzen ohne Wenn und Aber mitträgt. Schönheitsblockaden dieser Sorte können Sie am effektivsten mit dem Denkmodell der Persönlichkeitsteile auflösen. Am Beispiel der Lehrerin kann man dies gut aufzeigen.

Uns beiden war zu Beginn der Zusammenarbeit wohlbewußt, daß Sie schon oft genug versucht hatte, gegen das abendliche Wachsein-Bedürfnis anzukämpfen. »Es scheint da auf der unbewußten Ebene eine Kraft in Ihnen zu geben, die etwas gegen Ihre Schlafpläne hat. Gehen wir einmal davon aus, daß es sich um einen Teil Ihrer Persönlichkeit handelt, der aus Ihnen zur Zeit unbewußten Motiven Ihre Nachtruhe boykottiert«, begann ich unsere Veränderungsarbeit. Wir hatten zuvor die »Welt der Teile« besprochen. »Gut, tun wir einmal, als ob das so wäre«, willigte meine Klientin ein. »Dieser unbewußt arbeitende Teil zeigt dabei ganz typische Eigenschaften, die Ihre bisherigen Mißerfolge recht gut erklären können«, erläuterte ich ihr.

»Erstens: Haben Sie schon bemerkt, daß dieser unbewußt arbeitende Teil sehr viel ›stärker‹ und ›mächtiger‹ auftritt als Sie mit Ihren guten Vorsätzen?«

Meine Klientin nickt sofort: »Na klar, denn sonst würde ich ja nicht hier sitzen. Ich bin einfach nicht stark genug, um mich gegen ihn durchzusetzen.« Ich fuhr fort:

»Eigenschaft Nummer zwei: Können Sie bestätigen, daß dieser Teil auf seine Art eigentlich sehr ›zuverlässig‹ arbeitet?«

»Wie meinen Sie denn das? Ist das nicht das gleiche wie ›stärker und mächtiger‹?« fragte mein Gegenüber. »Nicht unbedingt«, antwortete ich. »Ich meine, daß Sie sich schon seit vielen Jahren darauf verlassen können, daß er so arbeitet. Es gibt selten Abende, an denen er sie vergißt oder selbst müde ist. Wenn er sich vorgenommen hat, Sie wach zu halten, führt er diese Aufgabe vollkommen zuverlässig durch.« Meine Klientin mußte richtig lachen: »Das stimmt tatsächlich!«

»*Nun kommt noch die dritte Eigenschaft*«, zählte ich weiter auf. »*Ich muß einfach davon ausgehen, daß dieser unbekannte Persönlichkeitsteil auch sehr viel ›klüger‹ ist als Sie.*«
»Nein, dem stimme ich nicht zu!« protestierte die Lehrerin. »Es ist doch sogar dumm von ihm, etwas so Schädliches für mich zu veranlassen!« An dieser Stelle haben die meisten Menschen Probleme. Daß jemand, der einem so im Wege steht, auch noch klüger sein soll, ist wirklich zuviel. »Er ist eben sehr klug im Umgang mit Ihnen«, erklärte ich. »Was haben Sie nicht schon alles unternommen, um ihn auszuschalten. Sie haben sich Entspannungsmusik vorgespielt, Sie wollten ihm durch abendliche Spaziergänge die Energie nehmen, haben eine beruhigende Duftlampe aufgestellt usw. Nichts hat geholfen. Er ist nicht nur einfach stärker als Sie, sondern er durchschaut und durchkreuzt sofort Ihre Pläne, die Sie gegen ihn schmieden. Er ist also der bessere Taktiker, er spielt die klügeren Schachzüge.« – »Ja, wenn Sie das so sehen – dann stimmt es leider«, gab meine Klientin auf.
Ich faßte die neuen Erkenntnisse zusammen: »Es gibt also einen Teil in Ihrer Persönlichkeit, der hat folgende Eigenschaften: *Er ist sehr mächtig und stark, zuverlässig und sehr klug.* Fällt Ihnen bei dieser Aufzählung etwas auf?« – »Natürlich, wenn man diese Eigenschaften ›pur‹ hört, wirken sie sehr positiv und wertvoll.« – »Wie wäre es nun, wenn wir es schafften, diesen Teil mit seinen Eigenschaften als Ihren Verbündeten zu gewinnen?« fragte ich. »Dann hätten Sie ihn mit seinen Energien nicht gegen sich, sondern für sich.« – »Hört sich gut an, aber wie soll das gehen?« fragte meine Klientin neugierig.
»Es ist wichtig zu wissen, daß jeder Teil Ihrer Persönlichkeit eigentlich etwas Gutes für Sie verwirklichen möchte. Er wirkt und handelt immer mit einer *guten Absicht.* Vielleicht finden wir zusammen heraus, welche gute Absicht hinter der allabendlichen Energie Ihres Teils steckt. Vielleicht mag es Sie wundern, daß ich von einer guten Absicht rede, wenn der

Teil Sie eigentlich so ärgert.« Mein Gegenüber nickte. »Sie müssen immer trennen: die *gute Absicht* und *die Methode*, mit denen ein Teil arbeitet. Es gibt auch sonst im Leben Situationen, in denen ein Mensch für einen anderen etwas Gutes durchsetzen möchte, sich jedoch gezwungen fühlt, dieses Gute auch mit ›ärgerlichen‹ Methoden zu verwirklichen. Beispiele gibt es viele: Eine Mutter geht mit ihrem Kind zum Zahnarzt, obwohl es Angst hat; ein Rettungsschwimmer muß einen Ertrinkenden k. o. schlagen, um ihn heil aus dem Wasser ziehen zu können; man sagt einem guten Freund die Wahrheit, obwohl sie ihm weh tun wird, usw. Auch Ihr Persönlichkeitsteil findet sein Motiv äußerst wichtig für Sie und Ihr Wohlergehen und läßt sich durch Ihre Gegenwehr einfach nicht von seiner guten Absicht abbringen.«

»Was nützt es denn, wenn ich die gute Absicht herausfinde?« fragte die Frau. – »Sie müssen wissen, daß alle Persönlichkeitsteile äußerst hartnäckig in der Umsetzung Ihrer guten Absicht sind und bleiben«, antwortete ich. »In diesem Punkt kann man nicht mit ihnen verhandeln. Doch hinsichtlich der *Methode* lassen die Persönlichkeitsteile immer mit sich reden. Wenn es einen anderen oder gar besseren Weg als Alternative gibt, können die Persönlichkeitsteile das störende Verhalten oder Befinden erstaunlich schnell abstellen.« Das wollte meine Klientin unbedingt ausprobieren.

Wir vertieften uns gemeinsam in die Aufzählung der Persönlichkeitsteile. »Lesen Sie sich alles in Ruhe durch. Nehmen Sie ganz genau wahr, was das Positive und Angenehme an den langen Abenden ist.« Diese Überlegung ist viel wichtiger als die Aufzählung aller Minuspunkte eines Verhaltens oder einer Befindlichkeit. Die betreffenden Persönlichkeitsteile lassen sich deshalb nicht von einer Minusaufzählung abhalten, weil die *Gewinnseite* hinsichtlich ihrer guten Absicht deutlich überwiegt. Daher ist es viel wichtiger herauszufinden, welche seelisch-körperlichen Pluspunkte hinter der vordergründig ärgerlichen Sache stecken.

Meine Klientin wurde sehr schnell fündig. »Ich bin mir ganz sicher, daß sich mein Lebensfreudeteil hinter der Sache verbirgt. Er möchte einfach die kostbare Zeit nicht mit Schlafen vergeuden, wo man doch im Wachsein soviel Tolles erleben kann. Ich bekomme abends immer so ein unternehmungslustiges Kribbeln im Bauch. Tagsüber habe ich gearbeitet, abends habe ich mich noch mit meinen eigenen Kindern beschäftigt. Wenn die dann im Bett sind, kann ich erst so richtig machen, was mir Spaß macht. Mein Lebensfreudeteil hat einfach Angst, etwas davon zu versäumen. Insofern wehrt er meine äußerst vernünftigen Nachtruhepläne wegen des Langeweileverdachts einfach ab und boykottiert sie.«

Daraufhin horchte die Klientin in sich hinein und vertiefte sich in einen inneren Dialog mit dem Lebensfreudeteil. Sie sprach ihn – beziehungsweise sie, denn sie stellte sich den Teil spontan wie ein hüpfendes Mädchen vor – in Gedanken mit folgenden Worten an: »Ich finde es schön und wichtig, einen so energievollen Lebensfreudeteil zu haben. Ich möchte auf keinen Fall auf dich verzichten. Was kann ich dir anbieten, damit du mich jetzt in der Woche abends in Ruhe läßt?«

Im weiteren »Gespräch« fanden die beiden eine gute Lösung. Meiner Klientin wurde auch selbst bewußt, daß sie ihrem Lebensfreudeteil freiwillig nicht genügend Zeit einräumte. Morgens kümmerte sie sich um fremde Kinder, nachmittags und am Wochenende um die eigenen. Und wo blieb das lebensfreudige »innere Kind«? Sie versprach ihrem Lebensfreudeteil hoch und heilig, am Wochenende jeweils einen halben Tag Zeit für reine Lebensfreude zu haben. Sie kann diese Zeit gern mit oder auch ohne Familie verbringen, doch es gibt eine wichtige Bedingung: In diesen Stunden darf dann laut Einigung nichts Vernünftiges geschehen. Nur mit diesem Versprechen würde der Lebensfreudeteil sie an den Wochentagsabenden in Ruhe lassen. Ich bat sie, sich innerlich mit dem Lebensfreudeteil noch auf eine *Probezeit* zu einigen. In dieser Zeit darf sich die Absprache in Realität umsetzen. Eine Probezeit erlaubt einfach einen zeitlichen Spielraum für die neue Entwicklung. Innerhalb dieser Zeit darf noch einmal etwas schiefgehen oder auch einmal nicht funktionieren. Es ist eben die Probezeit. Meine Klientin und ihr Lebensfreudeteil einigten sich auf einen Zeitraum von zwei Monaten.

Nach dieser Zeit trafen wir uns wieder. Sie sah deutlich erholter und schöner aus. »Es hat tatsächlich schon in der ersten Woche funktioniert«, erzählte sie begeistert. »Ich falle jetzt manchmal schon um zehn Uhr todmüde ins Bett und wache morgens wunderbar erholt auf. Meinem Mann habe ich gleich von dieser Verabredung mit meinem Lebensfreudeteil erzählt. Er fand die Geschichte zwar etwas suspekt, unterstützt mich jedoch mit meiner ›Lebensfreudeverabredung‹ am Wochenende. Das wichtigste Erlebnis ist für mich, daß man mit seinem Inneren richtig verhandeln und Dinge abstimmen kann wie mit einem Gegenüber – und daß das Ganze dann auch noch auf Anhieb funktioniert! Übrigens: Mein Lebensfreudeteil hat jetzt auch Spaß am Blick in den Spiegel gefunden. Er hat entdeckt, daß gutes und gesundes Aussehen und ein erholter Körper auch positiv sein können. Wir verstehen uns jetzt optimal.«

Der Grundgedanke dieser »Denk-dich-schön«-Strategie basiert auf der Harmonisierung der einzelnen Teile unserer Persönlichkeit. Wir versuchen, die inneren Energien umzulenken, anstatt sie wie einen Feind von außen zu bekämpfen. Man nennt das neurolinguistisches Programmieren (NLP), und aufgrund dieser Vorgehensweise wird auch oft von »geistigem Judo« gesprochen. Es gilt hier eben nicht, *gegen* die Kraft eines vermeintlichen Gegners, sondern *mit* seinen Energien zu arbeiten. Über das »Fließen« dieser inneren Energien lesen Sie mehr im nächsten Kapitel. Auf der folgenden Seite sind noch einmal die wichtigsten Denkschritte aus diesem Kapitel zusammengefaßt.

Übung:
Die Auflösung von Schönheitsblockaden

① Setzen oder legen Sie sich bequem hin. Lassen Sie sich für diese Reise nach innen mindestens eine halbe Stunde Zeit.

② Denken Sie an ein eigenes *Verhalten* und eine immer wiederkehrende *Befindlichkeit*, die Ihrer Meinung nach Ihrem Schönheitsziel im Wege stehen: zuviel (oder zuwenig) essen oder trinken, Faulheit (statt Bewegungslust), »stressige« Abläufe wie übertriebenes Aufräumen usw.

③ Denken Sie ganz intensiv an typische Situationen im Zusammenhang mit dieser Sache. Begeben Sie sich ganz in das Erleben und die Gefühlswelt dieses Verhaltens oder der Befindlichkeit hinein. Machen Sie sich bewußt, daß ein Teil Ihrer Persönlichkeit für diese Schönheitsblockade die Verantwortung trägt.

④ Denken Sie noch einmal an die Eigenschaften dieses im Unbewußten wirkenden Teils:

   ○ Er ist und war bisher *mächtiger* und *stärker* als Sie.
   ○ In der Durchführung seiner Sache arbeitet er äußerst *zuverlässig*.
   ○ Er hat in der Vergangenheit Ihre Pläne zu seiner Ausschaltung stets erfolgreich durchkreuzen können. Von

seinen Schachzügen her scheint er also auch *klüger* als Ihr Bewußtsein zu sein.

⑤ Nehmen Sie sich die Aufzählung der Persönlichkeitsteile und Ihrer jeweiligen guten Absicht zur Hand. Lassen Sie jeden einzeln auf sich wirken. Wer könnte aus seinem Motiv, aus seiner *guten Absicht* heraus verantwortlich für die Energie des störenden Verhaltens oder der störenden Befindlichkeit sein?

⑥ Wenn Sie anhand der Aufzählung einen Persönlichkeitsteil erkannt haben, nehmen Sie innerlich Kontakt zu ihm auf. Dabei können Sie ihm auch gern einen eigenen Namen geben. Sie Bezeichnungen der Aufzählung sind nur als Hinweise zu verstehen. Wichtig ist jedoch, daß der Name positiv zu der jeweiligen guten Absicht passen muß. Stellen Sie sich Ihren Teil auch gern bildlich vor. Führen Sie mit diesem Teil einen inneren Dialog. Versuchen Sie, sich mit ihm zu versöhnen. Machen Sie sich bewußt, daß seine gute Absicht aus seiner Sicht sehr wichtig für Ihre Person und Ihr Leben ist.

⑦ Überlegen Sie sich gemeinsam, auf welche Weise er seine Energie anders in Ihrem Leben umsetzen kann. Finden Sie gemeinsam *gute Alternativen*, so daß er die Schönheitsblockade »leichten Herzens« aufgeben kann. Machen Sie sich bewußt: Das ist der einzige Weg, mit ihm zu verhandeln. Verdrängen oder abschaffen läßt er sich einfach nicht. Auch Sie müssen sich an die neuen Verabredungen halten.

⑧ Wenn Sie zusammen neue Wege des Miteinanders gefunden haben, vereinbaren Sie innerlich eine geeignete *Probezeit*, in der die neue Vereinbarung sich in Ruhe umsetzen kann.

Hinweis zur Übung:

Schon bei kleinsten Erfolgen sollten Sie im inneren Dialog Ihren Persönlichkeitsteil für seine gute Zusammenarbeit loben. Warten Sie damit nicht so lange, bis er wieder von Ihnen enttäuscht ist.

Erinnern Sie sich noch einmal an das vorher Gesagte: Gehen Sie diese Übung ganz in Ruhe durch. Der Effekt beruht hier allerdings auf einem einmaligen Erlebnis mit Ihrem Teil. Tägliches Üben ist also nicht erforderlich. Wenn Sie jedoch wollen, können Sie zwischendurch immer wieder einen freundlichen, inneren Dialog mit dem betreffenden Teil führen.

ENERGIE ZUM
FLIESSEN BRINGEN

Wenn Sie sich in die Welt der »inneren Gesellschaft« mental eingelebt haben, wird es Ihnen immer leichter fallen, Ihre Schönheitsblockaden positiv aufzulösen. Das Geheimnis dieser mentalen Schönheitsstrategie liegt darin, daß die volle Lebendigkeit der einzelnen Gehirnzelle wiederhergestellt wird. Denn es kostet unser gesamtes Nervensystem unnötige Kraft, wenn ein Teil der Persönlichkeit durch andere unterdrückt wird. Auf der organischen Ebene findet in jeder einzelnen Zelle eine Blockierung der optimalen chemischen Reaktionen statt. Das körpereigene Beautytonikum kann nur unvollständig produziert werden, das gesamte Nervensystem schießt ständig Eigentore. Denn jeder Persönlichkeitsteil ist ein Stück von uns selbst. Somit bedeutet jeder Versuch, Teile des eigenen Selbst – und somit des eigenen Organismus – zu unterdrücken, eine Reduktion der eigenen Lebens- und Schönheitsenergie.

Wie Sie schon wissen, ist unser Gehirn vom Aufbau her ein systemisches Organ. Alle Zellen kommunizieren ständig miteinander. Sie sind gar nicht dazu gemacht, sich gegenseitig zu beaufsichtigen oder gar auszuschalten. Insofern ist das Auflösen von Schönheitsblockaden mit der Technik des »geistigen Judo« eine mentale Befreiung und Bereicherung der Funktionen von Nervensystem und Körper. Es regeneriert die volle Leistungsfähigkeit der einzelnen Zelle. Wenn Sie Ihre Schönheit ganz von innen her aufbauen wollen, sollten

Sie sich daher nicht nur mit einem Ihrer Persönlichkeitsteile beschäftigen. Wann immer Sie wieder etwas Zeit für sich haben, können Sie innerhalb der nächsten Wochen oder Monate weiteren Kontakt mit wichtigen Persönlichkeitsteilen aufnehmen.

Bedenken Sie dabei, daß innere Schönheitsblockaden nicht nur durch so offensichtliche Phänomene wie ungünstige Ernährung oder fehlende Entspannung entstehen. Sehr oft ist die Ursache auf ganz anderen Ebenen der Persönlichkeit zu finden. Vielleicht erinnern Sie sich noch an eines der ersten Kapitel. Dort beschrieb ich, daß wir oft unbewußte Vorbehalte gegen unsere Schönheit haben. So wichtig und verlockend uns der Gedanke an die körpereigene Schönheit auch vorkommt, so oft gibt es unbewußte Vorbehalte gegen das Aufblühen unserer körperlichen Möglichkeiten.

Diese unbewußten Vorbehalte rühren aus Rollenkonflikten, welche unsere innere Schönheitsharmonie beeinträchtigen. Ich möchte Ihnen hier mit ein paar Beispielen vorstellen, welche möglichen Einwände einzelne Teile Ihrer Persönlichkeit gegen das Ausleben und die Entfaltung Ihrer körpereigenen Schönheit haben könnten. Die Einwände müssen natürlich nicht alle auf Sie persönlich zutreffen. Jedoch bekommen Sie beim Lesen ein gutes Gefühl für die Natur dieser unbewußten Blockaden. Sie werden an sich selbst Persönlichkeitsteile feststellen, die Fragezeichen und Einwände auf Ihrem Weg ins »Land der Schönheit« haben. Vielleicht entdecken Sie weitere, von mir unerwähnte Teile, die ich hier nicht so persönlich ansprechen kann, wie beispielsweise den »Ehefrauteil«, den »Geschäftsfrauteil« oder den »Vaterteil« – je nachdem, welche Rollen Sie auch in Ihrem Leben ausfüllen. Die Beispiele hier bieten – wie gesagt – nur Anhaltspunkte.

Sicherheitsteil: Er hat vielleicht Angst, wenn Sie zu oft entspannen und es sich gutgehen lassen. Er erinnert Sie an Ihre Pflichten und Aufgaben, um Sie »bei der Stange« zu halten.

Geborgenheitsteil: Er lebt sich vor allem in der Familie und engen Freundschaften aus. Dabei hat er manchmal ganz andere Idealbilder von positiven Menschen. Oft gelten hier Kriterien von Mütterlichkeit oder natürlich auch Väterlichkeit, die mit ganz anderen äußeren Merkmalen als die gängigen Schönheitsideale assoziiert werden: rundlich, gemütlich, helfend. Werden Sie zu schön oder gar sexy, hat er Angst, daß Sie aus der Geborgenheit heraus in die große, kalte Welt ziehen.

Kontaktteil: Ähnlich geht es vielleicht auch dem Kontaktteil. Er befürchtet unbewußt, daß schöne Menschen von den anderen auf ein Podest gehoben werden. Das würde ihn sehr stören, da er unbedingt unter vielen Menschen sein möchte. Hier kursieren – genährt durch die Beiträge der Yellow Press – manchmal Vorstellungen, daß schöne Menschen oft auch einsam sind.

Lebenssinnteil: Er zweifelt vielleicht daran, daß Schönheit mit zum Sinn des Lebens gehört. Ihm geht es um höhere Werte. Die Beschäftigung mit Schönheit liegt vielleicht sogar unter seinem Niveau.

Würdeteil: Nicht viel anders denkt vielleicht unser Würdeteil. Er möchte nicht nur wegen äußerer Attribute gemocht werden. Das greift den Stolz an. »Man muß mich eben nehmen, wie ich bin«, denkt er vielleicht und betrachtet die Beschäftigung mit Schönheit eben als »unter seiner Würde«.

Konservativer Teil: Er hängt wehmütig an überlieferten Bildern vom Frau- oder Mannsein, die mit heute üblichen Schönheitskriterien kollidieren.

Solidaritätsteil: Er definiert unsere Zugehörigkeit zu anderen Menschen – oft um einen hohen Preis. Sehr oft wird Solidarität mit einer Angleichung der äußeren Erscheinung ausgedrückt. So hat man unbewußt Angst, die gute Freundin, Schwester oder die Eltern quasi zu »verraten«, wenn man plötzlich ganz schön wird und wirkt (natürlich nur, wenn diese wichtigen Mitmenschen keinen Wert auf Schönheit legen oder Probleme mit ihrem Aussehen haben).

Mitmenschlicher Teil: Er läßt sich stark durch das Schicksal anderer Menschen berühren. Bei einigen Menschen reagiert er sehr sensibel auf das Elend in der Welt. Da kommt es ihm aufgesetzt und lächerlich vor, an die eigene Schönheit zu denken, wenn woanders Menschen nicht einmal wissen, wo sie ihre tägliche Nahrung hernehmen sollen.

Wie Sie sehen, habe ich hier nicht alle Teile der Persönlichkeit erwähnt. Denn natürlich haben nicht alle Teile Einwände gegen das Thema »Schönheit«. Wäre dem so, würden Sie jetzt auch gar nicht neugierig dieses Buch lesen. Es dürfte einleuchten, daß der Zufriedenteil bei den meisten Menschen vehement für die eigene Schönheit stimmt. Ich möchte Sie nur dafür sensibilisieren, daß der Wunsch nach dem Ausleben Ihrer Schönheit nicht bei allen Teilen Begeisterung hervorruft. Anstatt diese Einwandteile jedoch zu bekämpfen, sollten Sie deren Kraft und positive Energie in Ihre Schönheitsentwicklung miteinbeziehen. Bringen Sie die einzelnen Persönlichkeitsteile dazu, Sie auf dem Weg zu innerer und äußerer Schönheit zu unterstützen. Auf diese Weise gerät das gesamte Potential Ihrer Schönheit zum Fließen.
Eine Klientin von mir ist Mutter von zwei kleinen Kindern. Nach deren Geburt gelang es ihr mehrere Jahre nicht, wieder schlank zu werden. Wir fanden heraus, daß Sie aus der eigenen Lebensgeschichte unbewußte Bilder vom Muttersein und familiärer Geborgenheit »gespeichert« hatte, die sie mit ihrem Wunsch nach Schönheit nicht vereinbaren konnte. »In meinem Dorf war es sogar üblich, schlecht und abfällig über

›aufgedonnerte‹ Frauen zu sprechen. Heute weiß ich, daß diese Frauen sich einfach nur schön zurechtmachten und tagsüber keine Haushaltskittel trugen.« Der Klientin halfen die drei Elemente aus dem »Denk-dich-schön«-Programm, die Sie alle bereits kennengelernt haben. Da diese Schrittaufzählung schon sehr übersichtlich ist, ersetzt sie hier die sonst folgende Zusammenfassung der Übung.

Zusammenfassung an einem konkreten Beispiel: »Energie zum Fließen bringen«

Beispiel: Schönheit und Muttersein

① *Auflösung der Schönheitsblockade:*
Die Klientin würdigte den Teil ihrer Persönlichkeit, der ihr helfen wollte, eine gute Mutter zu sein. Sie versprach, diese guten Eigenschaften auch als schöne Frau positiv zu leben, nach dem Motto: Man kann eine gute und liebevolle Mutter sein, obwohl man schön ist. Sie verabredete innerlich mit ihrem Teil eine Probezeit von vier Monaten.

② *Positives Selbstbild und Schönheit programmieren lernen:*
Zur Verstärkung dieses inneren Versprechens an den Mutterteil konzentrierte sie sich auf eine Reihe von Selbstbildern, welche sie schön zurechtgemacht in einem guten und liebevollen Kontakt mit ihren Kindern zeigten. Zusätzlich arbeitete sie am Bild ihres schönen *Zukunfts-Ichs.* Auch hier entwickelte sie innere »Zukunftsfilme«, die sie als attraktive Frau zeigen, welche gleichzeitig ein sehr herzliches und mütterliches Verhältnis zu ihren Kindern hat. Somit schneiderte sie ihr Zukunftsselbstbild auch auf die Bedürfnisse ihres Mutterteils zurecht.

③ *Schönheitsimpulse durch Modell-Lernen:*
Zur Veränderung ihres inneren Mutterbildes suchten wir
noch nach positiven Modellen von schönen Frauen, die
gleichzeitig gute Mütter sind. Meine Klientin bewunderte
schon lange die amerikanische Schauspielerin Meryl
Streep. Einmal hatte sie Familienbilder von Meryl Streep
und deren Kinder in einer Zeitschrift gesehen. »Diese
wirkten wirklich familiär und harmonisch. Ob es nun in
ihrer Familie wirklich immer so ist, kann ich ja nicht wissen.« – »Das zählt hierbei nicht«, sagte ich. »Hauptsache
ist, daß das Bild genau die Gefühlsqualität ausstrahlt, die
für Ihr Modell-Lernen wichtig ist. Vorher haben Sie unbewußt geglaubt, daß gute Mütter rundlich sein müssen,
keine lackierten Fingernägel haben dürfen und Haushaltskittel tragen sollten. Wer sagt denn, daß runde Frau-
en mit unlackierten Fingernägeln in Haushaltskitteln die
besseren Mütter sind?« – »Stimmt, da habe ich ja auch völlig subjektiv Gefühle in ein Bild hineingedacht«, erkannte
sie nachdenklich, »und stand damit meiner Schönheit im
Wege. Ich versuche nun, ein positives Mutterbild zu entwickeln, das auch meiner Schönheit guttut.« Sofort konnte Sie ihr neues Modellbild mit einem guten Gefühl vollständig akzeptieren. Und ihr Gehirn lernte durch dieses
Bild ganz konkret und anschaulich, Schönheit und Muttersein emotional positiv zu verknüpfen.

Gehen auch Sie nach diesem Schema spielerisch immer wieder mit Ihren verschiedenen Persönlichkeitsteilen in Kontakt, und integrieren Sie deren Energie in Ihren Schönheitsprozeß. Dann wird es Ihnen wie dieser Klientin ergehen, die
nach einem halben Jahr 16 Kilogramm abgenommen hatte
und wirklich viel schöner wurde. »Nicht nur das – mein Haar
glänzt, meine Haut fühlt sich weich und glatt an, es ist, als
wenn in mir überall positive Energie fließt! Alles geht wie
von selbst. Keine Kontrolle, kein Zwang, es ist einfach toll!«

SELBSTVERWIRKLICHUNG
STATT
SELBSTKONTROLLE

Nehmen Sie einmal das Wort »Selbstkontrolle« wortwörtlich. Dieser Begriff unterstellt eigentlich, daß wir Menschen
eine Reihe von höchst suspekten, wilden und völlig unver-
nünftigen Teilen in uns haben. Und da muß dann die Garde
der guten, willensstarken und vernünftigen Teile aufmar-
schieren, um die weniger positiven zu kontrollieren. In der
Anwendung dieses hierarchischen Modells hat man gewiß
eine Menge inneren Ärger. Denn es dauert schon eine gerau-
me Zeit, bis sich die »lieben und tüchtigen« gegen die »nicht
lieben und etwas dummen« Persönlichkeitsteile durchge-
setzt haben. Ganz zu schweigen von den enormen Energien,
die man dafür aufbringen muß. Die negativen Persönlichkeitsteile nehmen nämlich den Kontrollversuch nicht ohne
Protest und Gegenwehr hin. Außerdem streiten sie aus ihrer
Sicht natürlich ab, »falsch« zu sein und zu handeln. Auf diese
Weise kann ein Mensch in sich über Jahre und Jahrzehnte
eine spannungsreiche innere Disharmonie aufrechterhalten.
Die schönheitsmindernden Folgen für Geist, Seele und Körper habe ich bereits ausführlich beschrieben.
Unsere Sprache bietet noch eine ganze Reihe von Formulie-
rungen an, die zu einer Drosselung des inneren Energieflus-
ses einladen: Da ist die Rede von »Selbstbeherrschung«, vom
»Gegen-sich-Angehen« oder gar vom »Sieg über sich
selbst«. Mit diesen Unterdrückungsmethoden reduzieren
Sie auf ganzheitlichem Wege auch Ihr Schönheitspotential.

Bedenken Sie, daß jeder einzelne Teil Ihrer Persönlichkeit seine eigene Schönheit besitzt, indem er in Ihrem Leben für etwas Wichtiges sorgt. Nur weil man ihn und seine Arbeitsweise nicht gleich versteht, muß man ihn nicht in sich einsperren oder gar abtöten wollen. Jeder unterdrückte oder gar getötete Persönlichkeitsteil ist unterdrückte Schönheit.

Gewiß scheint es manchmal einfacher, Störendes in sich zu übergehen, zu verdrängen oder zu verstecken. Wenn Sie aber jedem einzelnen Persönlichkeitsteil zur Selbstverwirklichung helfen wollen, muß zunächst ein etwas beschwerlicherer Weg gegangen werden. Kann jedoch ein Aufwand zu groß sein, wenn es um Ihre volle Lebendigkeit, Ihren inneren Persönlichkeitsreichtum, um Ihre Gesundheit und um Ihre Schönheit geht?

Zur Selbstverwirklichung gehört immer auch etwas Mut und ein klares Ja zu sich selbst. Schönheit ist eine wichtige Form von Selbstverwirklichung. Sie kann dauerhaft nur gelebt werden, wenn Sie jeden Persönlichkeitsteil von sich als gegeben und richtig auffassen und nicht schon bei kleinsten inneren Mißverständnissen einen inneren Krieg anzetteln. Selbstkontrolle und Selbstmißtrauen kostet Kraft. Selbstkontrolle bedeutet permanenter unbewußter Streß. Chronischer Streß ist ein Feind Ihres körpereigenen Schönheitstonikums.

Selbstvertrauen bedeutet, daß Sie jedem Teil Ihrer Persönlichkeit vertrauen – und wenn er sich vorübergehend für Sie noch so unpassend oder seltsam äußern mag. Lesen Sie in den weiteren Kapiteln, was Sie noch in sich bewegen können, um jedem Ihrer Persönlichkeitsteile zur Selbstverwirklichung zu verhelfen.

DIE INNERE
SCHÖNHEITSFEE

Was hat nun Selbstverwirklichung mit einem so unwirklichen Wesen wie einer Fee zu tun? Eine Feengestalt ist eine ebenso kreative Gedankenkonstruktion wie die Idee der Persönlichkeitsteile. Es gibt sie genausowenig – oder ebenso wirklich. Denn jeder Gedanke, jedes Bild, welches unser Denken hervorbringt, hat eine höchst reale Quelle: das Gehirn. *Jeder Gedanke muß mit Hilfe der Gehirnzellen elektrochemisch erzeugt werden.* Somit ist jeder Gedanke *in unserem Nervensystem eine organische Reaktion.* Jeder Gedanke erzeugt über diese Zusammenhänge *Gefühle* und *wirkt somit auf den Körper.*

Schon immer haben die Menschen ihre Gefühle in der Gedankenwelt in Bilder und Metaphern »übersetzt« – oder auf dem umgekehrten Wege –, lösten sie ihre gedanklichen Probleme mit Hilfe von Metaphern. So gibt es etliche Märchen und Erzählungen, die Lösungswege für schwierige Situationen im Leben eines Menschen vermitteln. Auf diese Weise kommen seit Beginn der Menschengeschichte Märchen, Erzählungen und Mythen zustande.

An Feen haben die Menschen früher wirklich geglaubt. Sie schrieben ihnen ganz bestimmte Eigenschaften zu. Erstens ging man von der Unsterblichkeit der Fee aus. Und durch ihre lange Existenz auf dieser Welt hat die Fee natürlich sehr viel Weisheit und Menschenkenntnis gewonnen. Nicht umsonst werden Feen daher in den Quellen oft auch »weise

Frau« genannt. Zweitens glaubte man daran, daß Feen den Menschen Gaben schenken können. Damit meint man jedoch nicht Autos, CD-Player oder mit Geld gefüllte Koffer. Die Gaben bezogen sich auf das, was wir heute »innere Werte« nennen: Liebenswürdigkeit, Mut, Klugheit usw. Im Märchen legen die Feen diese Gaben oft auch Kindern in die Wiege.

Wenn ich davon berichte, machen mich manche Klienten an dieser Stelle darauf aufmerksam, daß es in dem Märchen »Dornröschen« ja auch noch die böse Fee gibt. Hier muß man jedoch den Ablauf des Märchens kennen, um zu verstehen, daß die Fee nicht böse war, sondern nur böse reagierte. Man hatte sie nämlich richtig schäbig behandelt. Erinnern Sie sich: Ein König wollte die Geburt seines ersten Kindes, einer Tochter, feiern. Im Märchen heißt es: »Er lud nicht bloß seine Verwandten, Freunde und Bekannten, sondern auch die weisen Frauen dazu ein, damit sie dem Kind hold und gewogen wären. Es waren ihrer dreizehn in seinem Reiche, weil er aber nur zwölf goldene Teller hatte, von welchen sie essen sollten, so mußte eine von ihnen daheim bleiben.« Überlegen Sie einmal selbst: Ist es da nicht verwunderlich, daß die dreizehnte Fee wütend wurde? Konnte der reiche König nicht einfach ein dreizehntes goldenes Tellerchen kaufen, anstatt sie einfach auszuladen? Die Fee blieb nicht trauernd zu Hause, sondern kreuzte verärgert auf der Geburtsparty auf und sorgte für Gerechtigkeit. Feen sind also keine holden Trottel, mit denen man machen kann, was man will. Bei Ungerechtigkeit können sie also recht viel Power entwickeln und haben keine Scheu, kraftvoll aufzutreten.

Warum stelle ich Ihnen eine Fee so ausführlich vor? Weil die Fee auch einen ganz wichtigen Teil Ihrer Persönlichkeit darstellt, der in Ihnen lebt. Sie verkörpert den Teil Ihres Selbst, welcher sich genau in Ihren brachliegenden »Seelenschätzen« auskennt. Die Fee weiß um Ihre verborgenen Fähigkeiten und Talente, die Sie vielleicht nur zu einem geringen Teil oder gar nicht in Ihrem Leben einsetzen. Sie ist weise, kreativ, unerschrocken und hat eine sehr gute Menschenkenntnis. Daher ist sie auch der ideale Ansprechpartner für die Sorgen und Probleme Ihrer verschiedenen Persönlichkeitsteile.

Bedenken Sie, daß man für unsere mentalen Prozesse oft das Bild einer »Seelenlandschaft« benutzt. Stellen Sie sich vor, daß in Ihrer Seelenlandschaft all Ihre Persönlichkeitsteile leben. An irgendeinem Ort ist der Wohnsitz Ihrer inneren Fee. Es ist ganz egal, wie Sie sich diesen Ort oder auch die Fee vorstellen. Sie ist Ihr kreativer oder Ihr weiser Persönlichkeitsteil. Machen Sie sich bewußt, daß in jeder Gesellschaft und in jedem Märchen ein kreativer Teil mitwirkt. In Asien gibt es den Guru, im Märchen eben die Fee, im Asterix-Comic kennt man den Druiden Miraculix, die alten Ägypter hielten Katzen für besonders weise und kreativ.

In Ihrer Seelenlandschaft erfüllt die Fee die Aufgabe, die Persönlichkeitsteile miteinander zu harmonisieren. Da diese innere Harmonie eine so große Schönheitswirkung hat, sprechen wir hier von Ihrer »inneren Schönheitsfee«. Die Schönheitsfee kann die Energie jedes einzelnen Persönlichkeitsteils zum Fließen bringen, indem sie auf verschiedene Weise helfen kann:

○ Sie zeigt den einzelnen Persönlichkeitsteilen, wie Sie neue Wege gehen können, um die jeweilige gute Absicht zu verwirklichen. Sie inspiriert sie zu neuen Methoden, welche die alten, schönheitsblockierenden Verfahren ersetzen können. Die neuen Wege unterstützen natürlich Ihre mentale und körperliche Schönheit.

○ Sollten sich zwei Teile gegenseitig im Wege stehen, übernimmt sie mit ihrer guten Menschen-(bzw. Teile-)Kenntnis die Vermittlung, um die gegenseitige Blockade aufzulösen. Mit ihrer Weisheit und Kreativität kann sie Wege

der Harmonie aufzeigen, die jeden einzelnen Teil zufrie-
denstellen. Auf diese Weise können sogar aus zerstritte-
nen Persönlichkeitsteilen gute Teams werden.

○ Sie kann Persönlichkeitsteile miteinander bekannt machen, die sich zuvor nie getroffen haben. Auf diese Weise
können sich ganz neue Teams bilden und im Inneren neue
Freundschaften entstehen.

Die Zusammenarbeit zwischen der Fee und Ihren Persönlichkeitsteilen erfolgt nicht im bewußten Nachdenken, sondern im Unbewußtsein. Sie stellen sich mit Ihrer Phantasie
lediglich vor, daß einer Ihrer Teile sich an die Schönheitsfee
wendet.

Beispielsweise erkannte ein Klient, daß sein Sicherheitsteil
ihn immer streßt und fordert. Mittlerweile stand deshalb
sogar seine Gesundheit auf dem Spiel. Er stellte sich vor, daß
der Sicherheitsteil die innere Fee besucht (er nannte sie übrigens nicht »Schönheitsfee«, sondern »weise Frau«). Er stellte sie sich in Gedanken allerdings nur in einem intensiven
Gespräch vor. Was dabei jedoch genau besprochen wurde,
bekam er gar nicht mit. Nach zwei Wochen jedoch wurde das
Ergebnis für ihn deutlich spürbar: Plötzlich fühlte er sich
auch in hektischsten Arbeitssituationen entspannt und
behielt seinen Humor. »Irgendwie muß mein Sicherheitsteil
jetzt ganz anders arbeiten«, berichtete er vergnügt, »denn
trotz aller inneren Ruhe habe ich jetzt viel mehr Erfolg im
Job! – Oder vielleicht gerade *wegen* der inneren Ruhe?« fügt
er fragend noch nachdenklich hinzu.

Wir nennen diese Denktechnik das »Wirken unbewußter
Schleifen«. Sie kennen unbewußte Schleifen aus dem Alltag. Manchmal trifft man eine Person, die einem bekannt
vorkommt – aber man weiß nicht, woher. Sie denken ange-
strengt über den Namen dieses Menschen nach, jedoch fällt
er Ihnen trotz aller Anstrengung nicht ein. Plötzlich – nach
einem Tag oder nach ein paar Stunden – präsentiert Ihnen

Ihr Gehirn das Ergebnis der Namenssuchaktion: Sie wissen ihn auf einmal. Somit ist unser Gehirn also in der Lage, einen Auftrag anzunehmen und ihn im Unbewußten – während wir im Bewußtsein unseren Alltag bewältigen – erfolgreich zu bearbeiten. Nun ist es Ihrem Gehirn egal, ob die unbewußte Schleife sich auf Erinnerungen oder kreative Lösungswege bezieht. Je nach Auftragsstellung sucht es im gesamten »Speicher« nach passenden Informationen für die Lösung der Denkaufgabe.

Wenn Sie sich die Schönheitsfee als Beraterin Ihrer Persönlichkeitsteile vorstellen, können Sie mit der Technik der unbewußten Schleifen gezielte »Schönheitsaufgaben« in Auftrag geben. Die Fee führt Ihre Teile über die Schönheitsblockade hinweg und bringt so die wichtige Schönheitsenergie wieder zum Fließen. Ihr Gehirn versteht die Feen-Persönlichkeitsteil-Metapher sehr gut und bringt die gestellte Aufgabe dann kreativ zu Ende. Sie können Ihre innere Fee ansprechen, wenn Sie mit einem Ihrer Persönlichkeitsteile nicht gleich beim ersten Nachdenken zu guten und brauchbaren Lösungen kommen. Machen Sie dann auch mit der Fee eine Zeitvorstellung aus. Etwa: Wie lange wird die Veränderung inklusive intensiver Beratung des Persönlichkeitsteils oder der Teile dauern?

Während der Veränderungszeit gilt dann dieselbe Regel, die Sie schon kennen: Schon bei kleinsten Anzeichen einer positiven Entwicklung im Sinne einer Auflösung Ihrer Schönheitsblockade würdigen Sie die gute Kooperation mit der Fee und den jeweiligen Teilen. Diese positive Verstärkung wird die gute Entwicklung weiter intensivieren.

Zusammenfassung:
Die innere Schönheitsfee

① Machen Sie es sich bequem. Gehen Sie nach innen. Vielleicht denken Sie einfach nur so an die Kraft Ihrer brachliegenden Möglichkeiten, Talente und Fähigkeiten. Gibt es Situationen, in denen Sie sich im guten Kontakt mit diesen inneren Kraftquellen fühlen?

② Gehen Sie nun auf eine Phantasiereise in Ihre Seelenlandschaft. Irgendwo gibt es einen ganz besonderen Ort, wo Ihre innere Schönheitsfee lebt. Stellen Sie sich diesen Ort in allen Einzelheiten vor.

③ Nun malen Sie sich in Ihrer Phantasie Ihre Schönheitsfee aus. Wichtig ist, daß die Vorstellung in Ihnen ein gutes Gefühl erzeugt. Gehen Sie in Einzelheiten.

- Ist die Fee eher jünger oder älter?
- Welche Farbe hat ihre Kleidung?
- Tritt sie schlicht oder kreativ-phantasievoll auf?
- Wie wirkt ihr Gesicht?
- Wie klingt die Stimme?
- Gibt es weitere Besonderheiten (z. B. einen Zauberstab)?

④ Sprechen Sie nun die Schönheitsfee in Gedanken an. Bitten Sie sie im inneren Dialog um Unterstützung bei der inneren Harmonie Ihrer Persönlichkeitsteile.

⑤ Sollten Sie für einen Ihrer Teile bereits Unterstützung wünschen, schicken Sie ihn in Gedanken zu der Schönheitsfee. Stellen Sie sich in Gedanken lebhaft vor, wie die beiden in ein intensives Gespräch über die neuen Wege einsteigen.

⑥ Verabreden Sie innerlich wieder eine Zeit, innerhalb derer die »Feen-Beratung« stattfinden und die neuen Wege umgesetzt sein werden.

⑦ Nach diesem Schritt verabschieden Sie sich von den beiden und wenden sich wieder Ihrem Alltag zu. Die unbewußte Schleife ist gemacht.

⑧ Bedanken Sie sich in den nächsten Tagen schon bei kleinsten positiven Veränderungen bei der Schönheitsfee und bei dem betreffenden Persönlichkeitsteil.

⑨ Suchen Sie sich für die Vorstellung Ihrer persönlichen Schönheitsfee einen besonderen Anker: ein schöner Bergkristall, eine besondere Vase, ein schönes Schmuckstück. Wann immer Sie diesen »Feen-Anker« dann wahrnehmen, denken Sie an Ihre Schönheitsfee.

Hinweis zur Übung:

Sie können die »unbewußten Schleifen« besonders gut kurz vor dem Einschlafen starten. Stellen Sie sich vor, daß die Schönheitsfee und der jeweilige Teil die Schönheitsblockade gemeinsam im Traum kreativ auflösen. Man hat nämlich herausgefunden, daß unser Gehirn nachts mit Vorliebe die Gedanken weiterführt, welche zuletzt vor dem Einschlafen »eingegeben« wurden.

DIE SCHÖNHEIT DER
INNEREN GESELLSCHAFT

»Aber wenn ich mit der Schönheitsfee jeden einzelnen Persönlichkeitsteil bearbeiten soll, habe ich doch ewig zu tun«, klagte eine unserer Klientinnen resigniert. – »Denken Sie doch noch einmal an das Bild der inneren Gesellschaft«, antwortete ich. »In jeder Gesellschaft ist es vorgesehen, daß sich alle oder einige immer wieder treffen: auf Festen, Kongressen, bei religiösen Anlässen, politischen Veranstaltungen usw. Bei Kongressen trifft man sich beispielsweise wegen ganz bestimmter Themen, die dann während mehrerer Tage von allen Teilnehmern gemeinsam bearbeitet werden.

Stellen Sie sich einmal vor, die Schönheitsfee würde sämtliche relevanten Persönlichkeitsteile – vielleicht sogar alle – zu einer Schönheitskonferenz einladen. Bei diesem großen inneren Treffen sollen alle gemeinsam für Ihre Schönheit arbeiten. Die »innere Gesellschaft« soll zu einem großen Schönheitsteam werden. Viele Klienten stellten fest, daß beim ersten Treffen in der Phantasie viele Persönlichkeitsteile kamen, die sie gar nicht einordnen konnten. Hier muß gesagt werden, daß es gar nicht so wichtig ist, alle Persönlichkeitsteile von sich sofort zu kennen. Nicht umsonst gilt die Bezeichnung vom Unbewußten: Viele Ihrer Teile arbeiten im Unbewußten und wollen ihr Inkognito vielleicht gar nicht aufgeben. Sie meinen eben, sie könnten aus dem Unbewußten heraus noch viel besser für Sie sorgen. Das hindert diese Persönlichkeitsteile jedoch nicht daran, aktiv und mit positiver Energie an einer »Schönheitskonferenz« teilzunehmen. An dieser Stelle möchte ich Sie auf ein sehr interessantes Körperphänomen aufmerksam machen. Wenn ein NLP-Therapeut mit seinen Klienten arbeitet, kann er oder sie sofort an der Körperhaltung sehen, ob alle Persönlichkeitsteile des Klienten mit einer geplanten Veränderung einverstanden sind oder ob es noch »Einwände« gibt. Ein Mensch, der sich in großer innerer Harmonie für einen neuen Weg in seinem Leben entscheidet, sitzt oder steht zum Zeitpunkt dieser Entscheidung *vollkommen körpersymmetrisch*. Hiermit ist gemeint, daß die beiden Körperhälften links und rechts jeweils spiegelbildlich harmonieren. Die Füße sind nicht gekreuzt, die Beine nicht übergeschlagen, die Arme sind nicht verschränkt, und der Kopf ist gerade aufgerichtet. Wir sprechen hier von der *kongruenten Körperhaltung* eines Menschen. Bei absoluter Übereinstimmung zwischen dem Bewußtsein und dem Unbewußten legt man sogar spontan die Fingerspitzen der beiden Hände aneinander. Ineinander verschränkte Finger der beiden Hände dagegen signalisieren immer noch eine kleine Inkongruenz bezüglich eines neuen Lebensthemas. Die Hände können auch parallel jeweils spiegelbildlich auf den Oberschenkeln ruhen.

Wann immer sich Menschen mit Religion oder geistigen Prozessen wie etwa Meditation beschäftigen, spielt dabei die symmetrische Körperhaltung eine Rolle: aneinandergelegte Hände, Verneigungen, ausgewogene Körperhaltungen, gleichmäßige Armbewegungen. Der tiefe Sinn dieser jahrtausendealten Ritualisierung von symmetrischen Körperbewegungen und Haltungen bei geistiger Konzentration rührt aus dem sehr alten Wissen der Menschen über den engen Zusammenhang zwischen Geist, Seele und Körper. Die körperliche Kongruenz ermöglicht, daß der geistige Prozeß oder die Meditation von jeder Gehirnzelle gleich intensiv aufgenommen wird. Das ist der Zustand, in dem die Persönlichkeitsteile in einem »himmlischen« Miteinander neuronal verschaltet sind. Erinnern Sie sich dazu noch einmal an die Geschichte »Prophet und die langen Löffel«. Und da das Gehirn unsere inneren Prozesse immer unserem gesamten Körper mitteilt, wird bei der symmetrischen Körperhaltung der geistige oder mentale Prozeß gleichmäßig in jede Körperzelle übertragen. In dieser Haltung sind in der Seelenlandschaft alle Persönlichkeitsteile gleichermaßen angesprochen.

Diese Ausführungen sollen Sie nicht dazu bringen, bei jedem möglichen Anlaß symmetrisch zu sitzen, zu gehen oder zu liegen. Damit würden Sie Ihren natürlichen Ausdruck verlieren. Denn zu unseren spontanen Reaktionen gehören alle möglichen Regungen in Mimik, Gestik und Körperhaltung. Immer wieder werden wir innerlich und äußerlich mit neuen Informationen und Eindrücken konfrontiert, die natürlicherweise ganz unterschiedlich von unseren vielen Persönlichkeitsteilen aufgefaßt werden. Sogar der frischgebackene Lottokönig wird vorübergehend die Stimmen seiner einwanderhebenden Persönlichkeitsteile hören, die vielleicht sagen: »Behalte ich all meine guten Freunde, oder werden einige neidisch sein?« Oder: »Lege ich mein Geld dann auch richtig an?« Diese – vielleicht auch nur vorübergehenden – Gedanken werden sich sofort als inkongruente Haltungen und Bewegungen in der Körpersprache des Lottokönigs ablesen lassen. Innere Inkongruenzen sind ein natürliches Phänomen auf dem Weg zum inneren Einklang mit einem neuen Thema.

Möchten wir jedoch ganz gezielt, daß die Mentalenergie den Körper überall erreicht, macht die symmetrische Haltung den Körper zu einem optimalen Gefäß, das sich nun mit unseren Gedanken füllen kann. Gerade das »Denk-dichschön«-Programm arbeitet explizit mit dem Prinzip der Körperbeeinflussung durch unsere mentalen Kräfte. Deshalb ist für den positiven Effekt der Übung »Die Schönheit der inneren Gesellschaft« (vgl. S. 187) sehr wichtig, auf die symmetrisch-kongruente Körperhaltung zu achten.

Diese Körperhaltung ist dann die optimale Voraussetzung, um in Ihrer Seelenlandschaft eine große »Schönheitsversammlung« stattfinden zu lassen. Alle Persönlichkeitsteile sollen ihre Kräfte zur optimalen Produktion Ihres inneren Schönheitstonikums koordinieren. Die Schönheitsfee lädt zu dieser Versammlung alle an einem besonderen Ort in der Seelenlandschaft ein. Sie stellt der inneren Gesellschaft sämtliche kreativen Kraftquellen zur Verfügung, um neue Wege der Schönheitsverwirklichung zu finden, um innere Spannungen zu harmonisieren und um Kräfte zusammenzufügen, die zuvor als Einzelkämpfer allein gearbeitet haben.

Natürlich ist die Idee der inneren Versammlung wieder als Metapher aufzufassen. Das Gehirn versteht diese Metapher jedoch als deutliche Aufforderung, die geistigen Kräfte optimal zu koordinieren. Eine Klientin erlebte die Auswirkung dieses Metapherneffekts in ganz verschiedenen Lebensbereichen: »Nachdem sich meine ›innere Gesellschaft‹ versammelt hatte, nahm ich nicht nur ein körperliches Wohlgefühl wahr. Ich bemerkte zusätzlich einen deutlichen Anstieg meiner Behaltensleistung. Tatsächlich kommt es mir so vor, als seien in meinem ›Oberstübchen‹ plötzlich doppelt so viele Lichter eingeschaltet. Gestern beispielsweise hatte ich meinen Einkaufszettel vergessen. Dennoch konnte ich mich im Supermarkt an die Liste exakt erinnern. Ich sah sie vor meinem inneren Auge förmlich vor mir. Ich habe kein Stück vergessen.«

Wenn Sie das erste Mal Ihre »innere Gesellschaft« in Gedanken versammeln, unterstellen Sie auch hier wieder die gleichen Voraussetzungen wie bei echten Menschen. Vielleicht hat nämlich noch nie eine solche Versammlung oder so ein Treffen in der Seelenlandschaft stattgefunden. Da ist es nachvollziehbar, daß nicht alle gleich intensiv in das Schönheitsthema einsteigen, sondern sich zunächst erst einmal in Ruhe gegenseitig erleben möchten. Auch auf einem Kongreß gibt es oft auch eine sogenannte Come-Together-Party, auf der sich alle Teilnehmer kennenlernen können, bevor gemeinsam gearbeitet wird.

Danach tun alle ihre Kräfte und Talente zusammen, um Ihre körperlich-seelische Schönheit mit gemeinsamer Energie in gelebte Realität umzusetzen, um Ihre Schönheit von innen heraus in »Fleisch und Blut« übergehen zu lassen.

Übung:
Die Schönheit der inneren Gesellschaft

① Nehmen Sie sich für diese Übung zunächst zwei- bis drei-
mal an aufeinanderfolgenden Tagen Zeit. Pro Tag benötigen Sie höchstens eine halbe Stunde. Vielleicht haben
Sie auch einmal eine Zeitspanne von ein bis zwei Stunden Zeit für sich, um diesen Prozeß innerlich von Anfang
bis Ende in sich wirken zu lassen.

② Legen oder setzen Sie sich bequem hin. Nehmen Sie eine
symmetrische Körperhaltung ein: Linke und rechte Kör-
perhälfte sollten spiegelbildlich zueinander sein. Beine
oder Füße überkreuzen sich nicht. Die Hände können
rechts und links neben dem Körper liegen, auf den Beinen ruhen (z. B. beim Sitzen) oder aneinandergelegt sein.
Viele Menschen mögen gern nur die Fingerspitzen
aneinanderlegen. Sie können sich auch symmetrisch
hinstellen.

③ Gehen Sie nach innen. Nehmen Sie wieder Kontakt mit
Ihrer Schönheitsfee auf, indem Sie sie innerlich lebhaft
wahrnehmen. Lassen Sie sich hierfür etwas Zeit.

④ Bitten Sie im inneren Dialog die Schönheitsfee, all die
Persönlichkeitsteile, die in Ihrer Seelenlandschaft leben,
zu einer großen Konferenz einzuladen. Überlassen Sie es
der Fee, wie sie die Einladung und das Treffen gestaltet.

Dieser Schritt ist nur erforderlich, wenn Ihre Persönlichkeitstei-
le sich noch nie zuvor zu einer gemeinsamen Konferenz zusam-
mengefunden haben:

5. Bevor über das Thema »Schönheit« gesprochen und aktiv
   gearbeitet wird, haben die Teile die Gelegenheit, sich in
   Ruhe kennenzulernen. Vielleicht gibt es zunächst so
   etwas wie eine Party. Lassen Sie sich davon überraschen,
   wie viele Persönlichkeitsteile sich beim Treffen einfin-
   den. Einige werden Sie gleich zuordnen können, andere
   erscheinen Ihnen vielleicht sogar fremd – obwohl sie Teil
   Ihres Ichs sind. Lassen Sie alles geschehen, denn viele
   Persönlichkeitsteile möchten auch gern inkognito zur
   Konferenz kommen, ohne sich Ihnen gegenüber gleich
   ausweisen zu müssen. Untereinander jedoch lernen sich
   jetzt alle kennen. Geben Sie diesem ersten Treffen seinen
   eigenen Raum. Mehr als eine Kontaktaufnahme untereinander soll hier noch nicht geschehen.

6. Wenn die Teile sich genügend kennengelernt haben,
   können Sie auch gemeinsame »Konferenzen« zu Ihnen
   wichtigen Themen durchführen. Hier wird dann auch
   erarbeitet, wie die Resultate in die gelebte »Schönheits-
   realität« umgesetzt werden sollen. Die Fee bringt durch
   folgende Impulse positive Energie im Teileteam zum
   Fließen.

TEIL 6

UNSERE WIRKUNG AUF
ANDERE MENSCHEN

Weshalb möchten wir eigentlich schön sein? Vielleicht, um uns jeden Morgen über unser Spiegelbild freuen zu können? Die Begegnung mit sich selbst ist bei weitem nicht der einzige Grund für die Sehnsucht nach Schönheit. Die meisten Menschen erhoffen sich Anerkennung, Wertschätzung und Liebe durch andere, wenn sie etwas für ihre Schönheit tun. Daher muß in diesem Buch auch über die zwischenmenschliche Kommunikation gesprochen werden.

Wenn Ihnen die »Schönheit der inneren Gesellschaft« in Fleisch und Blut übergegangen ist, wird sich ein wichtiger seelisch-körperlicher Effekt einstellen: Sie werden nicht nur durch Kleidung, Figur und Frisur, sondern auch durch Ihre neuen persönlichen Möglichkeiten eine Steigerung Ihrer positiven Ausstrahlung auf andere Menschen erleben. Diese Wirkung entsteht, wenn all Ihre Persönlichkeitsteile die gemeinsame Energie in Ihren individuellen Schönheitsausdruck fließen lassen. Die ganzheitliche Integration aller Persönlichkeitsteile in die Gesamtpersönlichkeit wird sich über die Körpersprache bemerkbar machen, die willentlich nur schwer in allen Ausdrucksmöglichkeiten zu aktivieren ist und von den Mitmenschen eher unbewußt wahrgenommen wird. Je stärker die »Schönheit der inneren Gesellschaft«, desto größer ist Ihre Schönheitswirkung im lebendigen Kontakt:

o Sie zeigen eine selbstsichere und gleichzeitig fließende Körperhaltung.
o Die Augen leuchten mit Ausdruckskraft.
o Die Haut wirkt gesund und gut durchblutet (die positive Integration der Persönlichkeitsteile sorgt für eine entspannte Blutzufuhr im Gewebe).
o Die Mimik ist »lebendig«.
o Ihre Stimme hat eine angenehme Frequenz, da auch innerlich die »Stimmung« positiv ist.
o Ihr körpereigenes Beautytonikum wird mit den gesammelten Kräften der »inneren Gesellschaft« regelmäßig produziert. Dadurch wirken Sie gesund und jugendlich.
o Sie stecken mit Ihrer Lebensfreude an. Dazu müssen Sie allerdings nicht permanent aufgesetzt lächeln. Die Lebensfreude kann auch leuchten, wenn man sich beispielsweise engagiert und lebendig streitet.

Die »Schönheit der inneren Gesellschaft« wird Ihnen nämlich auch in schwierigen Kontaktsituationen helfen. Die Erfahrung hat gezeigt, daß Menschen, die dieses Training verinnerlicht haben, auch viel aufrechter zu ihrer eigenen Meinung stehen und diese gelassen und kreativ vortragen können. »Vorher dachte ich, mein Harmoniebedürfnis sei eine Schwäche. Heute ist es meine vorrangige Stärke. Es hat sich aber auch eine Kleinigkeit geändert. Früher tat ich alles für eine äußere Harmonie auf Kosten eines inneren Chaos. Heute ist mir meine innere Harmonie so wichtig, daß ich dafür auch mal die Verwirrtheit oder das Unverständnis meiner Mitmenschen in Kauf nehme. Bisher ist noch keiner daran gestorben, und meine Umgebung gewöhnt sich daran, daß man an mir nicht mehr einfach so vorbeidenken und -handeln kann«, faßte eine Klientin ihre Entwicklung zur Selbstsicherheit zusammen. Vielleicht findet so manches Gegenüber ihre neue Selbstsicherheit aus verständlichen Gründen nicht besonders schön. Doch der körperlichen

Schönheit dieser Frau tut die innere Kongruenz ganz offensichtlich gut – sie sieht um Jahre jünger aus. Das ist auch erklärlich, denn unterdrückter Ärger macht auf Dauer nur häßlich, da sich der Körper mit unverarbeitetem Streß plagen muß.

Zum Thema »Wirkung auf andere Menschen« gehört vor allem auch die Frage, wie Sie selbst Kontakte und Begegnungen über die eigene Erscheinung hinaus aktiv so gestalten können, daß andere Sie als Schönheit erleben. Es geht nämlich nicht nur darum, schön »gefunden« zu werden. Wäre dem so, müßten Sie wie Dornröschen taten- und bewußtlos darauf warten, bis jemand sich zu Ihnen durchkämpft und Sie »gefunden« werden. Auf diese Weise wird man dann auch wie eine Fundsache behandelt: Mal wird man gefunden und behalten, mal wird man wieder verloren oder in den Keller gelegt. Schönheit heißt eben auch, sich mit eigener Kraft zu zeigen, zu kommunizieren, andere aktiv zu »bezaubern«. Die Energiequelle für diesen Schönheitszauber sollten nie die anderen Menschen sein, sondern immer Sie selbst.

Lebendigkeit im Ausdruck macht schon den größten Teil eines wirksamen Schönheitszaubers aus. Lebendigkeit heißt auch Abwechslung im Ausdruck und bedeutet das Gegenteil erstarrter Einheitsmodelle in der Kommunikation. Diese Einheitsmodelle können bei schönen Menschen im wesentlichen folgende Charakterzüge haben:

① Solche Menschen verwechseln »Schönsein« mit »Liebsein« und einem falschen Harmonieverständnis, indem sie es den anderen immer nur recht machen wollen. Sie lächeln zuviel in unpassenden Situationen und sind zu selten richtig sauer. Zu dieser Problematik möchte ich den weiblichen Lesern ein Buch von der Autorin Ute Ehrhardt empfehlen, dessen Titel schon für sich spricht: *»Liebe Mädchen kommen in den Himmel, böse überall-*

hin. Warum Bravsein uns nicht weiterbringt.« Hier können Sie viele Wege aus dem krankmachenden »Artigsein« finden.

② Diese Menschen verwechseln »Schönsein« mit »Adligsein« und entwickeln ein »Prinzessinnen- bzw. Prinzensyndrom«. Sie lächeln und lachen nur selten oder sehr sparsam und fühlen sich hierarchisch höherstehend als andere. Im Laufe des Lebens kann jedoch die Luft auf der vermeintlich höheren Stufe recht dünn werden. Einsamkeit und vor allem ein angeknackstes Selbstwertgefühl stellen sich ein, da sie den Wert ihrer Persönlichkeit ausschließlich über ein makelloses Aussehen definiert haben. Lebendige Schönheit bis ins hohe Alter resultiert in der Regel aus der aktiven und engagierten Teilnahme an vielen Lebensbereichen, wozu man immer wieder mit anderen Menschen intensiven Austausch auf gleicher Ebene pflegt.

Beide starren »Einheitsmodelle« machen schnell alt und frieren Ihr körpereigenes Beautytonikum auf die Dauer ein. Erhalten Sie jedoch Ihre Schwingungsfähigkeit im Kontakt zu anderen Menschen, erhalten und verstärken Sie den Reichtum Ihres Ausdrucks. Bei den meisten Menschen ist diese Schwingungsfähigkeit schon vorhanden. Sie können dieses Talent jedoch auch gezielt vertiefen, indem Sie lernen, bewußt eine positive »Wellenlänge« zwischen Ihnen und den anderen herzustellen.

KONTAKT UND
LEBENDIGE SCHÖNHEIT

Um tatsächlich bewußt eine lebendige Wellenlänge zu anderen Menschen auslösen zu können, müssen die Verbindungen zwischen Ihnen und den anderen in Ordnung sein. Nicht umsonst spricht man davon, einen »guten Draht« zu anderen zu haben. Selbst bei drahtloser Kommunikation – wie etwa beim Radio oder Fernsehen – muß doch zumindest die Wellenlänge stimmen, damit die Informationen so aufgenommen werden, wie sie gemeint sind. Natürlich senden Sie diese allein schon durch Ihre Erscheinung, durch Ihr Aussehen. Jedoch sind Sie keine stumme Statue. Irgendwann kommt es zur Unterhaltung oder zu noch intensiveren Begegnungen mit dem Gegenüber. Nun entscheidet sich, ob sich eine tragfähige Schwingung zwischen zwei Individuen entwickelt oder ob der erste positive Eindruck wie eine Fata Morgana verpufft.

Vergleichen Sie dieses »Verpuffen« mit der Vorfreude auf Ihren Lieblingsfilm, der im Fernsehen gesendet werden soll. Sie sitzen voller positiver Gefühle vor dem sogenannten Empfänger und müssen schon bei Beginn der Sendung feststellen, daß die Übertragung gestört ist. Ständige Bildverzerrungen und störendes Rauschen bringt Sie schon bald verärgert dazu, den tollen Film abzustellen.

Entsprechend wenig nützt auch Schönheit, wenn die Person »nicht richtig ankommt«. Man genießt zwar eine hohe »Einschaltquote«, doch wird der »Film« nur selten zu Ende geschaut. Schon vor dem Happy-End wird »gezappt«. Doch dieses menschliche Zappen können Sie leicht dadurch unterbinden, daß Sie bewußt auf den guten Empfang Ihres Gegenübers Einfluß nehmen.

Die folgenden Ausführungen sind natürlich nicht als ein »Muß« in der Kommunikation gemeint, Sie können jedoch »freiwillig« auf das hier beschriebene Wissen zurückgreifen, wenn Sie sich eine positive Wellenlänge zu Ihrem Gegenüber *aktiv wünschen*.

Unbewußt weiß jeder, wie die »positive Wellenlänge« aufzubauen ist. Man muß dieses Wissen nur aktiv nutzen. Sitzen Sie beispielsweise in einem Restaurant, können Sie intuitiv erraten, ob die Personen an den Nebentischen untereinander einen guten Draht zueinander haben oder nicht. Dazu müssen Sie den Inhalt der ausgetauschten Wörter und Sätze nicht einmal verstehen. Kommunikationspartner drücken ihre gute Wellenlänge nonverbal über die Körperhaltung (Nähe, Distanz) und verbal durch das Sprechtempo und die Lautstärke aus.

Aus dem Alltag kennen Sie solche Beispiele, ohne bewußt darüber nachzudenken. Haben Sie schon erlebt, wie ein Erwachsener spontan seine Stimmlage ändert, wenn er sich über einen Kinderwagen beugt? Er paßt sich den kindlichen Tönen an. Genauso beugen sich Erwachsene im Gespräch mit Kindern oft herab oder gehen entsprechend in die Knie, um auf Augenhöhe Kontakt aufzunehmen. Hier wird die Wellenlänge zur Körpergröße aufgebaut.

In bestimmten Kulturen wird noch der Volkstanz gepflegt. Gemeinsame rhythmische Bewegungen und der gleiche Gesang stärken über die Körpersprache das Zusammengehörigkeitsgefühl der Gruppe. Obgleich wir selbst vielleicht keinen Volkstanz aufführen, stellen wir doch körperlich mit unseren Mitmenschen bei der Begrüßung die lebendige Wellenlänge durch Händedruck oder Kopfnicken her.

Die gute Wellenlänge ist in der Regel automatisch vorhanden, wenn sich zwei Gesprächspartner spontan sympathisch finden. In Ihrem Leben werden Sie aber so vielen verschiedenen Menschen begegnen, daß nicht bei jedem Kontakt sofort die gute Wellenlänge garantiert ist. Das liegt an der unterschiedlichen Lebensgeschichte und den unterschiedlichen kulturellen Hintergründen der Menschen. Oft sind Sie darauf angewiesen, die gute Wellenlänge in der Kommunikation erst einmal herzustellen, denn sie ist eine Voraussetzung dafür, daß sich die Sinneskanäle Ihres Gegenübers vollständig für Sie und Ihre individuelle Schönheit öffnen.

Sendestörungen in der Kommunikation haben manchmal ganz überraschende Ursachen, die sich unabhängig vom Outfit oder der Wahl des richtigen Parfüms abspielen. Es kann sich beispielsweise schon störend auswirken, wenn ein bedächtig sprechender Norddeutscher und eine redefreudige Düsseldorferin bei der Unterhaltung ein unterschiedliches Sprechtempo an den Tag legen. Beide Gesprächspartner haben intuitiv das Gefühl, es stimme etwas nicht. Dies ist im wahrsten Sinne des Wortes richtig, jedoch wird der eigentliche Auslöser der Unstimmigkeit meist nicht auf sachlicher Ebene registriert. Unnötigerweise beurteilt man den Wortinhalt oder gar den kompletten Menschen inklusive seinen Schönheitsmerkmalen als negativ: Schnellsprecher werden in dieser Konstellation vom Gegenüber häufig als »oberflächlich«, Langsamsprecher hingegen als »unterbelichtet« abgestempelt.

Machen Sie sich selber bewußt, ob Ihre Stimme irgendeine Besonderheit aufweist: Sprechen Sie schneller oder langsamer als andere? Lauter oder leiser? Das Wissen um die Wirkung Ihrer Stimme hilft Ihnen, sich auf Gesprächspartner mit einem anderen Sprechrhythmus sensibel einzustellen, indem Sie diesen Menschen in Tempo und Lautstärke etwas entgegenkommen. Ist Ihnen das gelungen, stellt sich ein überraschender Effekt ein: Ihr Kommunikationspartner beginnt, sich im Gegenzug unbewußt auch auf Ihre charakteristische Sprechweise einzustellen, die Brücke ist gebaut, man trifft sich in der Mitte, der andere wirkt plötzlich »seelenverwandt« und sympathisch.

Sie können auch die anderen Menschen in ihrer jeweiligen »Stimmung« abholen, um eine gute Wellenlänge herzustellen. Gerade hier ist die »positive Wellenlänge« nicht gleichzusetzen mit krampfhafter Freundlichkeit. Begegnet Ihnen beispielsweise ein aus irgendwelchen Gründen mißgestimmter Mensch, könnte eine allzu »taufrische« Freundlichkeit dessen schlechte Laune nur noch verstärken. Gerade hier dürfen Sie zunächst auch etwas »herummuffeln«, was das Gegenüber viel eher als sympathisch und echt empfinden wird. Erst auf dieser Basis der gemeinsamen Wellenlänge sollten Sie dann versuchen, diesen »Verstockten« mit Fröhlichkeit anzustecken.

Menschen verschiedener Kulturkreise haben häufig eine recht unterschiedliche Auffassung vom richtigen Maß der Nähe in der Kommunikation. So kann es sein, daß Sie stets instinktiv zurückweichen, wenn Ihnen jemand »auf die Pelle rückt«. Das macht die Situation aber nur schlimmer, da jetzt derjenige, der eine größere Nähe für richtig hält, alles dafür tut, die Entfernung wieder zu verringern. Selbst wenn Sie als Frau befürchten, daß ein Mann Ihnen aus anderen als aus Kulturgründen näher kommt, wird man ihn nicht durch Zurückweichen los.

»Der kriecht beim Diktieren regelrecht über den Schreibtisch«, beklagte sich eine Sekretärin einmal über ihren Chef. Im Rollenspiel stellte sich heraus, daß sie dann während des Diktats als Gegenreaktion den Abstand zur Tischkante immer größer werden ließ. Wir ermutigten sie, einmal das Gegenteil auszuprobieren: Beim nächsten Diktat legte sie ihren Block auf den Schreibtisch, lehnte sich weit nach vorn und richtete beim Zuhören ihren Blick deutlich auf das Gesicht Ihres Gegenübers. »Das hätte ich nie gedacht«, berichtete sie ein paar Tage später begeistert, »plötzlich lehnte er sich in seinem

Sessel ganz entspannt weit nach hinten. Nach einer Weile tat ich das auch. Er diktierte bis zum Schluß in der entspannten Sitzhaltung weiter und beugte sich kein einziges Mal mehr nach vorn. Komischerweise fühle ich mich jetzt auch respektvoller und freundlicher von ihm behandelt.« Die Erklärung hierfür mag sein, daß sich der »Schreibtischkriecher« zuvor unbewußt immer abgelehnt oder gar kritisiert gefühlt hatte – ohne zu wissen, warum. Ein Entgegenkommen in der Körpersprache – und sei es als Geste nur für eine halbe Minute gezeigt – führt dazu, daß der andere sich »abgeholt«, in seiner Person wahrgenommen und gewürdigt fühlt. Auf dieser Grundlage öffnet fast jeder Mensch seine Sinne für den Kommunikationspartner und ist bereit, ihn positiv zu erleben und gleichzeitig zu respektieren.

Ein weiterer Weg, die gute Wellenlänge zu etablieren, führt über die Angleichung des Sprachniveaus an das des Gesprächspartners. Achten Sie darauf, ob Ihr Gegenüber eher einen volkstümlichen, umgangssprachlichen oder einen »gewählten« Sprachstil benutzt. Auch gebildete Menschen verwenden in bestimmten Situationen einen volkstümlichen Ton, indem sie einen Dialekt sprechen oder auf die Modeausdrücke wie »stark« oder »echt gut« zurückgreifen.

Sagt zu Ihnen jemand: »Das ist ja super!«, dann antworten Sie bitte nicht betont vornehm. Gehen Sie auf den Sprachstil des anderen ein, und schon fühlt er sich unbewußt wohl mit Ihnen: »Ja, find' ich auch toll« hört sich in seinen Ohren ganz anders an als etwa: »Auch mir sagt es zu.« Selbstverständlich mag es jeder Mensch, daß Sie ihm oder ihr gut zuhören können und Verständnis für die Themen des anderen ausdrücken. Schon verständnisvolle Bemerkungen wie »Da hattest du ja wirklich großes Pech« können die bekannten »goldenen Schlüssel« für das Herz Ihres Gesprächspartners sein.

Ein wichtiges nonverbales Kommunikationselement ist natürlich auch die Berührung – und zwar nicht nur in der Partnerschaft. Sie begrüßen Menschen mit einem Händedruck, nehmen die Freundin in den Arm, schmusen mit Ihrem Kind, klopfen jemandem auf die Schulter, berühren jemanden zum Trost am Arm. Nehmen Sie hierbei immer wieder wahr, in welcher Verfassung Ihr Gegenüber bei der Berührung ist. Gerade Kinder sind einerseits sehr liebebedürftig, mögen jedoch in bestimmten Momenten gar nicht gern angefaßt werden. Berühren Sie andere Menschen überwiegend, wenn diese sich offensichtlich wohl fühlen. Gerade in der Partnerschaft sollten Sie den anderen nicht nur umarmen, wenn er Sorgen hat. So wird die Berührung nur zum »Sorgen-Anker«. Körperkontakt sollte auch eine unbewußte Erinnerung an gute seelisch-körperliche Zustände sein. Hat jemand einen festen Händedruck, erwidern Sie den Druck entsprechend, anstatt die eigene Hand als »Waschlappen« anzubieten. Temperamentvolle Menschen berühren einen im Gespräch gern ab und zu. Ist Ihnen der gute Kontakt zu so einer »südländisch« wirkenden Person wichtig, werden Sie nicht steif wie ein Brett. Denn dann kommt sich Ihr Gegenüber plötzlich häßlich wie der Glöckner von Notre Dame vor. Klopfen Sie ihm ruhig auch einmal herzlich auf den Oberarm, dann fühlt sich der andere angenommen und entwikkelt auf dieser Basis von sich aus auch ein gutes Gespür für Ihren Distanzwunsch.

Wenn Sie Ihre Stimme in Tonalität, Melodie, Rhythmus, Lautstärke und Tempo an Ihren Gesprächspartner anpassen sowie die Kopfbewegungen, die Körperhaltung, Atemfrequenz und Gestik des Gegenübers andeutungsweise nachahmen, dann sprechen die Psychologen vom Angleichen. Besonders der sogenannte »Small talk« eignet sich für den Aufbau der guten Wellenlänge, da Gespräche über das Wetter, Hobbys oder die Familie hervorragend zum Aufbau tragender, unbewußter Schwingungen geeignet sind. Nutzen Sie diese Gesprächsphase für die Angleichung an den Kommunikationspartner. Sprechen Sie in seinem Atemrhythmus, und kopieren Sie auch seine Körperhaltung. Selbstverständlich sollen Sie mit dem Gegenüber kein »Ballett« aufführen. Es reicht durchaus, dem Bewegungstrend des anderen zu folgen.

Das Fließen der guten Wellenlänge erkennen Sie daran, daß sich alle an der Kommunikation beteiligten Personen ähnlich verhalten: gemeinsames Lachen, gleichzeitiges Wechseln der Sitzhaltung und vieles mehr. Sie können den guten unbewußten Draht testen, indem Sie sich selbst wie zufällig an der Nase kratzen, einen Arm heben oder sich vor- und zurücklehnen oder insgesamt die Sitzposition wechseln. Folgt der andere Ihrer Körpersprache, sind Sie sich der guten Wellenlänge sicher.

Wenn durch gezieltes Angleichen die gute Wellenlänge etabliert wurde, dürfen Sie wieder Ihrer »natürlichen Art« freien Lauf lassen. Der Gesprächspartner wird Ihnen auf einer positiven unbewußten Basis folgen, und es wird sich im weiteren Verlauf automatisch ein Kompromiß im Kommunikationsstil ergeben. So ersparen Sie sich ein nervenaufreibendes Kräftemessen mit individuell unterschiedlichen Menschen. Sie können also nach einem gelungenen Austausch mit anderen Menschen immer wieder Ihren persönlichen Stil kultivieren, Sie sollten ihn jedoch in der Kommunikation nie zu einer starren Mauer zwischen sich und anderen werden lassen.

Die gute Wellenlänge zwischen Ihnen und anderen hat den besonderen Vorteil, die Merkfähigkeit der beteiligten Menschen für Ihre Person und die von Ihnen gesprochenen Worte zu erhöhen. Bei einer gut hergestellten Wellenlänge müssen Sie sich kaum anstrengen, Ihre Botschaft und Ihre Person ins richtige Licht zu setzen. Der andere steht ohnehin schon bereit, Ihre Signale aufzufangen. Er oder sie sieht Sie jetzt durch die Schönheitsbrille. Die Menschen sind in der Atmosphäre einer guten Wellenlänge auch sehr versöhnlich gestimmt. Sprechen Sie zum Beispiel peinlicherweise den Gesprächspartner mit falschem Namen an, ist dieser geneigt zu antworten: »Ach, das macht doch gar nichts!« Bei mangelnder gleicher Wellenlänge wird Ihnen so etwas sofort als übler Fehler ausgelegt. Jede Energie, die Sie im lebendigen Kontakt in den Aufbau einer guten Wellenlänge fließen lassen, wird Ihnen doppelt und dreifach als positive Schwingung zurückgesandt.

Indem Sie bewußt eine Wellenlänge herstellen, vermitteln Sie anderen Menschen das Gefühl, als Person »anzukommen«. Dieses Gefühl ist für Menschen etwas sehr Wichtiges und Schönes. Sie bringen nun Ihre Person mit dem Erleben dieses wichtigen und schönen Gefühls in Verbindung. In diesem guten Zustand ist der oder die andere gern bereit, für das Erleben Ihrer individuellen Schönheit offen zu sein. Bereichernde Kontakte wirken wie eine wertvolle Fassung, in der das »Schmuckstück« Schönheit erst richtig zur Geltung kommt. Sehen Sie sich auf den folgenden Seiten noch einmal die Zusammenfassung zu diesem Kapitel an.

Die Ausdrucksmöglichkeiten
unserer Körpersprache

Atmung:
o Tempo (langsam oder schnell),
o Atemtiefe (flach oder Bauchatmung).

Muskelspannung (stark oder locker):
o Mimik,
o bestimmte Körperregionen (z. B. Schulterpartie).

Puls:
o Tempo (Beobachtung möglich an: Stirn- oder Halsschlagader, Wippen des Unterschenkels, wenn die Beine übereinandergeschlagen wurden).

Pupillen:
o eng,
o weit.

Körperhaltung:
o Körpersymmetrie,
o gerade oder gebeugt.

Körperbewegung:
o individuelle Bewegungen wie Nicken, Fußwippen, Daumenwackeln.

Stimme:
- Sprechtempo,
- Satzmelodie,
- Tonhöhe,
- Lautstärke.
- Gleichzeitiges Lachen über dieselben Inhalte.

Die nonverbalen Kennzeichen
einer positiven Wellenlänge

- o »Körperballett«:
  - – gleiche Körperhaltung,
  - – gleichzeitiges Wechseln der Körperhaltung.
- o Übereinstimmende Gestaltung von räumlicher Nähe und Distanz.
- o Impuls, in gleicher Augenhöhe zu kommunizieren.
- o Ähnliche Art zu sprechen:
  - – volkstümliche oder gewählte Sprache,
  - – gemeinsames Sprechtempo,
  - – Angleichung der Lautstärke.
- o Hohe Merkfähigkeit der besprochenen Inhalte.
- o Hohe Bereitschaft, an sich gegenseitig sympathische und schöne Merkmale zu entdecken.
- o Versöhnlicher Umgang mit »Schnitzern«:
  - – z. B. falsch ausgesprochener Name.

LIEBE UND SCHÖNHEIT

Natürlich darf beim Thema »Schönheit« die Liebe nicht fehlen. »Die Summe unseres Lebens sind die Stunden, in denen wir liebten«, sagte der Dichter Wilhelm Busch. Auch heute noch zählen für die meisten Menschen Liebe und Partnerschaft mit zu den höchsten Werten ihrer Lebensqualität. Entsprechend unglücklich sind viele Menschen, wenn sie keinen Partner haben oder finden. Leider gilt es in unserer Gesellschaft oft als hochpeinlich, offen zuzugeben, daß man auf Partnersuche ist. Die meisten Suchenden werden von dem Anspruch gehandicapt, man müsse einen neuen Partner wie »zufällig« finden, und andere dürften auf keinen Fall merken, daß man partnerbedürftig sei. Auf diese Weise laufen eine ganze Reihe von äußerst attraktiven Menschen umher, von denen niemand erfährt und von denen niemand glauben würde, daß sie einsam sind.

Da dieses Kapitel jedoch von »Liebe« und nicht von Partnersuche handelt, möchte ich dieses Thema hier nur streifen. Ich würde mir wünschen, daß sich alle betroffenen Menschen auf Partnersuche genauso normal und selbstbewußt zu diesem Wunsch stellen könnten wie etwa zu dem Bedürfnis, sich Apfelsinen, Brot oder eine Kiste Mineralwasser kaufen zu wollen. Ebenso natürlich und respektvoll sollte die Gesellschaft auf diese Suchenden reagieren. Kommt Ihnen der Vergleich mit Apfelsinen oder Mineralwasser unpassend vor? Mir nicht, denn Liebe und Partnerschaft sind elementare Seelennährstoffe. Nicht von ungefähr leben Menschen in funktionierenden Partnerschaften erwiesenermaßen länger und gesünder als Singles. Natürlich kann man die Liebe eines Menschen nicht kaufen. Aber man kann zeigen, daß man sich einen Partner wünscht.

Wenn Liebe und Partnerschaft schon so wichtig sind, warum gehen die meisten Menschen so nachlässig damit um, sobald sie einen Partner haben? Als Psychotherapeutin beobachte ich dieses höchst paradoxe Phänomen schon seit Jahren. Es gibt kaum ein Lebensthema, das so vernachlässigt wird wie die Partnerschaft, und demgegenüber kaum ein Leiden, das so verzweifelt macht wie Liebeskummer. Denn bekommt die Partnerschaft Brüche oder kommt es gar zur Trennung, fällt den Betroffenen oft zu spät ein, daß sie den anderen eigentlich sehr lieben.

Ich kannte einen Mann, der jahrelang auf den Wunsch seiner Frau nach gemeinsamen Tanzstunden mit purer Verachtung reagierte. Als sie ihn verließ, sagte er verzweifelt: »Ich würde alles dafür geben, daß sie zurückkommt – ich wäre jetzt bereit, mein ganzes Leben lang mit ihr zu allen möglichen Tanzkursen zu gehen!«

Dieser Mann sah seine Frau plötzlich wieder durch die »Liebesbrille«. Alles, für das er jahrelang blind gewesen war, fiel ihm plötzlich wieder positiv auf: die Art, wie sie die Haare trägt, ihre weiche Stimme, die strahlenden Augen, das offene Lachen – sogar die wohlgeformten Ohren.

Ebenso erging es einer Klientin von mir, als sie vom Seitensprung ihres Mannes erfuhr: »Na ja, wenn man ihn so sieht, kann man die Frau ja auch verstehen. Er sieht wirklich gut aus, ist sehr witzig in der Unterhaltung...« Sie selbst war allerdings in letzter Zeit eigentlich nur noch von seiner Unordentlichkeit genervt gewesen, fand, daß er den Haushalt durcheinanderbrachte. »Ich gebe zu, daß ich etwas extreme Vorstellungen von Ordnung habe«, gab sie nachdenklich zu. Als sich die andere Frau für ihren Mann interessierte, kam meiner Klientin die von ihr geäußerte Kritik an ihrem Mann plötzlich völlig übertrieben vor. Sie entdeckte in ihrer Eifersucht und Verzweiflung plötzlich wieder all seine liebenswerten und schönen Seiten.

Wie schon angedeutet, verdient dieses Thema ein ganzes Buch, um von allen Seiten angemessen beleuchtet zu werden. An dieser Stelle sei nur darauf hingewiesen, daß viele Menschen gerade im Zusammensein mit geliebten Partnern genau die negativen Wahrnehmungsbrillen aufsetzen, die am Anfang des Buches als Stolpersteine im Erkennen der eigenen Schönheit vorgestellt wurden:

1. Negative Verzerrung:
Man reagiert hoch allergisch oder übertrieben auf ein bestimmtes Merkmal des anderen. Beispielsweise ertrug eine Frau es nicht, wenn ihr Mann sie beim Gespräch über seine Lesebrille hinweg ansah. »Dieser Blick ist fürchterlich provozierend, er sieht dabei wie ein Lehrer aus!« war ihr Kommentar. Der Betroffene reagierte immer ganz erschrocken auf ihre heftigen und aggressiven Reaktionen. Ein anderer Mann gab im Paargespräch an, die Stimme seiner Frau nicht mehr hören zu können, wenn diese »eine bestimmte Tonlage« hat. Er bricht dann stets das Gespräch ab und verläßt den Raum. Das störende Merkmal wird bei der negativen Verzerrung als derartig gravierend erlebt, daß sämtliche Schönheitsmerkmale des anderen davon überblendet werden.

2. Negative Tilgung:
Man wird mit der Zeit blind für die Schönheitsmerkmale und die liebenswerten Eigenschaften des anderen. Er registriert nicht ihre Energie, sich immer wieder schönzumachen, sie gibt ihm zwar einen Abschiedskuß, vergißt jedoch wahrzunehmen, wie gut er eigentlich aussieht. Negative Tilgung muß nicht immer wie die negative Verzerrung zu

Aggressionen führen. Sie kann vielmehr Gleichgültigkeit zur Folge haben, was für die Liebe ebenso tödlich wirken kann wie ewiger Streit.

3. *Negative Bewertung:*
Hier reagieren die Partner negativ auf Merkmale, die andere sogar als besonders schön oder liebenswert einschätzen. Beispielsweise findet sie seinen Dreitagebart, den er sich immer im Urlaub wachsen läßt, »ungepflegt«, während eine andere Frau den gleichen Anblick gerade als »männlich-romantisch« erlebt. Er findet ihren Kleidungsstil »unmöglich«, ein anderer Mann ist ganz begeistert und findet Worte wie »toll« und »witzig«. Nun mag man sich fragen, wieso Menschen sich zusammentun, wenn sie Merkmale aneinander negativ bewerten. Die Erfahrung gibt hier eine ganz überraschende Anwort: Oft wird der anfänglich größte Liebesmagnet im Laufe der Zeit beim anderen in das Merkmal mit der negativsten Bewertung verwandelt. Beispielsweise findet ein Mann seine Frau beim Kennenlernen »entzückend temperamentvoll«. Später redet sie ihm dann zuviel. Oder eine Frau schwärmt davon, daß der neue Freund etwas »Verwegenes« an sich hat. Ein paar Jahre später nörgelt sie ständig an ihm herum, daß er den Rasen nicht ordentlich genug mäht.
Beim Verliebtsein funktionieren die Wahrnehmungsfilter genau umgekehrt:

4. *Positive Verzerrung:*
Völlig durchschnittliche Merkmale werden als absolute Schönheitskrönung erlebt: »Augen wie Sterne«, »eine total erotische Stimme«, der »süßeste Leberfleck, den man je gesehen hat«, usw.

5. *Positive Tilgung:*
Störende Eigenschaften und Merkmale werden einfach übersehen, überhört und überfühlt. Statt dessen konzen-

triert sich die Wahrnehmung auf alles Liebenswerte und Schöne des Partners.

6. Positive Bewertung:
Man findet bestimmte Merkmale am anderen schön, die sehr unterschiedlich auf Menschen wirken können. Sie liebt seine behaarten Arme, er findet ihre runden Körperformen »umwerfend« usw.

Im Volksmund gibt es den Ausspruch »Liebe macht blind«. Dieser Satz bezieht sich auf das Phänomen, daß wir den geliebten Menschen durch positive Wahrnehmungsfilter auf uns wirken lassen und störende Merkmale und Eigenschaften gerne ausblenden. Ebenso könnte es aber auch heißen: »Gewohnheit macht blind«, denn hier wird die Schönheit des Partners im Erleben weggefiltert. Leider passiert dies besonders Menschen, die auch nie gelernt haben, sich selbst positiv wahrzunehmen. Ist der Partner ein Teil des eigenen Lebens geworden, lassen wir seine Bedeutung durch genau die Negativfilter schrumpfen, mit denen wir uns selbst auch schon häßlich gedacht haben.
Wenn Sie durch das »Denk-dich-schön«-Programm gelernt haben, sich selbst positiv zu erleben, wenden Sie doch diese Wahrnehmungsmöglichkeiten auch auf Ihren Partner an. Sie werden staunen, wieviel Besonderes und Schönes Sie an ihm oder ihr entdecken können. Interessanterweise wird Ihnen Ihr Partner schon nach kurzer Zeit unbewußt antworten: Er oder sie fühlt sich gewürdigt und gemocht, »blüht auf« und entdeckt ebenfalls wieder seine oder ihre »Liebesbrille« für Sie.
Natürlich kann es bei der Liebe auch passieren, daß Sie im Partner nicht den »Richtigen« oder die »Richtige« für sich gefunden haben. Wenn Sie jedoch durch das »Denk-dich-schön«-Programm oder andere Prozesse der Persönlichkeitsentfaltung gelernt haben, sich selbst schön zu finden,

können Sie gefühlsmäßig richtig reagieren. Sie werden einfach im tiefsten Inneren spüren, daß der andere nicht zu Ihrem Selbstbild, das Sie nun von sich selbst haben, paßt. Haben Menschen jedoch ein häßliches Selbstbild von sich, kommen sie auch von problematischen Partnern nicht los. Insgeheim haben sie dann nämlich das Gefühl, daß sie eine schlechte oder abwertende Behandlung entsprechend ihres negativen Selbstbildes auch verdient haben.

Haben Sie jedoch das Glück, einen im wörtlichen Sinne liebenswerten Partner zu haben, ruhen Sie sich nicht auf den Anfangslorbeeren der ersten Verliebtheit aus. Gerade Liebe ist ein lebendiges Phänomen, das im lebendigen Geben und Nehmen gepflegt und gehegt werden muß. Es lohnt sich, denn wenn etwas wirklich schön macht, ist es die Liebe und eine glückliche Partnerschaft.

An dieses Kapitel schließt sich keine Übung an. Sie finden hier jedoch eine Aufzählung Tips für Liebe und Partnerschaft, die größtenteils auf den bisher im Buch vorgestellten Inhalten beruhen.

Liebe und Schönheit –
einige Tips

① Spielen Sie immer wieder das Gedankenspiel: »Ich sehe ihn/sie das erste Mal.« Das hilft, die mentale Liebesbrille zu finden. Nehmen Sie Ihren Partner mit den positiven Wahrnehmungsfiltern wahr, und machen Sie sich so öfter seine oder Ihre Schönheit richtig bewußt.

② Ruhen Sie sich nicht auf Ihren »Anfangslorbeeren« der Liebe aus. Senden Sie auch im Alltag neue Schönheitssignale. Machen Sie sich beispielsweise immer wieder für Ihren Partner schön zurecht – auch wenn er oder sie Ihnen sicher ist.

③ Sorgen Sie auch bei Ihrem Partner immer wieder für die gute nonverbale Wellenlänge – so wie es im Kapitel »Kontakt und lebendige Schönheit« beschrieben wurde.

④ Unterstellen Sie Ihrem Partner – genau wie Ihren Persönlichkeitsteilen – zunächst immer eine gute Absicht, auch wenn Sie sein oder ihr Verhalten nicht verstehen. Nur ein Bruchteil allen Partnerschaftsärgers basiert tatsächlich auf einer bewußt bösen Absicht des Partners.

⑤ Versuchen Sie, sich in der Partnerschaft gegenseitig Wünsche zu erfüllen. Gehen Sie vielleicht ab und zu mit zum Angeln, wenn er es sich wünscht. Besuchen Sie mit ihr einen Tanzkurs, wenn das ihr Traum ist. Das hat überhaupt nichts mit »Kleinkriegen«, Unterdrückung und Pflichterfüllung zu tun. Wünsche erfüllt man einfach aus Großzügigkeit, weil das Zusammensein mit dem anderen eben so schön ist.

⑥ Lassen Sie Ihre inneren Alarmglocken läuten, wenn die Sexualität aus Ihrer Partnerschaft verschwindet. Sexualität ist eine sehr wichtige Quelle für Liebe und Schönheit. Suchen Sie gemeinsam mit Ihrem Partner nach Lösungswegen, oder nehmen Sie hier sogar professionelle Hilfe in Anspruch.

UND WENN MICH
JEMAND HÄSSLICH FINDET?

Hand aufs Herz: Finden Sie denn jeden anderen Menschen gleich schön? Haben Sie nicht auch schon einmal erlebt, daß Ihre Freundin Ihnen von dem neuen, gutaussehenden Lover vorschwärmte und Sie ihn dann gar nicht so toll fanden, als er Ihnen vorgestellt wurde? Finden Sie jede Schauspielerin gutaussehend, die in den Medien als gutaussehend gefeiert wird? Sie haben – wie alle anderen Menschen auch – Ihren persönlichen Geschmack. Ebenso kann es den anderen auch ergehen. Nicht nur Sie nehmen durch die unterschiedlichen Filter der Wahrnehmung wahr. Alle Menschen tun das.
Es gibt Menschen, die keine roten Haare mögen, Frauen, die nur bei dunklen Männeraugen schwach werden, und Männer, die nur auf kleine Busen stehen. Insofern kann man nie häßlich, sondern höchstens nicht der sogenannte »Typ« anderer Menschen sein. Sie sind nicht dadurch schön oder häßlich, daß andere Sie bejubeln oder abwerten. Sie selbst entscheiden, ob Sie ein schöner Mensch sind. Mit dieser Ausstrahlung kann man sogar andere zum »konvertieren« bringen: »Also, ich habe noch nie auf kleine Männer gestanden, aber dieser ist so toll und so witzig, daß ich mich total verliebt habe«, erzählte mir einmal eine Freundin. Mit diesem kleinen tollen Mann ist sie heute glücklich verheiratet. Er hatte sie durch sein liebenswertes Selbstbewußtsein gewonnen und nicht durch Mitleid, weil er als kleiner Mann etwa so depressiv die Ohren hängen ließ.

Es wird immer Menschen mit unterschiedlichem Geschmack geben, und das ist auch gut so. Das sollte Sie nicht daran hindern, weiterhin an Ihren Schönheitszauber zu glauben und sich selbst schön zu finden.

NEID UND SCHÖNHEIT

Natürlich gibt es, wie oben beschrieben, Menschen mit unterschiedlichem Geschmack. Dieses Phänomen ist relativ harmlos. Doch manchmal werden Sie auch erleben, daß andere unverhofft aggressiv auf Sie reagieren, und zwar gerade, wenn Sie so richtig mit sich selbst und Ihrem Aussehen zufrieden sind. Hier haben Sie es wahrscheinlich mit Neid zu tun. Offensichtliche Schönheit wird von Ihren Mitmenschen als Ihr persönlicher Erfolg empfunden. Wann immer Sie sich in Ihrem Leben positiv entwickeln, sich zufrieden und schön fühlen, müssen Sie mit Neidreaktionen anderer Menschen rechnen. Dabei kommt die Mißgunst oft plötzlich von Leuten, von denen man sie nie erwartet hätte. Die meisten Menschen sind völlig überrascht, bei Erfolg Ablehnung zu erleben. Dementsprechend schlecht sind sie auf diese Situation vorbereitet.

Machen Sie sich bewußt, daß jemand, der Sie wirklich mag, allen Grund hat, sich mit Ihnen über Ihren Erfolg, Ihr Zufriedensein und Ihre Schönheit zu freuen. Überprüfen Sie für sich, ob Kritik und Kommentare über Ihre Schönheit von Ihren Mitmenschen wirklich gut gemeint sind. »Bist du dir bei dem Kleid auch ganz sicher? Wirkt das nicht etwas aufgedonnert?« Das kann sowohl ehrlich als auch destruktiv gemeint sein. Auf jeden Fall ist der Spaß am neuen Kleid schon einmal dahin. Achten Sie immer auf den Unterton, wenn Ihnen ähnliches passiert.

Die Erklärung für das Neidphänomen ist, daß sich eigentlich jeder Mensch Erfolg wünscht. Sowohl Schönheit als auch Zufriedenheit und Selbstbewußtsein können von anderen als Erfolg interpretiert werden. Solange Sie in diesem Sinne keinen haben, übt das auf Menschen mit unerfüllten Wünschen eine gewisse Beruhigung aus. Schon wenn Sie nur glücklich wirken oder erfolgreich das Rauchen aufgegeben haben, präsentieren Sie anderen Menschen Erfolg. Sie werden so zum »Mahnmal« des Mißerfolges anderer, denn Sie leben Ihren Mitmenschen vor, daß man Ziele erreichen kann. Auf diese Weise können Sie andere mit Schönheit und positiver Ausstrahlung unabsichtlich verletzen, da Sie sie schmerzlich daran erinnern, ihre Ziele noch nicht erreicht zu haben.

Der Erfolgreiche begibt sich in den Augen anderer Menschen auf eine höhere Stufe. Dieser Abstand wird als störend erlebt, vor allem dann, wenn Erfolglosigkeit die Beziehung zuvor zusammengeschweißt hat. Waren zwei gute Freundinnen immer übergewichtig, hat das Problem die Freundschaft zusammengeschweißt. Nimmt eine plötzlich mühelos ab, kann dieser Erfolg die Freundschaft bedrohen. Sogar Ehepartner können komisch reagieren, wenn sich einer positiv entwickelt. Hier kann natürlich auch eine verborgene Eifersucht die Befürchtung auslösen, daß Ihre neugewonnene Schönheit die Partnerschaft gefährdet. Aber auch fremden Menschen können Sie ein Dorn im Auge werden.

Nun gibt es zwei Möglichkeiten, auf einen erfolgreichen Menschen zu reagieren. Die erste Möglichkeit besteht in dem Versuch, denjenigen wieder auf die niedrigere Stufe hinunterzuziehen. So haben die weniger Erfolgreichen keine Veranlassung mehr, selbstkritisch darüber nachzudenken, weshalb sie ihre Ziele nicht erreichen. Die zweite Möglichkeit ist das Interesse, hinter das Geheimnis Ihrer positiven Ausstrahlung und Ihrer Schönheit zu kommen. Es gibt also Menschen, die nicht mit Neid und Abwehr, sondern mit

Offenheit auf das Positive anderer reagieren. Sie begeben sich in der Regel in Ihre Nähe und versuchen, von Ihnen zu lernen. Solche Menschen sind natürlich wesentlich angenehmer als die Neider. Reagieren Sie auf Neider nicht verzagt. Konzentrieren Sie sich also auf Menschen, die gut mit Ihrer Schönheit und Ihrer positiven Ausstrahlung leben können.

Die Neider hingegen sollten Sie enttarnen und sich im Zweifelsfall sogar von ihnen distanzieren. Sie rauben Ihnen zuviel Energie. Einen gewissen Schutz vor Mißgunst bietet die Wellenlängen-Technik aus dem Kapitel »Kontakt und lebendige Schönheit«. Sie bewahrt Sie davor, den unglücklich Eifersüchtigen anzustrahlen und so den Neid zu provozieren. Einen weiteren Schutz bietet Ihnen die anschließende Übung (vgl. S. 216).

Sollten Sie selbst einmal Neid auf schöne Mitmenschen verspüren, bedanken Sie sich bei Ihrem Unbewußten für dieses Signal. Eigentlich will Ihnen der eigene Neid nur zeigen, von wem Sie lernen können. Versuchen Sie, die beneidete Person als mögliches Modell für sich zu nutzen. Auf diese Weise bekommen Sie vielleicht sogar noch weitere wertvolle Beautyimpulse.

Übung:
Schutz vor dem Neid

Sie kennen den Begriff »Aura«. Nach fernöstlichem Verständnis ist eine Aura ein Energiebereich, der den menschlichen Körper umgibt. In unserer Kultur sprechen wir von der Ausstrahlung eines Menschen.

① Stellen Sie sich vor, von einer schützenden Aura umgeben zu sein. Sie könnte ein Licht in einer bestimmten Farbe oder ein mentaler Umhang sein.

② Machen Sie sich bewußt, welche Vorteile eine Aura im Vergleich zu einer »inneren Mauer« hat. Positive Energien werden nämlich von der Aura zu Ihnen durchgelassen und nur negative Einflüsse wie von einem elektrischen Feld abgestoßen.

③ Stellen Sie sich gezielt vor, daß diese Aura Sie vor den negativen Schwingungen anderer Menschen, vor allem vor Neidern, schützt. Sie werden überrascht sein, wie gelassen und sicher Sie sich mit dem Schutz der Aura im Kontakt mit anderen Menschen fühlen werden.

④ Suchen Sie sich einen Anker, der Sie in Alltagssituationen schnell an Ihre Aura erinnern kann. Immer wenn Sie darauf schauen oder ihn anders wahrnehmen, verstärken Sie in Sekundenschnelle die Aura.

Versehen Sie Ihren Badezimmerspiegel mit einem kleinen Aufkleber, der Sie schon am frühen Morgen beim Zähneputzen daran erinnert, die Aura »anzuziehen«. So sind Sie den ganzen Tag über geschützt.

Diese ganz einfache Übung hat gemäß der Aussagen unserer Klienten für die persönliche Selbstsicherheit einen erstaunlich positiven Effekt.

»KINDCHENSCHEMA« UND SCHÖNHEIT

Es fällt natürlich immer wieder auf, daß sehr kindliche oder sehr junge Frauen und Mädchen das Schönheitsideal schlechthin zu sein scheinen. Kindliche Männer hingegen werden vergleichsweise viel seltener als Schönheitstraum verkauft. Meiner Meinung nach werden hier zwei Wertekriterien auf verwirrende Weise vermischt: das Thema »Schönheit« und das Thema »Rollenhierarchie«.

Männer werden oft im hierarchischen Denken, Frauen im symmetrischen Denken sozialisiert. Deborah Tannen hat diese beiden Denkstile in ihrem interessanten Buch »Du kannst mich einfach nicht verstehen« eindrucksvoll dargestellt. Aufgrund dieser Prägung erleben viele Männer jeglichen Kontakt als hierarchisch. Unbewußt versuchen sie, bei jeder Begegnung einzuordnen, wer eine höhere oder niedrigere Position als sie innehält. Sport, Karriere und militärisches Denken sind oft ein Ausdruck von hierarchischen Strukturen. Die Autorin Gaby Miketta beschreibt in ihrem Buch »Netzwerk Mensch«, daß Sieger im Sport deutlich andere Hormonwerte aufweisen als Verlierer. Insofern ist das Streben nach »oben« bei vielen Menschen nicht nur eine Art psychische »Macke«, es wirkt vielmehr auch auf körperliche Prozesse und gehört somit zum persönlichen Wohlgefühl.

Natürlich findet nicht jeder Mann – beziehungsweise nicht jeder Mensch – im Siegen oder im »Ganz-oben-Sein« das höchste Glück und somit körperliches Wohlbehagen. Ich denke, es ist eine Frage der persönlichen Wertehierarchie, welche Lebensinhalte einen mit dem zufriedenen Gefühl erfüllen, sein Ziel erreicht zu haben. Der eine erlebt dieses Gefühl beim Blick auf die Bankkonten, der nächste im Zusammensein mit den Kindern und der übernächste auf der Rednertribüne, wenn alle applaudieren. Wichtig ist auch die Frage des Selbstwertes: Kann die Person Selbstwertgefühl aus sich selbst heraus erzeugen, oder müssen immer andere den Selbstwert und die persönliche Wichtigkeit bestätigen?

Es gibt also hinsichtlich der erwähnten Denkstile bei Männern und Frauen sicherlich auch Mischformen. So denken beispielsweise eine Reihe von Frauen sicherlich eher im hierarchischen Denkstil. Umgekehrt werden auch etliche Männer andere Personen eher auf der gleichen menschlichen Ebene erleben. Auf den Männern unserer Gesellschaft lastet jedoch eine weitaus massivere kollektive Erwartung, das Groß-und-oben-Sein zu erfüllen. Viele sind diesem hierarchischen Erwartungsdruck jedoch nicht gewachsen und leiden einerseits unter der meist unbewußten Angst zu versagen. Andererseits vermögen sie ihre Rolle auch nicht so gut zu reflektieren, als daß sie sich von diesem Erwartungsdruck distanzieren könnten. In dieser Klemme könnte ihnen eine gleichaltrige bzw. erwachsen wirkende schöne Frau unangenehm werden. Diese Männer bekommen Angst »aufzufliegen«. Sie fühlen sich bei einer kindlich-jungen Frau automatisch höherstehend, klüger und anerkannter. Ergeben sich aus dieser Konstellation lang anhaltende Partnerschaften oder Ehen, kommt es oft später zu einer Zerreißprobe: Die ehemals so kindliche Frau hat jetzt ihre Persönlichkeit entfaltet und sucht hinter der »Fassade Mann« nach dem echten Mann. Mir ist beispielsweise ein Ehepaar bekannt, bei dem die Frau Thailänderin und um zwanzig Jahre jünger als der Mann ist. Bei der Eheschließung war sie 19, heute ist sie 35 Jahre alt. Sie kann sehr gut Deutsch und Englisch, hat sich als Fremdsprachenkorrespondentin weiterbilden lassen und möchte jetzt gern beruflich tätig werden. Ihr Mann ist wegen dieser Idee völlig verzweifelt und »verbietet« ihr diesen Plan. Sie habe es doch gut und könne sich alles kaufen, so argumentiert er. Sie liebt ihren Mann nach wie vor, möchte aber auch nicht auf ihre eigene Selbstverwirklichung verzichten. Durch den langjährigen Deutschlandaufenthalt ist sie sehr selbstsicher geworden, auch bei ihren Freundinnen ist sie sehr beliebt. In den Paarsitzungen bei mir stellte sich schnell heraus, daß sich ihr Mann regelrecht vor der neuen, gleichberechtigten Beziehungsphase fürchtet. Er ist sich eigentlich gar nicht sicher, ob ihn seine Frau auf »gleicher Ebene« – wenn also die Hierarchie zwischen ihnen nicht mehr so deutlich ist – immer noch mögen und anerkennen würde.

Das Kindchenideal erfüllt also hauptsächlich das männliche Bedürfnis, sich groß und bedeutsam zu fühlen. Es muß an dieser Stelle gesagt werden, daß sich auch heute noch sehr viele Frauen »von Natur aus« als zu schwach und unstabil einschätzen, um die eigene Verantwortung für ein erfülltes, positives und sicheres Leben in die Hand zu nehmen. So gibt es also viele junge Frauen, die das Kindchenideal nur allzugern (und manchmal nur allzulange) erfüllen, da sie tatsächlich die starke Schulter suchen. Ihnen sind gleichaltrige Männer zu jungenhaft. Da müßte dann vielleicht auch die Frau einmal die Starke oder Erfahrene sein. Bei ihnen haben diese Frauen dann nicht das sichere Gefühl, vor den Gefahren des Lebens beschützt zu werden.

Natürlich gibt es viele glückliche Beziehungen, in denen das Klischee »kleine, süße Kind-Frau« und »starker, großer Held-Mann« – unabhängig von der Alterszusammensetzung des Paares – keine tragende Rolle für die Partnerschaft spielt. Jedoch ist dieses Klischee mit Sicherheit als gesellschaftliche Ursache der Verquickung von »Schönheit« und »kindlicher Frau« in etlichen Medien anzusehen. In der

Realität mischen sich die Faktoren Schönheit und Alter allerdings oft anders. Es gibt sehr viele schöne Menschen – Männer wie Frauen – mit 30, mit 50 Jahren und älter. Andersherum gibt es sehr viele junge Menschen, die mit 18 oder 19 noch etwas »unfertig« aussehen. Mein eigenes Paß-foto aus dieser Zeit weist beispielsweise noch ganz deutliche Pausbacken auf, die sich heute im Alter von 38 zufriedenstel-lend verflüchtigt haben. Übrigens gibt es auch – entgegen dem gängigen Muster – viele glückliche Partnerschaften, in denen der Mann jünger als die Frau ist.

Mit dem Begriff »Kindchenschema« habe ich übrigens nicht das Phänomen »Jugendlichkeit« gemeint. Letzteres bedeu-tet für mich Lebendigkeit, Unbeschwertheit, Lebensfreude und Neugier. Diese menschlichen Qualitäten sind jedoch eher persönliche Eigenschaften als altersbedingte Äußer-lichkeiten. So gibt es sehr junge Menschen, die schon beäng-stigend steif und starr in der Persönlichkeit sind, und ältere, dir vor Jugendlichkeit nur so sprühen. Auf dieser Ebene des »Sichauslebens« kann es übrigens für jede Beziehung zwi-schen Mann und Frau wunderschön sein, das »innere Kind« gemeinsam mit dem anderen auszuleben. Natürlich kann und darf jede Frau die Augen einfach mal aus Spaß niedlich aufschlagen und ihn die Heldenrolle proben lassen. Doch ebenso sollte es in derselben Beziehung möglich sein, daß er sich wie ein kleiner Junge, ganz anders als im stressig-männ-lichen Alltag, ankuscheln und über die Haare streicheln las-sen darf, wobei sie dann in die Rolle der Starken und Erfah-renen schlüpft, die Geborgenheit gibt. Natürlich können auch beide gleichzeitig in die Kindrolle gehen und zusam-men herumalbern. Diese Form des gemeinsamen Kindseins in der Partnerschaft hat nichts mit zwischenmenschlicher Hierarchie zu tun, sondern macht einfach nur beiden Spaß, gleicht den anstrengenden Alltag aus und hält beide Partner jung und schön.

TEIL 7

WICHTIGE
SCHÖNHEITSTHEMEN

Eigentlich ist das »Denk-dich-schön«-Programm mit dem Kapitel »Unsere Wirkung auf andere Menschen« schon abgeschlossen. Doch möchte ich an dieser Stelle noch auf einige weitere Schönheitsthemen eingehen, die ich für unbedingt erwähnenswert halte. Besonders wichtig finde ich hier das Thema »Schönheit und Ernährung«, da sich Schönheit natürlich nicht allein über »Denknahrung« entwickeln kann.

Ich freue mich besonders darüber, daß ich Michael Hamm, Professor für Ernährungswissenschaft und Autor des Bestsellers »Die Schönheitsdiät«, gewinnen konnte, den Zusammenhang zwischen Eßgewohnheiten und Aussehen in diesem Buch darzustellen.

Im Anschluß an seine Ausführungen finden Sie dann noch als Ausklang einige kurze Bemerkungen von mir zu verschiedenen Schönheitsüberschriften.

SCHÖNHEIT
UND ERNÄHRUNG

Iß dich schön
von Prof. Dr. Michael Hamm

Gesundheit strahlt etwas aus: Lebensfreude, Zuversicht und Schwung. Gesundes Aussehen fängt beim Essen an. Nur wenn alle Körperfunktionen ausgeglichen arbeiten, ist ein strahlend frisches Aussehen mit gesunder Haut, gesunden Haaren und Fingernägeln möglich. Gute Gründe, dem Körper all das zu geben, was er für seine äußere Hülle braucht. Wer soviel arbeitet wie die Haut, hat den Schlaf ebenso nötig wie die richtige Versorgung mit Nährstoffen.

Die Schönheitsbausteine

Die wichtigsten Bausteine für ein attraktives und gepflegtes Erscheinungsbild sind:

○ ausgewogene und vollwertige Ernährung,
○ genügend Bewegung und Schlaf,
○ sorgfältige Hygiene und Körperpflege,
○ wirksamer Licht- und Sonnenschutz,
○ maßvoller Umgang mit Genußmitteln (wobei es am besten ist, auf Zigarettenrauchen ganz zu verzichten) und – wer würde das bezweifeln –
○ Harmonie zwischen Körper und Seele, das, was man »positiv leben« nennt.

Natürliche Schönheit:
Gesundheit und Harmonie zwischen Körper und Seele

Je besser der gesamte physische und psychische Zustand eines Menschen ist, desto besser ist sein Hautbild. Die Haut gilt als Visitenkarte, die Rückschlüsse auf unsere Lebensweise und unser Lebensalter zuläßt. Man sieht ihr körperliche und seelische Probleme an. Eine gesunde Haut ist wiederum wichtig für das Wohlbefinden und Selbstbewußtsein. Sich wohl fühlen in seiner Haut – wer möchte das nicht?

Hochleistungsorgan und Wunderwerk Haut

Mit 1,6 bis 2 Quadratmetern Oberfläche ist die Haut das größte und vielseitigste Organ unseres Körpers. Als Mittler bzw. Verbindung zwischen Umwelt und Körper kommt ihr eine wichtige Schutz- und Sinnesfunktion zu. Durch die Schweißproduktion ist sie an der Körpertemperaturregulation beteiligt. Die Pigmente der Haut und die Kopfhaare bieten Schutz vor UV-Strahlung. In der Haut wird wiederum unter UV-Einstrahlung das für den Kalziumhaushalt unentbehrliche Vitamin D gebildet. Schließlich ist die Haut auch direkter Vorposten des Immunsystems. Die Pflege und Ernährung der Haut ist aktiver Gesundheitsschutz und längst nicht nur eine Frage des guten Aussehens.

Der Stundenplan der Haut

Tagsüber hat die Haut mit der Abwehrarbeit alle Hände voll zu tun: Sie blockt UV-Strahlen ab, neutralisiert Umweltgifte. Nachts ist dann Zeit für die Regeneration, das heißt, die Haut erholt sich von den Strapazen des Tages. Während des Schönheitsschlafes in der Zeit von 23 Uhr bis zum frühen Morgen kann sich die Haut dann auch am besten auf die Erneuerung ihrer Zellen konzentrieren. Genügend Schlaf ist also für gesundes Aussehen genauso wichtig wie die richtige Ernährung und Pflege sowie genügend Bewegung.

Kosmetik von innen

Neben einem intensiven eigenen Stoffwechsel nimmt die Haut an allen Stoffwechselvorgängen des Körpers teil. Sie erhält die benötigten Nähr- und Aufbaustoffe über den Blutkreislauf. Von daher verdient die Ernährung und damit die Versorgung der Haut von innen neben der richtigen Pflege von außen besondere Beachtung. Der Schönheitsbaustein Ernährung gliedert sich wiederum in viele Einzelfaktoren – vom Vitamin A über Wasser, das Lebensmittel Nummer eins auch für die Haut, bis zum Spurenelement Zink. Entscheidend ist jedoch das richtige Zusammenspiel der verschiedenen Schönmacher aus der Ernährung in Form eines ausgewogenen und abwechslungsreichen Speiseplans.

Nährstoffe und Lebensmittel – unsere Schönmacher

Der Stoffwechsel und unsere Haut brauchen Nährstoffe; wir essen und trinken jedoch Lebensmittel in Form von Speisen und Getränken. Die beste Schönheitsdiät ist ganz unspektakulär eine ausgewogene Mischkost mit:

o Kohlenhydraten als Energiespender;
o Ballaststoffen für die gesunde Darmfunktion (gesunder Darm heißt gesunde Haut!);
o Fett, aber nach Augenmaß, und zwar zur Versorgung mit lebensnotwendigen Fettsäuren und fettlöslichen Vitaminen;
o Eiweißbausteinen als Baumaterial für Haut und Bindegewebe;
o Vitaminen als Schutz- und Reglerstoffe;
o Mineralstoffen (Mengen- und Spurenelemente) als Aufbaustoffe und Hochleistungselemente;

○ Wasser für den Nährstofftransport über das Blut, die gesunde Nierenfunktion und eine gute Hautfeuchtigkeit.

Wir benötigen täglich immerhin 45 Nährstoffe für Fitsein, Wohlbefinden und gesundes Aussehen.

Der Schönmacherkreis

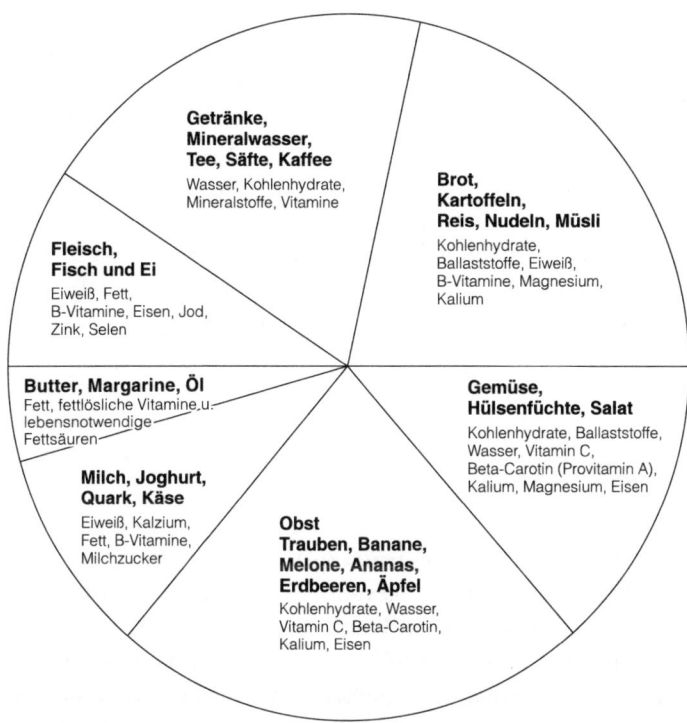

Quelle: Hamm

Zu einer ausgewogenen Schönheitsdiät gehören alle sieben Lebensmittelgruppen, allerdings mit einer mengenmäßigen Bevorzugung der pflanzlichen Lebensmittelgruppen. Täglich sollten Milch und fettarme Milchprodukte hinzukom-

227

men, während Fleisch, Fisch und Ei jeweils zweimal in der Woche auf dem Speiseplan stehen können. Und beim Fett ist insgesamt ein sparsamer Umgang angebracht.

Wasser ist Lebensmittel Nummer eins – auch für die Haut

Gerade bei Neigung zu trockener Haut ist genügend Trink-flüssigkeit wichtig, denn in die tiefen Hautschichten bringt man von außen kein Wasser hinein. Wenn insgesamt zuwe-nig getrunken wird, greift der Körper auf die Wasserdepots der Haut zurück, die im Vergleich zu anderen Flüssigkeits-speichern des Körpers ganz besonders stark entleert werden. Folge ist die ausgetrocknete Haut. Die Haut eines 65 Kilo-gramm schweren Menschen speichert zirka 7,5 Kilogramm Wasser! Erst diese Feuchtigkeit von innen läßt die Haut rosig und elastisch erscheinen. Wer zuwenig trinkt, wird dies schnell an einer schlaff wirkenden Haut feststellen. Die Haut bekommt kleine Knitterfältchen und verliert an Span-nung.

Wasser ist das billigste Beauty-, Fitneß- und
Schlankheitselixier

Bitte tief ins Glas schauen und täglich eine große Flasche Mineralwasser (1 Liter) trinken. So decken Sie die Hälfte Ihres täglichen Trinkflüssigkeitsbedarfs zum Null-Kalorien-Tarif. Ebenfalls gut für die Haut: Fruchtsaft mit Mineralwas-ser gemischt, ungezuckerte Früchte- und Kräutertees, Möh-rensaft, Buttermilch, auch gemischt mit pürierten Pfirsichen, Aprikosen oder Honigmelone. Doch Vorsicht: Reichlich Alkohol und koffeinhaltige Getränke regen die Nieren zur vermehrten Wasserausscheidung an und sind nicht so gut zur Aufrechterhaltung des Flüssigkeitshaushaltes geeignet.

Wie wirkt sich ein Vitamin- und Mineralstoffmangel auf Haut, Haare und Nägel aus?

Neben Flüssigkeit, Eiweißbausteinen und lebensnotwendigen Fettsäuren sind insbesondere die Vitamine und Mineralstoffe »Hautnahrung« bzw. Schutznährstoffe für die gesunde Hautfunktion. Vitamine machen schön, doch nur dann, wenn die Ernährung insgesamt stimmt. Ein Vitaminpräparat darf daher auch kein Alibi für eine einseitige Ernährung sein. Die Vitamine greifen steuernd in den Energie- und Baustoffwechsel der Haut ein oder schützen sie vor bestimmten Umweltbelastungen. Worauf kommt es also im einzelnen an?

Wir unterscheiden die Schutzvitamine (Pro-)Vitamin A, Vitamin C und E von den Energie- und Stoffwechselvitaminen der B-Gruppe. Als Vertreter der Mineralstoffe (Mengen- und Spurenelemente) sind besonders Kalzium, Eisen und Zink wichtig. Besteht ein Nährstoffmangel, kommt es zu den typischen Mangelsymptomen wie kleinen Rissen an den Mundwinkeln, sogenannten Rhagaden, bei Vitamin-B_2-Mangel. Ein Defizit an Biotin, Vitamin B_2 oder B_6 kann sich in seborrhoischen Erscheinungen (Seborrhö ist ein krankhaft gesteigerter Talgfluß) äußern. Biotin – früher auch Vitamin H, eben Hautvitamin, genannt – fördert das Wachstum von Haut und Bindegewebe und hilft bei trockener Haut, Schuppen und Wachstumsstörungen der Nägel. Ein Vitamin-A-Mangel führt zu verstärkter Verhornung der Haut. Bei Zinkmangel kommt es zur Verzögerung der Wundheilung bis zum Haarausfall ebenso, wie es beim Eisenmangel zu Veränderungen an den Fingernägeln kommt. Ein Kalziummangel kann sich ebenfalls negativ auf Haut (Reizhaut), Haare und Nägel auswirken.

Hautschutzvitamine gegen freie Radikale –
die bösen Feinde der Haut

Freie Radikale – das klingt bedrohlich. In der Tat handelt es sich hierbei um aggressive Sauerstoffverbindungen, die unter Licht- und Sauerstoffeinwirkung unablässig in unserem Stoffwechsel entstehen. Umwelteinflüsse wie Rauchen, Alkohol, Schadstoffe, stundenlanges Sonnenbaden (UV-Licht, Ozon), vermutlich auch häufige Flugreisen, ständige Medikamenteneinnahme, hoher Konsum von mehrfach ungesättigten Fettsäuren und Vitaminmangel – dies alles kann die Anzahl der freien Radikale in unserem Organismus und damit den sogenannten oxidativen Streß erhöhen.

Warum sind die aggressiven Sauerstoffverbindungen so gefährlich? Freie Radikale sind äußerst reaktionsfreudig und greifen die empfindlichen Zellwandbestandteile, aber auch Proteine und Nukleinsäuren an. Sie können regelrechte Kettenreaktionen auslösen, die verschiedene Zellkomponenten zerstören. Dadurch werden die natürlichen Zellfunktionen wie Energiestoffwechsel und Stoffaustausch, Zellkommunikation und Abwehrmechanismus beeinträchtigt. Die Körperzellen und damit auch die Haut sind dem Zerstörungswerk der freien Radikale ausgesetzt. Das ist auch ein Grund für vorzeitige Alterungsprozesse der Haut. Im Bereich der Lederhaut soll es zu Quervernetzungen und damit zu Elastizitätsverlusten kommen.

Bestimmte Vitamine wirken als Schutzsystem gegenüber der Reaktion mit aggressiven Sauerstoffverbindungen. Sie werden als Anitoxidantien bezeichnet. Die Vitamine C, E und Beta-Carotin fungieren als »Radikalfänger« und machen die gefährlichen, außer Kontrolle geratenen Sauerstoffteilchen sozusagen unschädlich. Vitamin E kann seine Radikale-Fängerfunktion innerhalb und außerhalb der Zellen ausüben. Auch bei äußerer Anwendung von Vitamin E und Beta-Carotin steht die Unterdrückung der Bildung von aggressiven Sauerstoffteilchen im Vordergrund. Gemeinsam sind sie stark: Vitamin E, Vitamin C und Beta-Carotin können als Antioxidantien der inneren und äußeren Kosmetik bezeichnet werden. Schließlich fördert Vitamin E die Durchblutung der Haut und damit die Ernährung von innen.

Ein gesundes Maß Schutzvitamine

Vitamin C	150 mg/Tag
Vitamin E	20-30 mg/Tag
Beta-Carotin	2-5 mg/Tag

Beta-Carotin gilt nach heutiger Erkenntnis im Gegensatz zu Vitamin A selbst in hoher Dosierung als gesundheitlich unbedenklich. Was die Ernährung betrifft, so ist der Verzehr von gelbrotem und dunkelgrünem Gemüse, welches mit Vitamin-E-reichen Keimölen zubereitet wird, zu empfehlen. Frisches Obst gehört auch dazu. Ebenso sind mit Vitaminen angereicherte Fruchtsäfte eine gute Quelle für die antioxidativen Schutzvitamine. Antioxidantien sollten übrigens zu jeder Mahlzeit aufgenommen werden.

morgens: Müsli mit frischem Obst (Kombination aus Vitamin C, E und Beta-Carotin);

zwischendurch: Obst und Gemüse zum Brot, Joghurt (Kombination aus Vitamin C und Beta-Carotin);

mittags: Salat mit Keimöl oder gedünstetes Gemüse mit Olivenöl (Kombination aus Vitamin C, Beta-Carotin und Vitamin E);

abends: Paprika, Tomaten, Salat oder Gemüsesuppe zum Brot mit Käse und fettarmem Aufschnitt (Kombination aus Vitamin C und Beta-Carotin).

Die teilweise empfohlenen höheren Mengen des Schutzvitamins E (50 mg und mehr) lassen sich allerdings nur durch eine zusätzliche Nahrungsergänzung erreichen, eventuell auch als komplette Antioxidantien-Kombination mit Vitamin C, Beta-Carotin und Selen.

Bräunen Sie unregelmäßig?

Dann lohnt sich ein Versuch mit Vitamin E sowohl von außen als auch von innen. Bei Vitamin-E-Mangel kann es zu Verfärbungen bestimmter Hautpartien kommen; ebenso hängen die sogenannten Altersflecken (dunkle Pigmentierung) damit zusammen. Beta-Carotin schützt die Haut zusätzlich beim Sonnenbaden. Der beste Sonnenschutz ist allerdings ein vorsichtig dosierter Umgang mit den bräunenden Strahlen.

Die schlimmsten Hautsünden

Im folgenden soll zusammengefaßt werden, was man als die acht Todsünden gegen eine schöne Haut bezeichnen könnte:
- zuwenig trinken (Austrocknen der Haut);
- zuviel Nikotin und Alkohol (verschlechterte Durchblutung, Nährstoffmangel, Flüssigkeitsverlust);
- zuwenig Schlaf (zuwenig Zeit für die Regeneration) und Bewegung (verschlechterte Durchblutung und Sauerstoffversorgung);
- zuwenig vitamin- und mineralstoffreiche Kost (Mangel an Vitamin C, Vitaminen der B-Gruppe, Beta-Carotin, Vitamin E, Kalzium, Spurenelemente);
- zuviel Fett;
- einseitige Ernährung, auch strenge vegetarische Kost (allgemeine Mangelernährung an Mineralstoffen und Vitaminen);

o zuviel Sonne bzw. UV-Einstrahlung (freie Radikale, licht-
bedingte Hautalterung);
o häufige Schlankheitsdiäten (zu starke Kalorieneinschrän-
kung, etwa bei Crash-Diäten). Bei heftigen Gewichtsschwankungen kommt es zum sogenannten Jo-Jo-Effekt,
das heißt, häufige Gewichtsschwankungen wirken sich
besonders negativ auf die Haut und das Bindegewebe
aus.

Schlankheitsdiäten sind Mangeldiäten

Übrigens gelten gerade jüngere Frauen als Risikogruppe,
wenn es um Nährstoffmangel geht. Besonders wer häufig
oder ständig Diät hält, riskiert eine Unterversorgung mit Vitaminen und Mineralstoffen. Werden weniger als 1500 Kilo-
kalorien bzw. 6000 Kilojoule täglich aufgenommen, ist eine
sichere Nährstoffversorgung kaum mehr möglich. Bei jungen Frauen kommt es häufig zu Defiziten bei den Vitaminen
B_2, B_6, Folsäure sowie bei Kalzium, Eisen und Zink. Es
spricht also ein weiterer Grund gegen die häufige Anwendung von Schlankheitsdiäten: der Mangel an »Schönheits-
nährstoffen«.
Eine gute Figur und eine schöne Haut kann man nicht durch
rigorose Schlankheitsdiäten und Hungerkuren erlangen,
sondern nur durch die sinnvolle Kombination von vollwerti-
ger Ernährung und körperlicher Aktivität. Warum machen
Sie statt einer Schlankheitsdiät, die die Ernährung nur durch
die Kalorienbrille betrachten läßt, nicht einfach einmal eine
Schönheitsdiät, die die Qualität, eben die Nährstoffdichte,
beim Essen in den Vordergrund stellt. Essen Sie reichlich
Gemüse, Salat, Obst und Vollkornprodukte. Diese Lebensmittel sind von Natur aus leicht und haben eine hohe Nährstoffdichte an Beta-Carotin, Vitamin C, B-Vitaminen und
Ballaststoffen.
Vitamin- und Mineralstoffmangel droht übrigens nicht nur

bei zu geringer Nahrungszufuhr, sondern bei jeder Form von einseitiger Ernährung: etwa durch häufigen Genuß von Fast food, Süßigkeiten und Limonade. Aber auch strenge vegetarische Kost (vegane Ernährung) kann zu einem Defizit an Vitaminen (B_2, B_{12} und D) und Mineralstoffen (Kalzium, Eisen, Zink, Jod und Selen) führen. Je eingeschränkter die Lebensmittelauswahl ist, desto wahrscheinlicher wird ein Nährstoffmangel. Nur ein vielseitiger Speiseplan nach dem Schönmacherkreis (vgl. Seite 227) mit einem hohen Frischkostanteil kann als Kosmetik von innen bezeichnet werden.

Das »Iß-dich-schön«-Programm – ein Leitfaden

○ Täglich mit einem Müsli (Vollkorngetreide – am besten Hafer- oder Hirseflocken – mit Milch oder Joghurt und frischem Obst) starten. Diese Muntermacher-Morgenmahlzeit hält lange vor und versorgt uns mit Ballaststoffen, Protein, Kalzium, B-Vitaminen, Zink sowie mit der Antioxidantien-Kombination C, E und Beta-Carotin.

○ Täglich 1 Liter magnesiumhaltiges Mineralwasser (zirka 100 Milligramm und mehr pro Liter) trinken.

○ Täglich einen Viertelliter Trinkmilch oder einen halben Liter Buttermilch genießen.

○ Täglich eine große Portion Frischkostsalat mit Keimöl oder Olivenöl angemacht *und* eine große Portion gedünstetes Gemüse essen.

○ Täglich zwei Portionen frisches Obst einplanen. Die Bioflavonoide (gesundheitsfördernde Pflanzenstoffe) aus Obst und Gemüse unterstützen die Vitamin-C-Wirkung!

○ Auf ein ausgewogenes Eiweißangebot aus pflanzlichen (Getreide, Hülsenfrüchte, Kartoffeln) und tierischen Quellen (Milch, Milchprodukte, Fisch, Fleisch und Ei) achten.

○ Falls die Ernährung vorher einseitig war, können Sie für vier Wochen ein B-Vitamin-Präparat nehmen; bei Problemen mit brüchigen Fingernägeln auch ein Biotinpräparat.

○ Wer häufig oxidativem Streß (Rauchen, Alkohol, Sonnenlicht, Smog etc.) ausgesetzt ist, kann als Nahrungsergänzung eine Antioxidantien-Kombination einnehmen. Bei einer Dosierung von 150 bis 300 Milligramm Vitamin C, 50 bis 100 Milligramm Vitamin E und 5 bis 15 Milligramm Beta-Carotin sowie 50 bis 100 Mikrogramm Selen sind keine Nebenwirkungen (Überdosierungsfolgen) zu befürchten.

○ Die Bewegung der Beine hält den Stoffwechsel in Schwung, »ernährt« die Zellen der Haut und sorgt über eine verbesserte Durchblutung für eine gute Versorgung der Haut mit Nährstoffen und Sauerstoff von innen heraus. Am besten: Radfahren, Schwimmen, Joggen, ausgiebiges Wandern.

Da sich die Haut etwa alle vier Wochen erneuert, können Sie mit einem sichtbaren Erfolg der Ernährungsumstellung nach rund einem Monat rechnen. Natürlich sollten Sie auch danach weiter schönheitsbewußt essen, denn die Ernährungsempfehlungen nützen auch der schlanken Linie, sorgen automatisch für Ihre Fitneß, Ihre Gesundheit und Ihr Wohlbefinden.

SCHÖNHEIT
UND EMOTIONEN

Natürlich wurden im Buch bisher schon eine Reihe von Emotionen angesprochen. In diesem zusammenfassenden Kapitel möchte ich dennoch kurz auf einige wichtige Gefühle eingehen, welche Ihre Schönheit positiv oder auch negativ beeinflussen können. Grundsätzlich drücken Sie mit jeder Emotion Ihre Lebendigkeit und Ihre Menschlichkeit aus. Möchte eine Person auf Dauer diese menschlichen Energien unterdrücken, wird deren Schönheit erstarren und an Ausstrahlung verlieren. Denn alle Emotionen gehen mit handfesten biochemischen Prozessen einher, die wiederum das körpereigene Schönheitstonikum beeinflussen. Erfahren Sie im folgenden das Wesentliche über diese Zusammenhänge.

Freude und Lachen
Es gilt heute als gesichert, daß Freude, vor allem das Lachen, die Endorphinausschüttung in unserem Nervensystem anregt. Diese körpereigenen morphiumähnlichen Substanzen werden umgangssprachlich auch »Glückshormone« genannt, da sie das allgemeine Gefühl von Zufriedenheit und Lebensfreude steigern. Als körperliches Lachergebnis können wir uns über eine allgemeine Entspannung, über eine gute und gleichmäßige Durchblutung und somit über eine optimale Versorgung unseres Körpers mit wichtigen »Schönheitsstoffen« freuen. Lachen macht also schön und auch gesund.

Die positive Wirkung für die Gesundheit beschreibt der Autor Norman Cousins auf eindrucksvolle Art in seinem Buch »*Der Arzt in uns selbst*«. Er schildert hier, wie er durch eine selbsterfundene »Lachtherapie« mit Hilfe komischer Filme eine sehr schwere und schmerzhafte Krankheit überwand.

Humor, Lachen und Freude sind also für die körperliche Gesundheit und Schönheit unentbehrlich. Diese Emotionen prägen vor allem auch das menschliche Gesicht. In der Mimik älterer Menschen können Sie ganz deutlich ablesen, ob er oder sie im Leben viel und gern gelacht hat. Die Ausdrucksprägung durch Lachen bewirkt eine stark verschönernde Entwicklung über die Jahre. Beispielsweise wird die Wangenpartie ganz deutlich betont, was – wie schon erwähnt – weltweit als ein Ausdruck von Schönheit empfunden wird.

Trauer und Weinen

Daß auch Weinen guttut, wußten viele von uns schon immer. Als Bestätigung dieser These hat der amerikanische Biochemiker William Frey in seinen »Tränenstudien« herausgefunden, daß beim Weinen unsere Streßhormone abgebaut werden. Weiterhin konnte er in der Tränenflüssigkeit ebenfalls Endorphine nachweisen. Interessanterweise erwiesen sich bei Freys Untersuchungen Männer und Frauen, die viel und auch »überzeugt« weinen, körperlich gesünder als die Gruppe derer, die so gut wie nie weinten.

Vor diesem Hintergrund erklärt sich auch die Erkenntnis der Psychologen, daß Menschen, die ihre Trauerreaktionen unterdrücken oder allzu schnell hinter sich bringen wollen, seelisch und auch körperlich ernstlich erkranken können. Freys Untersuchung belegt, daß Trauerreaktionen eigentlich als Heilungsprozesse des Körpers zu verstehen sind, die Seele und Nervensystem wieder in die Balance bringen sollen. Somit sind diese Emotionen ein wichtiger Beitrag für unsere lebendige Schönheit, die in traurigen Momenten auch gelebt werden müssen und wollen.

Schmerz

Eigentlich ist der Schmerz ein Freund des Menschen. Er konzentriert unsere Aufmerksamkeit bei Krankheit und Verletzung auf den Körper, führt uns zum Arzt und den Arzt zur Diagnose. Das zugrundeliegende Leiden kann dann behandelt und somit die Gesundheit sowohl wiederhergestellt als auch erhalten werden.

Doch manche Menschen machen die leidige Erfahrung, daß sich ihr Schmerz nicht so schnell wieder verabschiedet, wie er kam. Bleibt ein Schmerz auch nach der Behandlung der Ursache bestehen, spricht man in der Schmerztherapie von »chronischem Schmerz«. Der chronische Schmerz macht auf Dauer depressiv und nimmt die Lebensfreude. Er kann das Immunsystem schwächen und so den Körper allgemein empfindlicher machen. Daher ist eine sorgfältige Schmerztherapie unbedingt wichtig. Leiden Sie auch unter chronischen Schmerzen, sollten Sie nicht »aushalten« und »die Zähne zusammenbeißen«. Wir leben nicht mehr im vorigen Jahrhundert. Lassen Sie sich statt dessen in Spezialeinrichtungen behandeln, um Ihre Lebensfreude und somit auch Ihre Schönheit wiederzufinden. Manchmal kann der Schmerz nicht ganz genommen werden. Sie können jedoch mit professioneller Hilfe lernen, mit dem Schmerz umzugehen und wieder *Lebensqualität* zu erlangen.

Angst und Depression

sind ebenfalls wichtige Ausdrucksmöglichkeiten von Körper und Psyche. Natürlich können diese Emotionen sogar in psychischen Erkrankungen münden. Man kann jedoch immer wieder feststellen, daß depressive oder ängstliche Menschen oft lange Phasen ihres Lebens mit sich selbst sehr hart umgegangen sind, unerfüllbare Ansprüche an ihr eigenes Ich stellten und sich oft selbst sogar haßten. Alle Entwicklungen, die das Selbstwertgefühl und die Selbstsicherheit steigern, können bei einem Übermaß dieser Emotionen helfen. In ihrer »normalen Dosierungsform« sind Angst und Depression also Phasen, die man immer wieder durchleben wird und auch soll:

o Die Angst behütet uns vor Gefahren und ist somit sogar als eine sinnvolle *Fähigkeit* des Organismus aufzufassen.

o Die Depression macht uns darauf aufmerksam, daß wir unsere Lebenskraft falsch einsetzen oder gar vergeuden. Meist verschwindet die Depression wieder, wenn wir das Signal verstehen und aktiv in unserem Leben etwas ändern.

Treten diese Emotionen nach einem seelischen oder körperlichen Trauma auf, müssen Sie sich auf jeden Fall von einem guten Psychotherapeuten helfen lassen. Untersuchungen belegen eindeutig, daß die Zeit eben nicht alle Wunden heilt und psychotherapeutisch unbehandelte seelische Tiefschläge über Jahre und Jahrzehnte den Seelenfrieden beeinträchtigen können. Menschen in Psychotherapie überwinden diese Krisen wesentlich schneller.

Aggressionen
Viele von uns bekamen als Kinder zu hören: »Nun mach doch nicht so ein häßliches Gesicht.« Dabei machten wir »kein häßliches« Gesicht, sondern waren einfach nur sauer, trotzig oder wütend. »Lieb sein« wurde also der Schönheit, Aggressionen der Schublade »Häßlichkeit« zugeordnet. Wie kann man aber lieb sein, wenn um einen herum so häßliche Dinge wie Ungerechtigkeit, Beleidigungen, Kränkungen, Lächerlichmachen, Mobbing, Diskriminierung geschehen? Und was ist, wenn wir das Opfer dieser negativen Strömungen sind? Ein liebes Lächeln in diesen Situationen demoliert

unsere Schönheit. Denn innerlich bleibt die Spannung. Aggressionen helfen, diese Spannungen abzubauen und anderen zu zeigen, daß wir eben keine Opfer sind. Übrigens ist ausgelebte Wut die ideale Schönheitskur: Bei dieser Aktivierung erweitern sich die Blutgefäße in Oberkörper, Armen, Nacken und Kopf. Das Gesicht wird so richtig schön durchblutet. Die Hautzellen erhalten schönmachenden Sauerstoff. Insgesamt bauen sich die Streßhormone ab, was man nach gelebter Aggression als wunderbare Entspannung erfährt.

Es gibt nun leider gewitzte Choleriker, welche die Kenntnis dieser positiven Zusammenhänge dahin gehend mißbrauchen, indem sie anderen ihren unberechenbaren Kommunikationsterror als »gesunde Wut« verkaufen. Gesunde Aggressionen sind für andere meist durchschaubar und treten nicht immer im falschen Moment auf. Und hat die Aggression einmal den Falschen getroffen, kann man sich hinterher gern entschuldigen. Wichtig ist und bleibt, daß Sie bei möglicher Aggressionslust nach wie vor freundlichen Menschen ebenso freundlich begegnen und Grenzen denen zeigen, die es wirklich verdient haben.

Erfolg

Natürlich ist »Erfolg« an sich noch keine Emotion. Jedoch ist das »Erfolgserlebnis« eine Emotion, die jeder Mensch in seinem Leben ab und zu benötigt, um sich glücklich und gesund zu fühlen. Weiter vorn habe ich bereits beschrieben, daß unser Stoffwechsel sehr stark auf Erfolg oder Niederlage reagiert. Immer wieder wird das Erfolgsbedürfnis des Menschen kritisch diskutiert: »Erfolg allein macht nicht glücklich«, heißt es, man spricht gar von »Erfolgssucht« oder äußert die Angst, daß Erfolgstreben den Gemeinschaftssinn schwächen könnte.

Ich meine, daß hier wieder die Frage nach der sinnvollen Dosierung die richtige Antwort ist. Menschen brauchen

Erfolg, um ihre eigenen Talente, Fähigkeiten und Möglich-keiten zu erleben. Viele Menschen haben äußerst vielfältige und auch kreative Ideen, um sich selbst das Gefühl zu geben, etwas »schaffen« zu können: Der eine spielt Tennis, der nächste besteigt Berge, macht Karriere, perfektioniert seine Hobbys oder versucht gar, in das Guinness-Buch der Rekor-de zu gelangen.

Für ein Erfolgserlebnis nimmt man auch gern »positiven Streß« in Kauf. Tätigkeiten, die jedoch kein Erfolgserleb-nis versprechen, lassen uns schnell ermüden. »Eigentlich mache ich gar nicht so viel, und dennoch fühle ich mich immer gestreßt«, klagte mir einmal die Ehefrau eines Arztes. Wir fanden dann gemeinsam heraus, daß sie nur Tätigkeiten ausführte, von denen sie, gemessen an ihren Fähigkeiten und Talenten, einfach unterfordert war.

Unterforderung ist ein sehr subtiler Streß, welcher der Schönheit äußerst schaden kann. Man fühlt sich wie ein Adler, der nicht fliegen darf, und verliert im übertragenen Sinne vor Kummer die Schönheitsfedern.

Als dann besagte Frau – Mutter zweier Schulkinder – noch-mals zur Universität ging, um ihr Studium zu beenden, wirk-te sich diese Wende in ihrem Leben auch auf ihr Äußeres aus. Sie sah aus wie »das blühende Leben«. Natürlich verur-sachte die Doppelbelastung aus Studium und Familie Streß, doch ihre Erfolgserlebnisse gaben ihr als Ausgleich eine Kraft, die sie jahrelang nicht mehr in sich gespürt hatte.

Zu einem runden Erfolgserlebnis gehört dann noch die Anerkennung durch andere. Es ist natürlich in erster Linie wichtig, daß vor allem Sie selbst Ihre Leistungen würdigen können. Doch stoßen wirklich gute Leistungen Ihrerseits immer wieder auf die Ignoranz Ihrer Mitmenschen, kann das sehr kränkend wirken, sogar krank machen. Wir benöti-gen zur Persönlichkeitsentfaltung einfach die Rückmeldung durch andere – nicht nur in Form negativer Kritik oder Nör-gelei. Natürlich kann Kritik manchmal hilfreich sein, berechtigte Anerkennung aber auch. Sie gibt uns ein Gefühl von Stolz und Würde. Suchen Sie sich daher möglichst Umgang mit Menschen, die auch die Fähigkeit besitzen, andere anerkennen zu können.

Mixen Sie also Ihr Beautytonikum auch aus der Zaubersubstanz »Erfolgsgefühl«. Probieren Sie Ihre Möglichkeiten aus, testen Sie Ihre Grenzen, leben Sie ihre Talente, suchen Sie Kontakt zu Menschen, die Sie würdigen können, und kämpfen Sie gegen Unterforderung – das hält jung.

Zufriedenheit

Selbstverständlich sorgen auch Erfolgserlebnisse für Zufriedenheit. Jedoch sind diese Emotionen bei weitem nicht nur das Ergebnis der eigenen Taten. Zufriedenheit wächst auch durch Annehmen und Genießen. Sie ist das »Sättigungsgefühl der Seele«. Zum einen können Sie sich über Ihre verschiedenen Sinneskanäle satt machen. Das Betrachten des Sonnenuntergangs, schöne Düfte und Gerüche, Musik, ein Vollbad, zuschauen, wenn Kinder spielen – all diese Erlebnisse füllen die Seele. Nebenbei sind verschiedene Sinneseindrücke auch »Bodybuilding für Ihr Gehirn«, das auf diese »Nahrung« mit einer Zunahme der Gehirnzellenverknüpfungen reagiert.

Für ein Erleben tiefer Zufriedenheit ist es besonders wichtig, daß all Ihre Persönlichkeitsteile in Ihrem Leben genug Möglichkeiten für deren Entfaltung bekommen. Erfolgserlebnisse allein nützen beispielsweise gar nichts, wenn Sie nicht zufriedenstellende Kontakte mit anderen Menschen haben. Geborgenheit, gemeinsames Lachen, Vertrautheit und positive Gruppenerlebnisse scheinen sogar lebensverlängernd zu wirken – wie die »Hundertjährigenforschung« zeigt. Vielleicht mögen Sie ab und zu einmal die »Liste der Persönlichkeitsteile« auf Seite 140 f. durchgehen, um quasi »nachzugucken«, wie es Ihren einzelnen Anteilen zur Zeit so geht. Entsprechend können Sie sich dann für Ihre Zukunftspläne inspirieren lassen – sei es langfristig oder nur für den nächsten Tag. Zufriedenheit ist eigentlich das Resultat aus der »Schönheit der inneren Gesellschaft«. Sie macht auch äußerlich sichtbar schön.

Sexualität
Erfüllte Sexualität ist natürlich auch eine Form von Zufriedenheit. Ich möchte dieses emotional wichtige Körpererlebnis jedoch noch gesondert erwähnen, da gelebte Sexualität meiner Meinung nach für die körperliche Schönheit eine große Rolle spielt.

Sexualität ist eigentlich nicht so etwas wie ein »menschlicher Trieb«. Sexualwissenschaftler sind der Meinung, daß nur 20 Prozent unserer Sexualität durch so einen Motor wie Trieb oder Instinkt und die restlichen beachtlichen 80 Prozent durch die Macht der Psyche gesteuert wird. Depressionen bewirken beispielsweise immer ein völliges Einschlafen der sexuellen Bedürfnisse. Etliche Männer lassen ihre vermeintlichen Potenzschwierigkeiten oft jahrelang von einem Urologen behandeln, bevor die Grundursache, nämlich eine Depression, erkannt und behandelt wird. Viele Frauen bestätigen, daß ihr sexuelles Bedürfnis stark durch die Psyche gesteuert wird: Zärtlichkeit und die allgemeine Partnerschaftsatmosphäre werden hier als häufigste Faktoren für die Lust oder die Unlust am Sex genannt.

Natürlich haben die Menschen ganz unterschiedliche Moralvorstellungen. Meine Meinung zum Thema »Sexualität« ist ganz eindeutig. Ich bin fest davon überzeugt, daß erwachsene Menschen ihre Sexualität leben müssen, um sich rundherum wohl, zufrieden und auch glücklich zu fühlen. Mein psychotherapeutischer Alltag hat mir allzuoft gezeigt, daß manchmal die beste Psychotherapie mit dem Gesundheits- und Schönheitszauber eines neuen Liebhabers (oder Liebhaberin) nicht mithalten kann. Ich habe Migränen und Pfunde verschwinden sehen, aufleuchtende

Augen und verjüngte Gesichter erlebt. Ähnliche Wirkungen gibt es natürlich auch, wenn langjährige Paare den berühmten »zweiten Frühling« erleben.

Sexualität geht mit intensiven »Hormonduschen« einher, die unser Körper unter anderem sicherlich auch für die Produktion seines eigenen Beautytonikums benötigt. Vielleicht mögen Sie sich fragen, wie man seine Sexualität bei unfreiwilliger Partnerlosigkeit leben soll. Hier kann ich nur jedem Selbstbefriedigung empfehlen. Das ist meiner Meinung nach eine sehr natürliche Form der Sexualität. Ich finde Selbstbefriedigung auf jeden Fall besser und auch erfüllender, als sich zwanghaft mit jemandem ins Bett zu begeben, den oder die man am Ende nur mit Überwindung mag. Männer haben zu diesem Thema oft eine eher unverkrampfte Einstellung. Sollten Sie als weibliche Leserin sich mit dem Thema Selbstbefriedigung anfreunden wollen, sollten Sie unbedingt das Buch »*For Yourself*« von der Autorin Lonnie Barbach lesen. Hier erfährt übrigens jede Frau sehr interessante Details über ihren Körper und erfüllte Sexualität.

SCHÖNHEIT
UND KOSMETIK

Da sich das Buch bisher nur mit der »Kosmetik von innen« beschäftigt hat, muß hier natürlich noch die »Kosmetik von außen« erwähnt werden. Natürlich gehört und gehörte die äußere Pflege von Körper, Haut und Haaren schon seit Jahrtausenden zum Thema Schönheit dazu. Schönheitspflege ist nicht nur ein »Muß«, sondern macht auch Spaß. Gerade auch Frisur und Make-up sind sehr kreative Möglichkeiten, um die eigene Schönheit zu unterstreichen.

Manchmal kann jedoch die Schönheitspflege zu einem derartig umfangreichen Programm entarten, daß aus dem Pflegespaß ein Pflegestreß zu werden droht. Make-up-Auflegen kann schon bei jungen Mädchen zu einem regelrechten Zwang werden. Im Laufe der Jahre traut man sich dann ohne die »volle Bemalung« gar nicht mehr unter die Leute. Dabei bin ich eigentlich gegen jede Make-up-Abstinenz. Ich verstehe sogar nicht, warum Frauen sich immer »dezent« schminken sollen. Wenn schon Lippenstift, kann man ihn doch ruhig sehen. Warum der Aufwand, wenn es hinterher so aussieht, als hätte man es nicht gemacht?

Jedoch, Sie können in bestimmten Situationen auch schön wirken, wenn Sie beispielsweise nur einen knallroten Lippenstift tragen. Wichtig ist, daß man Ihnen ansieht, daß Sie sich aus Lebensfreude schminken oder frisieren und nicht aus einem Pflichtgefühl heraus. Sonst sieht es nur so aus, als würden Sie in Ihrem Gesicht »Ordnung halten« – und das

strahlt keine Lebendigkeit aus. Kosmetik – am ganzen Körper – sollte ein Ausdruck von Lebensfreude sein und keine
starre »Körperbuchhaltung«.

Was die Frauen hier übrigens des Guten zuviel tun, wird von
vielen Männern leider immer noch vernachlässigt. Manche
Männer könnten wirklich sehr viel »appetitlicher« wirken,
wenn sie Körperpflege genausogern wie Frauen betreiben
würden. Doch auch hier bewegt sich etwas. Die Kosmetikin-
dustrie meldet, daß die Männer jetzt in diesem Gebiet auch
auf dem Vormarsch seien. Es gibt also zumindest einen positiven Trend.

SCHÖNHEIT
UND KLEIDUNG

Kennen Sie folgenden Witz? Eine Freundin sagt zur anderen: »Tollen Rock hast du da an – gab's den auch in deiner Größe?« Natürlich ist das eine ziemlich gemeine Frage. Es ist ja auch nur ein Scherz. Oder doch nicht? Leider gibt es wirklich eine Reihe von Menschen, die viele Stunden des Tages aus verschiedenen Gründen in unbequemer, zwickender oder drückender Kleidung verbringen. Entweder möchte man sich unbedingt in eine bestimmte Konfektionsgröße zwängen, man hat beim Kauf einfach nicht richtig aufgepaßt oder der schöne Urlaub hat gewisse Genußspuren in Form von Pfunden hinterlassen.

Mit der »Zwicktechnik« tut sich allerdings niemand einen Gefallen. Sie schaden nur Ihrer Schönheit, da sich Ihr Körper unbewußt so lange gestreßt fühlt, bis das quälende Kleidungsstück abgestreift ist. Und Sie wissen ja jetzt, welche destruktive Wirkung jeder negative Streß auf Ihre Schönheit ausübt. Bequeme Kleidung, die sich auf der Haut gut anfühlt, steigert das allgemeine Wohlgefühl auf einer tief unbewußten Ebene. Dieses Wohlgefühl kann man Ihnen dann wieder ansehen.

Wichtig ist auch, daß sie selbst Ihre Kleidung immer als schön aussehend erleben. Selbst beim Tapezieren oder Unkrautjäten sollten Sie daher witzige oder farbenfrohe Kleidung tragen. Auf diese Weise stärken Sie permanent Ihr positives Selbstbild. Nutzen Sie Ihre Kleidung auch, um Ihre gute Laune zu fördern. Gerade wenn Sie sich morgens noch schlecht gelaunt oder müde fühlen, sollten Sie »Lebensfreudesachen« anziehen.

Manchmal kann auch eine Kleidungs- oder Typberatung wahre Wunder wirken. Gehen Sie dann jedoch zu Beratern, die nicht nach Farbkatalog beraten, sondern sich auch für Ihre Persönlichkeit interessieren. Zu diesem Thema möchte ich Ihnen das Buch von Dagmar Röcken empfehlen: »*Karriere beginnt im Kleiderschrank*«.

SCHÖNHEIT
UND BEWEGUNG

Neulich traf ich eine Freundin, die ganz toll abgenommen hatte und so richtig fit und verjüngt wirkte. »Gehst du irgendwie ins Fitneßstudio?« fragte ich. – »Nein, wir haben für die Kinder einen Hund gekauft, und wir toben mit dem jetzt immer soviel herum – und dabei habe ich irgendwie abgenommen« war die Antwort. Natürlich möchte ich Sie jetzt nicht überreden, sich einen Hund zuzulegen. Ich möchte mit dieser Begebenheit nur darauf aufmerksam machen, daß »Bewegung« eigentlich eine alltägliche und natürliche Angelegenheit sein kann, die nicht immer in speziellen Studios und in besonderer Kleidung stattfinden muß.
Jeder weiß, daß Bewegung für die Schönheit eines Menschen äußerst wichtig ist. In diesem Zusammenhang eine interessante Tatsache: Ich erfuhr gerade auf einer Kurzreise in das arabische Emirat Dubai, daß die häufigste Todesursache der arabischen Frau hier der Bewegungsmangel sei. Sport und regelmäßige Bewegung wirken also sogar lebensverlängernd. Die Aufzählung der körperlichen Segnungen sinnvoller Bewegung ergibt eine endlose Liste: gute Durchblutung, Muskeltraining, optimaler Stoffwechsel, Kreislaufstärkung, Verdauungsaktivierung, allgemeines Wohlbefinden usw. Viele Menschen scheuen jedoch den Einsatz, weil sie Bewegung mit Sport, Sport mit Leistung und Leistung mit Streß verbinden. Es gibt jedoch viele Möglichkeiten, Bewegung mit Spaß, Freude und Humor zu verknüpfen.

Schon eine simple Strandwanderung kann genau die Bewegung sein, die Ihrem Körper guttut. Ausgelassenes Tanzen auf einer Party ist eine wunderbare Fitneßübung.

Auf jeden Fall sind sich die Fachleute über eines einig: Regelmäßige Bewegungseinheiten drei- bis fünfmal die Woche von jeweils zwanzigminütiger Dauer beleben den Körper intensiver als eine einmalige mehrstündige Kraftanstrengung, die dann vielleicht nur einmal im Monat stattfindet.

Selbstverständlich machen vielen Menschen auch die Bewegungsprogramme in den Fitneßstudios Spaß. Es ist nur eben nicht die einzige und beste Möglichkeit, etwas für sich zu tun. Finden Sie für sich Ihre ganz persönliche Bewegungsmöglichkeit, die zu Ihnen und Ihrem Lebenskontext paßt.

SCHÖNHEIT
UND MEDIKAMENTE

Leider gibt es in den westlichen Ländern etliche Menschen, die unnötigerweise einem viel zu hohen Medikamentenkonsum frönen. Im Rahmen des Themas »Schönheit« möchte ich hier beispielsweise die leidigen Abführmittel erwähnen, welche etliche Frauen und auch Männer zum Entschlacken – also der Figur zuliebe – täglich einnehmen. Was einerseits nützen soll, hinterläßt andererseits einen massiven Schaden: Der permanente Flüssigkeits- und Nährstoffverlust führt zu deutlich grauer und faltiger Haut sowie zu allgemeinen Erschöpfungszuständen.

Bestimmte Schmerzmittel – sogenannte »Mischpräparate« – verursachen als Dauermedikation ebenfalls Hautstörungen und bewirken »nebenbei« paradoxerweise toxische Kopfschmerzen. Ergotaminpräparate, wie sie immer noch gegen Migräne verordnet werden, führen zu einem vorschnellen Einsetzen des Alterungsprozesses mit vielen schönheitsbeeinträchtigenden Nebenwirkungen.

Selbstverständlich gibt es immer wieder eine Reihe von sinnvollen Medikamenten, auf die bei bestimmten Krankheiten einfach nicht verzichtet werden darf. Wägen Sie gemeinsam mit dem Arzt Ihres Vertrauens Nutzen und Nebenwirkung sorgfältig ab. Verzichten Sie soweit wie möglich auf Selbstmedikation, indem Sie sich Ihren »Stoff« permanent auf eigene Faust aus der Apotheke besorgen.

SCHÖNHEIT
UND OPERATIONEN

Es gibt eine Reihe von Schönheitsoperationen, die für die betroffenen Patienten als wahrer Segen empfunden werden. Man denke hier nicht nur an geliftete Prominente, sondern auch an viele Unfallopfer, denen die plastische Chirurgie das Gesicht retten konnte.

Leider wird jedoch bei diesem Thema nicht oft genug bedacht, daß jede Operation auch ein Risiko in sich birgt: Es gibt in seltenen Fällen Patienten, die nach einer Vollnarkose nicht wieder erwachen, man kennt unvorhergesehene Narbenbildung des geschnittenen Gewebes, Unverträglichkeiten mit implantierten körperfremden Stoffen und auch unerwünschte optische Ergebnisse. Besonders unangenehm sind die chronischen Schmerzen einer sogenannten vegetativen Reflexdystrophie, die nach jedem invasiven Eingriff in den Körper zurückbleiben können. Hierbei reagiert das geschnittene Körpergewebe jahre- und jahrzehntelang nach der operativen Verletzung quasi mit Streßreaktionen, die zu permanenten schmerzhaften Durchblutungsstörungen führen können.

Ich selbst habe für dieses Buch einmal das Beratungsverhalten eines bekannten Hamburger Schönheitschirurgen geprüft, der zu meinem Entsetzen beim Nachfragen nach den Komplikationen diese chronische Schmerzreaktion nicht einmal kannte.

Sollten Sie selbst mit dem Gedanken an einen derartigen

Eingriff spielen, überprüfen Sie, ob das gewünschte Schönheitsergebnis die möglichen Komplikationen rechtfertigt. Der Körper ist keine gefühllose Maschine, an der man sorglos Ersatzteile ein- und ausbauen oder immer wieder den Lack verbessern kann. Er reagiert eben lebendig und manchmal auch unberechenbar auf operative Eingriffe und Narkosen. Prüfen Sie zunächst sorgfältig, ob es nicht noch andere Möglichkeiten gibt, um Ihr Schönheitspotential zu aktivieren.

SCHÖNHEIT
UND DROGEN

Jeder weiß natürlich, daß auch die sogenannten legalen
Drogen ein erhebliches Gesundheits- und Schönheitsrisiko
in sich bergen. Nikotin, Alkohol und Koffein sind Substanzen, die auf unseren Körperstoffwechsel störend einwirken
und somit die Produktion unseres körpereigenen Beautytonikums gefährden können. Auch die Einwirkungen auf die
Haut, die Muskeln und die Organe können destruktive Folgen haben. Unter den nichtlegalen Drogen zählen Marihuana und Haschisch in gewissen Kreisen zu den »lieben Drogen«, die eigentlich keine gravierenden Schäden hinterlassen sollen. Hierzu gibt es jedoch heute gesicherte Forschungsergebnisse, die eine nachteilige Wirkung dieser wei-
chen Drogen auf das menschliche Gehirn dokumentieren.
Über die fatale Wirkung sogenannter harter Drogen muß
wohl nichts gesagt werden.
All diesen Ergebnissen zum Trotz kann man jedoch immer
wieder feststellen, daß Menschen, die hundert Jahre und
älter werden – zwar durchaus in Maßen, aber dennoch regelmäßig –, rauchen und ihr Schöppchen Wein oder ihren Kaf-
fee trinken. Das Geheimnis ihrer Langlebigkeit scheint
somit insgesamt eine gesteigerte Genußfähigkeit in verschiedenen Lebenskontexten zu sein: Sie genießen Kontakte, sind neugierig und können sich auch über Kleinigkeiten
lebhaft freuen. Auf dieser Basis erleben diese oft erstaunlich
rüstigen Hundertjährigen ihre »kleinen Laster« tatsächlich

als Genußmittel, oft sogar als Medizin. Sie würden diese Mittel nie als Problemlöser und zur Streßreduktion einsetzen. Der oberste Wert bleibt immer die Lebensqualität und die Freude am Genuß. Diese Lebensfreude hilft dem Körper letztendlich dann wohl auch, die Nebenwirkungen dieser Alltagsdrogen positiv zu bewältigen.

SCHÖNHEIT
UND KRANKHEIT

Chronische Erkrankungen sind ein permanentes Streß-
geschehen für den Körper, welches den Betroffenen irgendwann auch von außen anzusehen ist. Dabei denke ich an eine
Reihe von Erkrankungen, die den Menschen manchmal jah-
re- und jahrzehntelang begleiten. Ich finde es interessant,
daß die Weltgesundheitsorganisation das Thema Gesundheit nicht nur als einen Zustand definiert, bei dem »die
Krankheit fehlt«.
Gesundheit ist vielmehr das Ergebnis vieler wichtiger
Lebenskomponenten. Körperliche Unversehrtheit ist davon
nur eine. Als wesentlichster Bestandteil von Gesundheit
wurde die *Lebensqualität* eines Menschen definiert. Hierzu
zählen beispielsweise auch seine sozialen Kontakte und das
persönliche Selbstwertgefühl.
Im Rahmen dieser Sichtweise sprach dann auch ein ameri-
kanischer Kollege von mir, der sich seit Jahren mit psycholo-
gischer Schmerzhandlung beschäftigt, vom sogenannten
»gesunden Schmerzpatienten«. Wie kann man ein »gesunder Patient« sein und werden? Ist das nicht ein Paradoxon?
Es ist offensichtlich wichtig, trotz eines vielleicht sogar
lebenslangen Leidens ein erfülltes Leben zu führen. Ist das
Leben voll von Lebensqualität, muß sich das Leiden mit
einem Randplatz auf dem Wahrnehmungsbildschirm
begnügen. Es gibt immer wieder Kranke, die eine große
sympathische und oft auch schöne Ausstrahlung haben;

Menschen, die trotz der Krankheit oder Behinderung irgendwie »von innen her leuchten«.

Einige chronisch kranke Menschen schaffen den Weg zur »Schönheit von innen« durch eigene Kraft. Viele jedoch benötigen professionelle Hilfe, um sich ihre Lebensqualität neu zu erkämpfen oder gezielt aufzubauen. Suchen Sie einen fähigen Therapeuten auf, um ein »gesunder Patient« zu werden. Der Einsatz lohnt sich: für das Selbstwertgefühl, die Lebensfreude und eine gesteigerte körperliche Schönheit.

SCHÖNHEIT
UND KINDERERZIEHUNG

Schon kleine Kinder beschäftigen sich intensiv und gern mit ihrem Selbstbild. Sie spielen Verkleiden und können manchmal stundenlang mit ihrem Spiegelbild kommunizieren. Weiter vorn im Buch haben Sie bereits erfahren, wie wichtig ein positives Selbstbild für die Schönheit eines Menschen ist. Insofern ist es als sehr günstig zu bewerten, wenn Kinder mit ihrem Äußeren kreativ experimentieren.

Nun kann es durchaus vorkommen, daß Kinder dabei einen Geschmack entwickeln, der in einigen Punkten von dem der Eltern etwas abweicht. Ich hörte von einem kleinen dreijährigen Mädchen, das über eine Phase von mehreren Monaten bei jedem Wetter mit Gummistiefeln und Regenjacke herumlaufen wollte. Sie war sehr stolz auf diese Kleidungsstücke, die vom Muster her farblich harmonisch abgestimmte Schlumpf-Motive aufwiesen. Soweit es möglich war, ließen ihre Eltern sie in den geliebten Schlumpf-Regensachen herumlaufen – auch bei Sonnenschein. Ich bewerte dieses verständnisvolle Verhalten der Eltern als äußerst positiv. Denn das Kind fühlte sich mit diesen Sachen stark und zeigte sich selbstbewußt. Sie zog aus dem Auftritt Kraft für die noch kleine Persönlichkeit.

Es ist wichtig, den Kindern viele Phasen zu ermöglichen, in denen sie zu sich selbst ja sagen, in denen sie ihre innere Stabilität aufbauen können. Auch Jungen benötigen diese äußeren Kraft-Anker in Form von Fußballhemden oder

»Turtle-T-Shirts« sowie auch anderen Zutaten wie Fahrräder oder Rollschuhe. Gerade in der Pubertät wird das elterliche Verständnis für den Ausdruckswillen der Kinder sehr wichtig. Denn so pseudoerwachsen sich die Jugendlichen auch geben mögen – die meisten haben riesige Probleme mit ihrem Aussehen.

Wie die Zeitschrift »*Psychologie Heute*« berichtete, befragten amerikanische Forscher Mädchen im Teenageralter nach deren Zufriedenheit mit dem eigenen Aussehen. Erstaunlicherweise waren die jungen schwarzen Mädchen deutlich zufriedener mit dem eigenen Erscheinungsbild. Sie wählten jedoch auch andere Kriterien, um Schönheit zu definieren. Die meisten beurteilten die »Ausstrahlung« einer Frau als wichtigstes Schönheitsmerkmal. Viele glaubten auch, daß Frauen im Alter schöner werden. Die Forscher vermuten hier, daß schwarze Frauen im permanenten Kampf um Gleichberechtigung von Kind an ihr Selbstwertgefühl trainiert haben. »Die Parole ›Black is beautiful‹ hat möglicherweise das Selbstbewußtsein und den Respekt vor sich selbst unter den Schwarzen gefördert«, schreibt die Zeitschrift.

Im Gegensatz dazu gaben 90 Prozent der betroffenen weißen Mädchen an, daß sie gerne anders aussehen würden. Dieser Prozentsatz ist erschreckend hoch. So erklären sich dann auch deutsche Forschungsergebnisse, die zeigen, daß vor allem Mädchen in der Pubertät große Minderwertigkeitskomplexe haben, daher gehäuft zu Depressionen neigen und oft sogar suizidgefährdet sind. Fatalerweise lernen sie oft schon durch das Modellverhalten ihrer Mutter die permanente Unzufriedenheit mit sich selbst und dem eigenen Körper.

Eltern sollten ihren Kindern nicht nur Selbstbewußtsein rein sprachlich vermitteln, sondern positive Ausstrahlung, lebendige Schönheit in Form von Ausdruck und Spaß am eigenen Körper vorleben. Modell-Lernen wirkt tiefer als alle Worte.

Darüber hinaus vertrete ich die gewagte These, daß Kinder und Jugendliche sehr wohl von ihren Eltern die heißgeliebten Markenartikel bekommen sollten, um sich wohl und innerlich stark zu fühlen.

Ich lehne es aber ab, wenn Eltern den Jugendlichen mangelndes Interesse und Aufmerksamkeit durch übertriebene Geschenke zu ersetzen versuchen. Viele Eltern kaufen tatsächlich kritiklos sämtliche Markenartikel, um ihr schlechtes Gewissen den Kindern gegenüber zu beruhigen. Doch aus pädagogischen Gründen ist es falsch, den Kindern ihre Herzenswünsche permanent nicht zu erfüllen. Wenn die Tochter sich nun mit der »Levis-Jeans« kraftvoller fühlt, sollten die Eltern diese Tatsache akzeptieren und das eigene Kind entsprechend unterstützen. Natürlich kann man sich Zeit nehmen und mit den Kindern kritische Gespräche zum Thema Kommerz und Marken führen. Man kann es auch in Ruhe mit Kindern besprechen, wenn in der Familie das Geld für die Kleidungswünsche tatsächlich fehlen sollte.

Es ist jedoch nicht nachvollziehbar, warum die Familie sich einen Neuwagen – und zwar Papas Lieblingsmodell – oder die Mutter sich teure Kosmetiktöpfchen kauft und die Tochter gleichzeitig lernen soll, daß der Wunsch nach Markenartikeln verwerflich ist. Interessieren Sie sich für den Geschmack Ihrer Kinder. Lassen Sie sich die Sachen zeigen, die sie sich wünschen. Gehen Sie mit in die entsprechenden Geschäfte. Kaufen Sie nicht achtlos, nur um Ruhe zu haben. Seien Sie aber ebensowenig achtlos im Umgang mit der Sehnsucht nach Selbstwertgefühl und innerer Stabilität Ihrer Kinder. Sie wollen auch ein positives Selbstbild von sich aufbauen. Sagen Sie nicht einfach nein zu den Wünschen, sondern führen Sie Gespräche, um Ihren Standpunkt zu erklären.

Wenn Sie Ihre Kinder auf diese Weise respektvoll behandeln, werden Sie ihr Selbstwertgefühl immer weiter aufbauen. Als

Erwachsene werden sie dann Kraft aus der inneren Sicherheit schöpfen können, weil sie oft genug das Gefühl hatten, »richtig« zu sein. So mancher hat dann auch ganz von selbst die Markenartikelphase überwunden.

SCHÖNHEIT
UND ALTER

Sie haben sicherlich dem Buch schon entnommen, daß ich davon überzeugt bin, daß auch ältere und alte Menschen schön sein können. Es ist nur wichtig, daß Sie selbst auch an die Schönheit im Alter glauben, denn keiner von uns wird jünger. Vermuten Sie schon als junger Mensch, daß es später mit Ihrer körperlichen Ausstrahlung rapide bergab geht, werden Sie sich ab einem gewissen Alter auch entsprechend verhalten. Zum Beispiel: Man sieht bei Frauen im allgemeinen die unterschiedlichsten interessanten Frisuren. Doch scheinen Frauen ab einem bestimmten Alter zu denken, daß sie sich jetzt eine weißgraue Dauerwelle zulegen müssen. Diese Einheitsfrisur macht unnötigerweise alt. Warum kann es beispielsweise nicht mit achtzig Jahren noch ein witziger Kurzhaarschnitt sein?
Leider stellt man sich auch beim Angebot auf das Schönheitsvorurteil gegenüber älteren Leuten ein. Kann beispielsweise eine Sechzigjährige keine Pumps mehr tragen und möchte sie sich dennoch modische Schuhe kaufen, hat sie ein Problem. Sie hat dann oft nur die Wahl zwischen beigen und braunen Gesundheitstretern, was natürlich ärgerlich ist. Allerdings: Inzwischen scheint sich die Industrie etwas mehr auf den Wunsch nach Schönheit der älteren Generation einzustellen – jedoch kann hier noch mehr getan werden.
Wenn Sie an sich selbst arbeiten – ob nun mit oder ohne dem »Denk-dich-schön«-Programm –, können Sie bis ins hohe

Alter Ihre Schönheitsausstrahlung erhalten. Überwinden Sie jene Grenzen im Kopf, die der Körper und das Leben meistens gar nicht hat.

LITERATURVERZEICHNIS

Anochin, P. K.: *Beiträge zur allgemeinen Theorie des funktionellen Systems.* VEB, Gustav Fischer Verlag, Jena 1978

Barbach, L.G.: *For Yourself.* Ullstein, Frankfurt a. M./Berlin 1982

Besser-Siegmund, C.: *Easy Weight. Der mentale Weg zum natürlichen Schlanksein.* ECON, Düsseldorf 1988

Besser-Siegmund, C.: *Sanfte Schmerztherapie.* ECON, Düsseldorf 1989

Besser-Siegmund, C./Siegmund, H.: *Coach Yourself.* ECON, Düsseldorf 1991

Besser-Siegmund, C./Siegmund, H.: *Denk Dich nach vorn.* ECON, Düsseldorf 1993

Besser-Siegmund, C./Siegmund, H.: *Du mußt nicht bleiben, wie Du bist.* ECON, Düsseldorf 1993

Besser-Siegmund, C.: *Magic Words. Der minutenschnelle Abbau von Blockaden.* ECON, Düsseldorf 1993

Besser-Siegmund, C.: *Erfolg ist reine Willenssache. Magic Words für Manager.* ECON, Düsseldorf 1994

Brikinshaw, E.: *Denken Sie sich jung.* Heyne, München 1993

Coué, P. H.: *Die Selbstbemeisterung durch bewußte Autosuggestion.* Schwabe & Co. AG, Basel 1988

Cousins, N.: *Der Arzt in uns selbst.* RoRoRo, Reinbek 1979

Dennison, Dr. Paul E.: *Befreite Bahnen.* Freiburg i. Br. 1994

Devereux, Charla: *Aromatherapie, die heilenden Düfte.* Goldmann, München 1994

Diamond, Dr. J.: *Der Körper lügt nicht.* Verlag für angewandte Kinesiologie, Freiburg 1991

Ehrhardt, U.: *Gute Mädchen kommen in den Himmel, böse überall hin.* S. Fischer Verlag, Frankfurt a. M. 1995

Ernst, A./Füller, I.: *Schlucken und schweigen.* Kiepenheuer und Witsch, Köln 1988

Frey, W.: *Heilsame Tränen*, in: *Psychologie Heute*, Sept. 1988. Beltz, München 1988

Gazzangia, M. S.: *Das erkennende Gehirn.* Junfermann Verlag, Paderborn 1989

GEO-Wissen, *»Chaos und Kreativität«.* Gruner & Jahr, Hamburg 1990

GEO-Wissen, *»Intelligenz und Bewußtsein«.* Gruner & Jahr, Hamburg, Heft Nr. 3, 1992

GEO-Wissen, *»Das Gesicht – der Schlüssel zu uns selbst«.* Gruner & Jahr, Hamburg, Heft Nr. 10, 1994

GEO-Wissen, *»Das Geheimnis der Hypnose – Heilen durch Trance«.* Gruner & Jahr, Hamburg, Heft Nr. 2, 1995

Grimms Märchen. Bertelsmann-Verlag, Gütersloh 1957

Guinness-Buch der Rekorde. Ullstein, München 1994

Hamm, M.: *Das große Buch der Vitamine.* Fit for Fun Verlag, Hamburg 1995

Hamm, M./Boberg, J./Mühleib, F.: *Die Schönheitsdiät.* Mosaik Verlag, München 1993

Hartmann, Udo: *Mentales Streßtraining.* ECON, Düsseldorf 1989

Ludwig, P. H.: *Sich selbst erfüllende Prophezeiungen im Alltagsleben.* Verlag für Angewandte Psychologie, Stuttgart 1991

Meyers großes Handlexikon. Bibliographisches Institut AG, Mannheim 1975

Miketta, Gaby: *Netzwerk Mensch.* Thieme Verlag, Stuttgart 1991

Omura, Y. (Hrsg.): *Acupuncture & Electro-Therapeutics Research*, Vol. 12, 2, S. 139-170. Pergamon Press, New York 1992

Peseschkian, Dr. med. N.: Fischer, *Schönheitsideale – Die wahren Girlies sind schwarz*, in: Psychologie Heute, Juli 1995

Röcken, D.: *Karriere beginnt im Kleiderschrank.* ECON, Düsseldorf 1991

Rueger, Christoph: *Die musikalische Hausapotheke.* Heyne, München 1991

Süskind, P.: *Das Parfüm.* Diogenes-Verlag, Zürich 1985

Tannen, D.: *Du kannst mich einfach nicht verstehen.* Goldmann, München 1993

Watzlawick, P.: *Anleitung zum Unglücklichsein.* Piper & Co. Verlag, München 1983

Zieglgänsberger, Michael, *Wie die Nervenzelle den Schmerz erlernt.* MPG-Spiegel 1/91

An diese Adresse können Sie sich wenden, wenn Sie mit mir, der Autorin, Kontakt aufnehmen möchten:

BESSER SIEGMUND INSTITUT
Jakobikirchhof 9
20095 Hamburg
Tel./Fax: 0 40/32 70 90